农业现代化辉煌五年

——『十三五』农业现代化发展报告

农业农村部发展规划司 编著

NONGYE XIANDAIHUA HUIHUANG WUNIAN

——"SHISANWU" NONGYE XIANDAIHUA FAZHAN BAOGAO

中国农业出版社
北 京

图书在版编目（CIP）数据

农业现代化 辉煌五年：“十三五”农业现代化发展报告/农业农村部发展规划司编著. —北京：中国农业出版社，2021.4
ISBN 978-7-109-27571-3

Ⅰ.①农… Ⅱ.①农… Ⅲ.①农业现代化-研究报告-中国-2016-2020 Ⅳ.①F124.1

中国版本图书馆CIP数据核字（2020）第222983号

中国农业出版社出版
地址：北京市朝阳区麦子店街18号楼
邮编：100125
责任编辑：丁瑞华
版式设计：杜 然 责任校对：刘丽香 责任印制：王 宏
印刷：中农印务有限公司
版次：2021年4月第1版
印次：2021年4月北京第1次印刷
发行：新华书店北京发行所
开本：787mm×1092mm 1/16
印张：21.25
字数：400千字
定价：198.00元

指导委员会

主　　任：魏百刚

副 主 任：曾衍德　张　辉

委　　员（按姓氏笔画排序）：

马　毅　王　刚　王乐君　王国发　王金会
邓庆海　卢仕仁　申延平　兰玉杰　刘新中
李伟国　杨　宏　杨时云　杨昌鹏　杨振海
肖　放　吴晓玲　张天佐　张凤春　张兴旺
陈明忠　周云龙　赵　鲲　顾幸伟　郭永田
唐　珂　唐芳林　陶怀颖　隋鹏飞　廖西元
潘文博　冀名峰

编委会

主　　编：严东权

副 主 编：齐　飞　刘　洋　刘　艳　龚　芳

参编人员（按姓氏笔画排序）：

毛翔飞　付海英　朱晓禧　纪高洁　杜　楠
李树君　岑　丞　张汝楠　张晓敏　张攀华
周　密　赵雨辰　胡柏然　逄晓萌　徐　鑫
梅东海　曹亦兵　常瑞甫　童　俊

序 Preface

为贯彻落实《中华人民共和国国民经济和社会发展第十三个五年规划纲要》的部署，大力推进农业现代化，2016年10月，国务院印发《全国农业现代化规划（2016—2020年）》（国发〔2016〕58号），提出创新强农、协调惠农、绿色兴农、开放助农、共享富农五大发展任务，制定了31个主要目标指标和69项重点工作，部署了14项重大工程、重大计划和重大行动，指导全国农业现代化建设。五年来，各地各部门认真贯彻落实中央决策部署，以强有力的组织领导和扎实有效的工作举措，全力推动规划各项目标任务落实。农业农村部牵头建立了农业现代化建设协调机制，会同发展改革委、财政部等九部门统筹研究解决规划实施过程中的重要问题，推进规划任务的组织落实、跟踪调度、检查评估。各省（自治区、直辖市）逐级衔接落实，制定本地区农业现代化推进规划或实施方案，细化落实政策措施，全力推进，较好地完成了各项任务指标。

通过规划的实施，我国农业现代化建设取得了明显进展。重要农产品保障水平稳步提升，粮食产量连续6年稳定在6.5亿吨以上，果菜茶蛋鱼等“菜篮子”产品产量稳居世界第一，极大地满足了人民群众不断提升的多样化消费需求。物质技术装备水平整体跃升，已建成高标准农田8亿亩①，农田有效灌溉面积达到10.3亿亩，农业科技进步贡献率、农作物耕种收综合机械化率分别达到60%、71%，主要农作物基本实现良种全覆盖，互联网、大数据、人工智能与农业加快融合，现代设施装备、先进科学技术有力地支撑农业转向创新驱动发展。农业多种形式适度规模经营水平不断提升，以农户家庭经营为基础、合作和联合为纽带、社会化服务为支撑，集约化、专业化、组织化、社会化的现代农业经营体系加快形成，新型农业经营主体蓬勃发展，农村承包地流转比重达到35.9%，农业生产社会服务渐成规模。农村产业融合引领乡村产业高质量发展，打造了现代农业产业园、特色优势产业集群、农村产业融合示范园、农业产业强镇等一批产

①亩为非法定计量单位，1亩≈667米^2。——编者注

业融合载体，农产品加工业与农业总产值比达到2.4 ∶ 1，休闲农业与乡村旅游营业收入近万亿，农村电商成为农村经济亮点。农业农村绿色发展扎实推进，化肥、农药使用量持续保持负增长，农田灌溉水有效利用系数达到0.559，养殖废弃物综合利用率超过75%，农产品质量安全监测合格率达到97.8%，绿色有机优质农产品比重持续提升。全面开启长江十年禁渔计划，草原综合植被盖度达到56.1%。农村人居环境明显改善，卫生厕所普及率超过68%，生活垃圾收运处置体系覆盖90%以上的行政村，生活污水治理水平不断提升，95%以上的村庄开展了清洁行动，基本实现村庄干净整洁。农村改革深入推进，农村承包地经营权确权登记颁证率超过96%，农村集体资产清产核资基本完成，超过43.8万个村完成股份合作制改革，启动实施新一轮农村宅基地制度改革试点。财政支农力度不断加大，农业保险实现扩面增品提质，全国农业信贷担保体系基本健全。农民收入水平实现新跨越，增幅始终高于城镇居民收入和国内生产总值增幅，2020年农村居民人均可支配收入达到17 131元，提前一年实现比2010年翻一番目标，城乡居民收入比稳步下降至2.56，农民获得感、幸福感、安全感明显提升。

回顾"十三五"，是我国农业现代化建设进程中的辉煌五年，为打赢脱贫攻坚战、如期全面建设小康社会奠定了坚实基础，取得的成就振奋人心。"十四五"时期是我国全面建成小康社会、实现第一个百年奋斗目标之后，乘势而上开启全面建设社会主义现代化国家新征程、向第二个百年奋斗目标进军的第一个五年。站在新的发展起点上，我们将汲取"十三五"农业现代化建设的经验，瞄准基本实现农业农村现代化目标，全面推进乡村振兴，推进农业全面升级、农村全面进步、农民全面发展，在全面建设社会主义现代化国家新征程中谱写好农业农村现代化的新篇章！

编　者

2021年元月

目录
Contents

第一篇

农业现代化成就辉煌
全面小康社会根基夯实

实现中国梦，基础在“三农”。习近平总书记指出，没有农业现代化，没有农村繁荣富强，没有农民安居乐业，国家现代化是不完整、不全面、不牢固的。“十三五”是全面建成小康社会、实现第一个百年奋斗目标的决胜时期，也是夯实现代农业基础、调整优化农业结构、转变农业发展方式、着力提高农业质量效益和竞争力的攻坚期。2016年10月国务院印发的《全国农业现代化规划（2016—2020年）》（以下简称《规划》），围绕农业现代化的关键领域和薄弱环节，提出创新强农、协调惠农、绿色兴农、开放助农、共享富农五大发展任务，明确构建现代农业产业体系、生产体系、经营体系，走产出高效、产品安全、资源节约、环境友好的农业现代化道路。五年来，在以习近平同志为核心的党中央坚强领导下，各级农业农村部门主动适应经济发展新常态，坚持稳中求进总基调，坚定不移贯彻新发展理念，紧扣打赢脱贫攻坚战和补上全面小康“三农”短板重点任务，凝神聚力推进《规划》落实、落地，以推进农业供给侧结构性改革为主线，不断完善农业支持保护政策体系，持续深化农村改革，发展壮大新型经营主体队伍，推动农业质量变革、效率变革、动力变革，实现了由改造传统农业到建设现代农业的转变，由一家一户分散经营向多元化适度规模经营的转变，由粗放发展向绿色生态可持续发展转变。据评估，我国农业现代化整体处于转型跨越初期阶段，东部沿海发达地区、大城市郊区、国有垦区和国家现代农业示范区等已基本实现农业现代化，这标志着农业现代化建设又迈上了一个新台阶，为开启全面建设社会主义现代化国家新征程奠定了坚实基础。

一、农业综合生产能力进一步夯实，粮食等重要农产品保障水平稳步提升

始终把解决好十四亿人口吃饭问题作为治国安邦的头等大事，贯彻“确保谷物基本自给、口粮绝对安全”的新粮食安全观，坚持不懈抓好粮食生产，突出做好生猪稳产保供工作，统筹重要副食品生产供应，确保中国人的饭碗牢牢端在自己手上，为经济发展、社会稳定、国家安全提供了重要基础支撑。**粮食产能站稳新台阶。**着力稳政策、稳面积、稳产量，坚决扛稳国家粮食安全重任。深入实施“藏粮于地、藏粮于技”战略，严守耕地保护红线，全面落实永久基本农田特殊保护制度，确保永久基本农田保持在15.46亿亩以上。大力开展高标准农田建设，已建成8亿亩旱涝保收、高产稳产的高标准农田，全面完成10.88亿亩粮食生产功能区和重要农产品生产保护区划定任务，建成了一批粮食生产核心基地。切实落实国省两级救灾备荒种子储备制度，守好应对新冠疫情、旱涝灾害等突发风险的底线。深入推进粮食绿色高产高效创建行动，集成推广良种、良田、良技、良法配套。不断完善粮食生产支持政策，坚持并完善稻谷、小麦最

黑龙江建三江七星农场高标准农田项目区

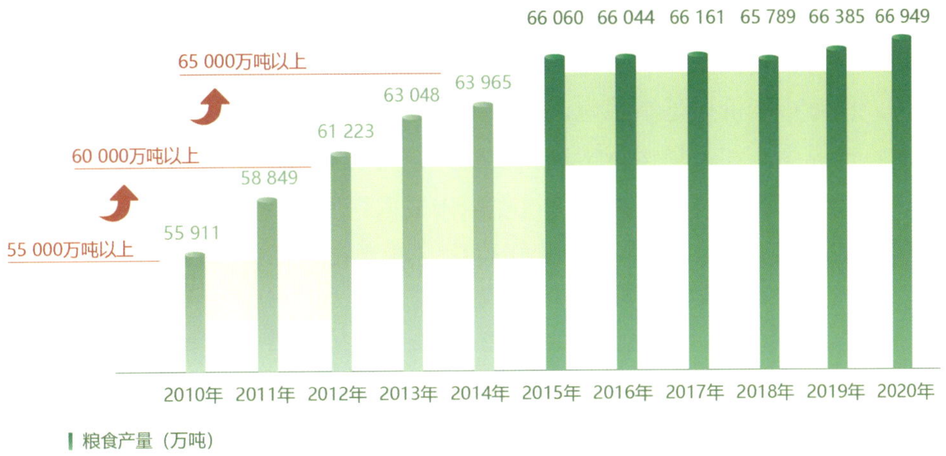

2010—2020年全国粮食产量情况

低收购价政策，在东北四省实施玉米、大豆“市场化收购加补贴”机制，持续加大粮食产量大县奖励规模，调动农民务农种粮和政府重农抓粮积极性。强化粮食安全省长责任制考核，建立粮食主产区、产销平衡区、主销区共同承担维护国家粮食安全责任机制。2020年，我国粮食总产量达到66 949万吨，连续6年稳定在65 000万吨以上；粮食单产达到382.3千克/亩，比2015年提升12.1千克；人均占有量稳定在470千克以上，远高于国际公认的400千克安全线。**生猪产业加快转型。**坚持非洲猪瘟疫情防控和稳定生猪生产、保供两手抓，持续加强非洲猪瘟防控，统筹做好疫情监测排查、确诊报告、应急处置以及产地检疫、调运监管、屠宰管理和无害化处理等各项工作，加快推进分区防控，加快建立现代化的养殖体系、防疫体系、治污体系、流通体系。国办印发《关于稳定生猪生产促进转型升级的意见》，实施加快生猪生产恢复发展三年行动，强化生猪生产用地、环评、贷款贴息等扶持政策落实落地，扩大生猪养殖场贷款贴息范围，支持大型企业发展生猪标准化规模养殖。2019年，年出栏500头以上的生猪养殖规模化率达到53%，年屠宰生猪2万头以上的规模屠宰企业达到2 028家，占屠宰企业屠宰总量的89.7%。**其他“菜篮子”产品实现稳定供应。**积极发展设施蔬菜，推动设施装备升级、技术集成创新和优良品种推广，优化区域布局，保障蔬菜均衡供应。实施园艺产品提质增效工程，建设一批果菜茶良种繁育基地，推进果菜茶优势产区老果茶园改造，集成推广绿色高质高效技术模式。2019年，蔬菜、水果、禽蛋、水产品产量分别为72 102.6万吨、27 400.8万吨、3 309.0万吨、6 480.4万吨，比2015年分别增长8.5%、11.7%、8.6%、4.3%，果菜茶肉蛋鱼等产量稳居世界第一，较好满足了人民群众不断提升的多样化消费需求。**打赢新冠疫情保供战。**及时建立应急保障工作机制，统筹抓好生产发展、产销衔接、流通运输、市场调控、质量安全等各项工作，充分发挥流通企业、电商平台作用，推进批发市场、物流配送和销售终端互联互通，确保“菜篮子”产品供得上、不脱销、不断档，保障市场价格基本稳定，增强了应对新冠疫情风险挑战的底气。第一时间建立湖北省农产品生产和市场运行情况调度机制，疫情期间组织调运玉米、豆粕等饲料原料直供湖北，为湖北省特别是武汉市抗疫阻击战取得胜利提供了坚实的物质保障。新冠疫情期间的农业稳产保供工作，为做好粮食等重要农产品应急保供探索了一条有效路径。

二、农业供给侧结构性改革深入推进，农业质量和综合效益明显提升

顺应城乡居民消费结构升级要求，处理好稳定粮食生产、优化农业结构与促进农民增收的关系，持续调整优化农产品结构和区域生产力布局，着力推动农业由数量导向转向提质导向。**农业结构不断优化。**按照稳粮优经扩饲思路，稳定东北优势区玉米生产，累计调减“镰刀弯”等非优势产区玉米种植面积5 000万亩，增加大豆种植面积5 000万亩。引导生猪养殖向玉米主产区和环境容量大的区域进一步集中，在东北等主产区选择部分典型县，开展生猪种养结合循环发展试点，示范引导有序承接生猪产能转移，降低南方水网密集区养殖密度。启动特色农产品优势区创建，充分发挥区域资源多样化优势，出台特色农产品优势区建设规划纲要，分四批认定了308个中国特色农产品优势区和667个省级特色农产品优势区，加快将资源优势转变为产品优势、经济优势。**草食畜牧业迅速发展。**深入开展粮改饲补贴，大力发展全株玉米青贮和优质饲草料生产。巩固提升北方草食畜牧业发展质量，在北方农牧交错带等地区推行禁牧、休牧、轮牧和草畜平衡制度，开展牧区畜牧良种推广，实施肉牛、肉羊标准化规模养殖项目建设，优质牛羊肉产量稳定增长，2020年全国牛肉、羊肉产量分别为672万吨和492万吨，比2015年增长8.9%和11.8%，牛羊肉产量占猪牛羊禽肉总产量比重达到15.2%。大力实施奶业振兴计划，支持奶牛养殖大县开展整县种养结合试点，建设了一批优质奶源供应基地，奶牛规模养殖的比重达到64%。召开第四届中国奶业20强（D20）峰会，引导从规模扩大转向优质安全。开展生鲜乳质量安全全覆盖监测，规模养殖场生鲜乳质量达到发达国家水平，国产乳品品牌逐步赢得消费者信任。**渔业加快转型升级。**大力优化养殖生产、空间布局，转变养殖方式，积极发展水产健康养殖，开展国家级水产健康养殖示范场、渔业健康养殖示范县建设活动，截至2019年年底，共创建国家级水产健康养殖示范场5 468个、国家级渔业健康养殖示范县49个，

全国牛羊肉产量情况

实现水产健康养殖示范面积比重增加至65%的目标。合理调整捕捞业，优化捕捞空间布局，降低捕捞强度，2019年，全国水产品养殖产量5 079.1万吨，较2015年增长11%；捕捞产量1 401.3万吨，较2015年下降14.3%，养捕比例从2015年的74 ∶ 26提升到2019年的78 ∶ 22。渔业产业结构和发展方式全面转型升级。**农业对外合作不断深化。**坚持双向开放、合作共赢、共同发展，着力提升农业对外合作的层次和水平，统筹用好国内国际两个市场、两种资源的能力不断增强。优化农业对外合作布局，农业领域“一带一路”建设积极推进，同80余个共建国家签署农渔业合作协议，农业投资合作项目近700个。建立农业走出去部际联席会议制度，认定20个境外农业合作示范区和农业对外开放合作试验区，引导和支持有实力的企业打造平台，带动国内企业抱团出海、集群式发展。积极应对中美经贸摩擦，加强贸易政策协调，推进磋商谈判，及时研究谋划大豆、水产品等应对措施，积极拓宽进口渠道。2020年，我国农产品贸易额达到2 468.3亿美元，同比增长8%，多元开放的农业对外合作格局加快形成。

三、农业创新体系加快构建，科技装备水平整体跃升

坚持走中国特色农业科技自主创新道路，深化农业科技体制机制改革，全力攻克农业核心关键技术，推进科技与农业生产深度融合，强化实用性技术集成应用，农业机械化、信息化、智能化取得长足进步，加快农业发展由依赖资源要素投入转向创新驱动发展。**农业科技支撑能力显著增强。**持续建设50个主要农产品现代农业产业技术体系，形成80多个农业科技创新联盟，南京、太谷、成都、广州、武汉5个现代农业产业

国家作物种质资源长期库（中国农业科学院）

科技创新中心建设取得积极进展，"农业硅谷"初具雏形。攻克了小麦赤霉病防控、牛奶品质与质量安全等一批关键核心技术难题，率先在国际上揭示了植物免疫、非洲猪瘟病毒结构及装配等机制，N7N9禽流感疫苗、国内首个猪病毒性腹泻三联活疫苗研发成功并应用。基本形成以农业技术推广机构为主导，农业科教单位、农民合作社、涉农企业等为补充的多元化农技推广体系，示范推广绥粳18水稻、百农207小麦等一大批重大品种，玉米籽粒低破碎机械化收获、生物可降解地膜替代技术等一批关键技术以及多熟种植、"果—菜—茶"等生态种养等一批先进模式。2020年，我国农业科技进步贡献率达到60%。**现代种业"芯片"不断创新突破**。水稻基因组学研究及应用国际领先，超级稻亩产突破1 000千克。主要农作物新一轮品种更新换代成效显著，新品种保护申请量连续3年位居世界第一，主要农作物良种基本实现全覆盖，自主选育品种面积占比超过95%，实现了中国粮主要用中国种。畜种主要核心种源自给率超过75%，自主培育的京红、京粉系列蛋鸡品种达到国际先进水平。种质资源收集与保护体系初步形成，长期保存农作物种质资源达到51万份，国家级家畜基因库收集保存国内外各类畜禽遗传材料90万份。正在建设的国家种质资源库长期保存能力将达150万份，居世界第一。建成海南、甘肃、四川三大国家级育制种基地，培育52个制种大县和100个区域性基地，保证了全国70%以上的农作物用种需求，畜禽保种场、核心育种场能够满足全国3/4的畜禽养殖用种需求。以隆平高科、中化集团为代表的种业企业核心竞争力显著提升，国家级"种业航母"初具规模。**农业机械化向全程全面发展**。国务院印发《关于加快推进农业机械化和农机装备产业转型升级的指导意见》，实施主要农作物生产全程机械化推进行动，建成614个主要农作物生产全程机械化示范县，推动丘陵山区农田宜机化改造。2019年农作物耕种收综合机械化率突破70%，畜牧养殖和水产养殖机械化水平分别达到34.2%和29.9%；2020年综合机械化率达到了71%。农业机械化正在从主要作物耕种收环节向植保、秸秆处理、烘干等全程延伸，正由种植业加速向畜牧业、渔业、设施农业、农产品初加工业拓展。智能农用航空实验全域大规模应用。**信息化助农弯道超车。**中共中央办公厅（以下简称中办）、国务院办公厅（以下简称国办）印发《数字乡村发展战略纲要》。农业农村部、中央网络安全和信息化领导小组办公室印发《数字农业农村发展规划（2019—2025年）》，启动实施数字农业建设试点，适合农业观测的高分辨率遥感卫星"高分六号"成功发射并正式投入使用。遥感等信息技术在动植物疫病远程诊断、轮作休耕监管、农机精准作业、无人机飞防等领域加快推广应用，农业生产智能化、经营网络化、管理数据化、服务便捷化取得明显进展。截至2020年年底，12316信息进村入户服务已覆盖所有省份，公共信息服务正在惠及更多农民。

四、新型经营主体发展壮大，农业多种形式适度规模经营水平不断提升

坚持以农户家庭经营为基础，合作和联合为纽带，社会化服务为支撑，赋予双层经营体制新内涵，加快发展集约化、专业化、组织化、社会化的现代农业经营体系，多种形式适度规模经营稳步发展。**新型农业经营主体引领作用持续发挥。**中办、国办印发《关于加快构建政策体系培育新型农业经营主体的意见》，以家庭农场和农民合作社两类农业经营主体发展为重点，实施家庭农场培育计划，深入开展农民合作社规范提升行动，围绕土地、资金、劳动、技术、产品，引导农业企业、家庭农场、农民合作社等主体融合发展。截至2020年6月，全国县级以上产业化龙头企业约9万家，依法登记的农民合作社达到221.8万家，家庭农场名录系统填报数量超过100万家，各类新型经营主体正在成为引领适度规模经营、推动现代农业发展的有生力量。**农业生产社会化服务渐成规模。**聚焦薄弱环节和服务普通农户，积极发展专业化、社会化服务组织，创新服务方式和服务机制，着力培育构建立体多元、功能互补、复合高效的社会化服务体系。2019年，全国从事农业生产托管的社会化服务组织数量超过44万个，托管面积超过15亿亩次，覆盖小农户6 000万户，实现了高效、便捷、全程的服务规模化；农村承包地流转总面积达到5.55亿亩，占全国农村承包耕地面积的35.9%，实现了集中连片种植和集约化经营，有力推动了小农户与现代农业有机衔接。**高素质农民加快培育。**启动实施

全国新型经营主体情况（截至2020年6月）

高素质农民培育工程和百万高素质农民学历提升行动计划，着力健全完善"一主多元"的高素质农民教育培训体系，初步建立教育培训、发展扶持、引导激励相衔接的培育机制，培育的针对性、规范性、有效性大幅提升，基本实现高素质农民培育由单一的技术培训拓展向技能培育和经营管理并重转变。截至2020年年底，全国高素质农民规模超过1 700万[①]，高中以上文化程度占比达到35%，大批高素质农民活跃在农业生产经营一线，成为新型农业经营主体的骨干力量。**农村实用人才队伍进一步壮大。**深入实施农村实用人才带头人素质提升计划，重点面向贫困地区，开展农村实用人才带头人示范培训，累计培训8万余人，为农村培养了一大批留得住、用得上、干得好的带头人，辐射带动各地加大农村实用人才培训力度。截至2019年年底，全国农村实用人才总量约2 300万人，为脱贫攻坚和乡村振兴提供了有力人才支撑。

五、乡村富民产业加快发展，产业融合发展水平明显提升

立足农业农村资源，充分挖掘乡村多种功能和价值，聚焦重点产业，聚集资源要素，延长产业链、完善供应链、提升价值链，加快构建农业与二三产业交叉融合的现代产业体系。**农产品加工业加快向优势区布局。**国办印发《关于进一步促进农产品加工业发展的意见》，促进农产品加工业从数量增长向质量提升、要素驱动向创新驱动、分散布局向集群发展转变。实施农产品加工业提升行动，支持农民合作社、家庭农场发展农产品产地初加工，提升农产品加工副产物综合利用水平，引导大型农业企业发展农产品精深加工，基本形成农产品加工业向主产区、特色优势产区、重点销区及关键物流节点梯度转移的格局。截至2020年年底，已建成超过17万座农产品初加工设施，马铃

①含全国农村实用人才中的生产型、经营型和技能服务型三种类型人才1 272万人。

薯、水果、蔬菜产后损失率从15%降低至6%以下，加工转化率从2015年的65%提高到2020年的68%。农产品加工业营业收入约23.5万亿元，农产品加工业与农业总产值比达到2.4 ∶ 1。**休闲农业和乡村旅游发展迅速**。农业多种功能不断拓展，共享农业、体验农业、创意农业等新产业新业态大量涌现，科技、文化、教育、旅游、康养等产业与农业跨界融合。实施休闲农业和乡村旅游精品工程，创建了388个全国休闲农业重点县，认定了1 216个“一村一景”的美丽休闲乡村。开展中国美丽乡村推介活动，累计推介970个功能完备、特色突出的美丽休闲乡村和1 000条精品旅游线路。2019年，休闲农业和乡村旅游营业收入超过8 500亿元，年均增速9.8%，直接带动1 200万农村劳动力就业增收，成为拓展农业功能、提升乡村价值的重要实现形式。**农村创新创业成为热潮**。国办印发《关于支持返乡下乡人员创业创新促进农村一二三产业融合发展的意见》，支持返乡农民工、大中专毕业生、退役军人、科研人员和乡村能人等返乡下乡创业。2020年，返乡入乡创新创业人员达到1 010万人，在乡创新创业人员3 000多万人。实施农村创新创业带头人培育行动，连续举办5届全国新农民新业态创业创新大会，农事体验、电商直播等蓬勃兴起，直播农业成为农村经济新亮点，为农业供应链转型和价值链提升提供了新动能。截至2019年年底，注册在县及县域以下的农村电商数量超过800万家，全国农村网络零售额达到1.7万亿元，农产品

广东新兴优质鸡屠宰加工现场

辽宁东港草莓加工生产线

电商零售总额达到3 975亿元。**农村产业融合渐成趋势。**加快建设优势特色产业集群大型经济圈、现代农业产业园中型经济圈、农业产业强镇小型经济圈和“一村一品”微型经济圈，推动构建乡村产业“圈”状发展格局，形成国家、省、市（州）、县四级联动乡村产业体系，实现“点线面”结合，功能有机衔接，区域性辐射带动。累计创建特色优势产业集群50个、国家级现代农业产业园151个、农村产业融合示范园228个、农业产业强镇811个，让更多的就业机会留在乡村、更多的增值收益留给农民。

六、农业绿色发展扎实推进，乡村生态环境显著改善

牢固树立绿水青山就是金山银山的发展理念，中办、国办印发《关于创新体制机制推进农业绿色发展的意见》，深入推进农业绿色发展五大行动和农村人居环境整治三年行动，创建国家农业绿色发展先行区，加快推进投入品减量化、生产清洁化、废弃物资源化、产业模式生态化，着力构建山清水秀、天蓝地绿的农业生产环境和干净整洁、村美人和的农村生活环境。**农业资源利用强度明显下降。**强化耕地、水资源、生物多样性保护和持续利用，合理降低农业资源的开发利用强度。深入推进耕地质量保护与提升行动，启动实施东北黑土地保护性耕作行动计划，稳步推进耕地轮作休耕制度试点，强化南方重金属污染区耕地土壤污染管控与修复，2019年全国耕地质量平均等级达到4.76，较2014年提升0.35个等级。加快推进国家农业节水行动，推广旱作农业、高效节水灌溉等技术，水资源利用效率进一步不断提高，全国高效节水灌溉面积达到3.39亿亩，农田灌溉水有效利用系数达到0.559。严格控制地下水资源利用，华北、东北部分地区地下水水位止跌回升。**产地环境更加清洁。**实施化肥减施增效、绿色防控和果菜茶有机肥替代等重大行动，积极推广配方施肥、种肥同播、水肥一体化等新技术，全国农药和化肥使用量连续四年负增长，2020年，水稻、小麦、玉米三大粮食作物农药、化肥利用率分别达到40.6%、40.2%，分别

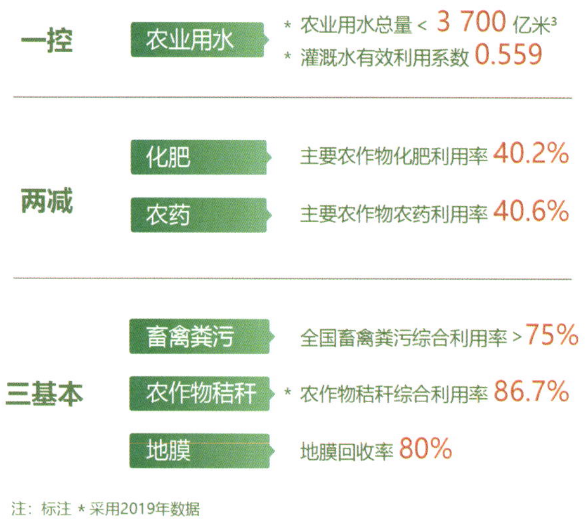

全国“一控两减三基本”实现情况（2020年）

比2015年提高4个百分点、5个百分点。国办印发《关于加快推进畜禽养殖废弃物资源化利用的意见》，支持585个畜牧大县整县推进畜禽粪污资源化利用，从源头减量、过程控制、末端利用三个环节提高利用水平，2020年全国畜禽粪污综合利用率超过75%，提前一年实现规划目标，大型规模养殖场粪污处理设施装备配套率达到96%。深入推进以东北地区为重点的秸秆综合利用试点，全国秸秆综合利用率达到86.7%。以西北地区为重点，建设了100个农膜回收示范县，大力推进标准地膜应用、机械化捡拾、专业化回收、资源化利用，农膜回收率达到80%，重点地区“白色污染”得到有效防控。农产品质量安全监管水平明显增强，质量安全追溯体系加快建设，农产品质量安全监测合格率稳定在97%以上，2020年达到97.8%。大力推进绿色优质农产品认证管理，全国绿色、有机和地理标志农产品总数超过4.35万个，绿色优质农产品比重持续提升。**生态系统建设稳步推进**。统筹山水林田湖草系统治理，推动农业生态系统养护与修复，实现农业生态系统更加稳定、农业生态服务能力进一步提高。扎实推进退耕还林还草，加快实施天然林资源保护、京津风沙源治理、重点防护林体系建设等工程，全面落实退牧还草、草原生态保护补助奖励政策，2020年全国草原综合植被盖度达到56.1%，森林覆盖率超过23%，草原荒漠化、沙化、石漠化趋势得到初步遏制。加强湿地管理，开展退化湿地恢复和修复，全国湿地面积保持在8亿亩。推动水生生态养护与修复，坚决打赢长江禁捕退捕攻坚战，内陆七大重点流域禁渔期制度实现全覆盖，长江流域332个水生生物保护区率先实现全面禁捕，共抓长江大保护、推进长江经济带绿色发展工作格局基本形成。

苏州张家港经开区百家桥村

海洋渔业资源总量管理制度基本建立，提前完成“十三五”海洋捕捞渔船数量压减任务，渔业资源得到休养生息，水生野生动物及其栖息地保护力度显著提升，近海养殖水域滩涂环境明显好转。**农村人居环境明显改善**。深入学习浙江“千村示范、万村整治”工程经验，因地制宜、持续发力，全力推进农村人居环境整治各项重点任务，组织实施村庄清洁行动，集中整治农村环境脏乱差。扎实推进农村厕所革命，建立健全农村厕所建设与管护机制，集成推广一批适宜不同区域的农村改厕模式，着力抓好农村厕所粪污无害化处理与资源化利用。统筹推进农村污水治理与粪污处理，实行县域农村生活污水治理统一规划、统一建设、统一运行、统一管理，加强农村黑臭水体治理，累计建成农村污水治理设施50余万套。全面推进农村生活垃圾收运处置体系建设，积极推动农村生活垃圾分类，累计建成生活垃圾收集、转运、处理设施450多万个（辆）。截至2020年年底，全国农村卫生厕所普及率超过68%，农村生活垃圾收运处置体系覆盖90%以上的行政村，农村生活污水治理水平不断提升，95%以上的村庄开展了清洁行动，基本实现村庄干净整洁。

七、农村改革全面深化，要素活力、发展动力进一步激发

始终把改革创新作为农村发展的根本动力，从农业农村发展深层次矛盾出发，围绕重点领域和关键环节，坚持不懈推进农村改革和制度创新，有效解放和发展农村生产力。**农村土地制度改革稳步推进**。顺应农民保留土地承包权、流转土地经营权的意愿，中办、国办印发《关于完善农村土地所有权承包权经营权分置办法的实施意见》，确立农村承包地坚持集体所有权、稳定农户承包权、放活土地经营权的“三权”分置制度安排，这是继家庭联产承包责任制后的又一大创新。中共中央、国务院印发《保持土地承包关系稳定并长久不变的意见》，明确长久不变的内涵和第二轮土地承包到期后延包基本原则，并按照中央要求，组织16个省20个县的61个村（组）开展延包先行试点。积极开展土地承包经营权确权登记颁证工作，全国2 838个县市区、3.4万个乡镇、55万多个行政村基本完成了此项工作，15亿亩承包地确权到承包农户，为近2亿农户颁发了土地承包经营权证书，颁证率超过96%，保证土地承包关系的稳定，真正让农民吃上“长效定心丸”。启动实施新一轮农村宅基地制度改革试点，探索宅基地所有权、资格权、使用权“三权”分置实现形式。**农村集体产权制度改革全面推开**。中共中央、国务院印发《关于稳步推进农村集体产权制度改革的意见》，进一步明晰农村集体产权，引导农民发展股份合作，赋予农民对农村集体资产股份相关权益。农村集体资产清产核资基本完成，清查核实集体土地资

源65.5亿亩、账面资产6.5万亿元，实现了“底清账明”。经营性资产股份合作制改革有序推进，确认集体成员6亿多人，43.8万个村完成改革，其中41.3万个村领到集体经济组织登记证，2019年全国村集体收益超过5万元以上的村占到48.2%，集体成员累计分红超过3 800亿元。**农业支持保护政策不断完善**。坚持问题导向，推动从单一依靠财政逐步转向立体的政策性供给，逐步建立起覆盖农业生产，农产品流通、储存与消费，农产品贸易全过程农业支持保护制度。完善农产品价格形成机制，先后实施大豆、棉花目标价格补贴试点，实行“市场定价、价补分离”，取消玉米临储政策，建立“市场化收购+生产者补贴”制度。基本建立以绿色生态为导向、促进农业资源合理利用与生态环境保护的农业补贴政策体系，全面推开种粮直补、农作物良种补贴、农资综合补贴“三补合一”改革，支持耕地地力保护和粮食适度规模经营。农业保险实现扩面增品提质，开展农业大灾保险试点、三大粮食作物完全成本保险和收入保险试点、中央财政对地方优势特色农产品保险奖补试点，“十三五”期间，累计为农业产业提供风险保障12.2万亿元，服务农户8.02亿户次。多层次农业风险保障机制基本构建。全国农业信贷担保体系基本健全，2020年全国农业信贷担保体系在保项目69万个，在保金额2 060亿元，政策放能放大了3.21倍。**农村领域其他改革稳步推进**。全国34个垦区公检法和基础教育改革任务全面完成，基本医疗公共卫生、社区改革分别完成93.4%和97.4%，土地实际确权发证面积4.13亿亩，发证率96.2%。16个省级农垦集团以资本为纽带的母子公司管理体制和现代企业制度进一步完善，18个国有农场归属市县管理的垦区组建300余家区域集团和专业化产业公司。光明食品、首农食品、北大荒集团营业收入已超千亿，与天津、广东等农垦集团一起已成为城市主副食品供给骨干力量。集体林权制度改革、供销合作社综合改革等协同推进。制修订25部农业农村领域法律法规和25部部门规章，95%的市、90%的县完成农业综合执法改革。

八、城乡区域协调发展水平持续提高，农民同步迈入全面小康社会

始终把促进城乡融合、区域协调摆在突出位置，着力构建机会平等、服务均等、成果普惠的农业农村发展新体制，让广大农民平等参与现代化进程、共享改革发展成果，努力确保全面小康路上一个都不掉队。**城乡融合发展稳步推进**。中办、国办印发《关于建立健全城乡融合发展体制机制和政策体系的意见》，协同推进新型城镇化和乡村振兴，积极探索符合中国国情的城乡融合发展体制机制，加快构建全面融合、共同繁荣的新型城乡关系。深化户籍制度改革，农业转移人口进城落户的门槛不断降低、通道逐步

拓宽，超过1亿农业转移人口在城镇落户，城镇化率突破60%。坚持城乡基础设施一体规划，农村水电路网等基础设施水平全面提升，99.61%的行政村通硬化路，农民安全饮水基本保障，行政村通光纤、通4G比例均超过98%。城乡一体的基本公共服务供给机制加快建立，城乡义务教育保障机制初步建立，乡村两级医疗机构和人员“空白点”基本消除，统一的城乡居民基本养老保险、基本医疗保险、大病保险制度逐步建立。**区域农业发展协调性进一步增强**。有序实施国家区域发展总体战略，大力推动区域农业高质量发展。贯彻落实东部率先、西部开发、东北振兴、中部崛起等战略要求，推动地区间比较优势发挥和分工协作格局加快形成。东部地区发挥排头兵的示范带动作用，农业现代化发展水平走在全国前列；东北和中部地区发挥水土资源匹配较好的优势，农业综合生产能力稳步提高，“大粮仓”地位进一步巩固；西部地区加大生态建设力度，加快农牧业转型升级，农业可持续发展水平不断提升。积极支持京津冀协同发展、长三角一体化、粤港澳大湾区和长江经济带建设，推进各区域内产业协同、市场协同、科技协同、生态协同、城乡协同，逐步形成目标同向、措施一体、优势互补、利益相连的发展形态，重点区域现代农业发展定位目标日渐清晰。**贫困地区特色产业发展取得明显进展**。不折不扣完成脱贫攻坚任务，把发展产业作为实现脱贫的根本之策，农业农村部联合九部门印发《贫困地区发展特色产业促进精准脱贫指导意见》，推动832个贫困县完成了扶贫产业规划编制，累计实施扶贫产业项目超过100万个、建成扶贫产业基地超过10万个，每个贫困县都形成了2～3个特色鲜明、带贫面广的扶贫主导产业，贫困地区造血功能显著提升。一大批带贫龙头企业在贫困地区成长壮大，“龙头企业+合作社+贫困户”的利益联结机制和农产品产销机制不断健全，扶贫产品流通和销售渠道进一步拓宽。产业扶贫带贫效果全面显现，90%以上的建档立卡贫困户得到产业扶贫和就业扶贫支持，2/3以上的贫困户主要靠外出务工和产业脱贫，产业扶贫已成为覆盖面最广、带动人口最多、可持续性最强的扶贫举措。据专家测算，产业发展对贫困户增收贡献率达到57%。**农民收入水平快速提升**。始终把千方百计促进农民持续增收作为农业农村工作的中心任务，在国家各项强农惠农富农政策的推动下，不断稳定基本盘、拓宽增收面、提升增收点，挖掘农业内部增收潜力，获取农村一二三产业融合增值收益，激发新产业新业态发展活力，分享农村改革红利，农民收入的多元化增长态势明显。“十三五”期间，农民收入持续较快增长，2020年农村居民人均可支配收入达到17 131元，年均实际增长6%，提前一年实现翻番目标。城乡居民收入比由2015年的2.73稳步下降至2.56。同期，农村居民人均消费支出由9 223元提高到13 713元，年均实际增长8.3%，农民的获得感幸福感显著提升。

回顾“十三五”，是农业现代化理念愈加先进、路径愈加清晰、模式愈加丰富的

全国农村居民人均可支配收入情况

五年，是农业转型升级快、质量效益明显提高的五年，是农民得到实惠多、公平发展机会和权利得到更好保障的五年。成就振奋人心，经验更是弥足珍贵。五年来，我们**始终坚持全面加强党的领导，不断推动“三农”理论创新、实践创新、制度创新。**办好农村的事，关键在党。“十三五”期间，以习近平同志为核心的党中央始终强调把解决好“三农”问题作为全党工作重中之重，制定《中国共产党农村工作条例》，健全党管农村工作的领导体制和制度体系，建立“五级”书记抓乡村振兴工作机制，创新性地提出了推进农业供给侧结构性改革，实施乡村振兴战略、坚持农业农村优先发展、促进城乡融合发展等一系列重大思想重大任务，为农业农村发展举旗定向，提供了科学指南和根本遵循。实践证明，“十三五”农业农村之所以取得巨大成就，最根本在于始终坚持和改善党对农村工作的领导，实行正确的“三农”路线方针政策，为农业农村发展掌舵引航、指引方向。**始终坚持落实新发展理念，推进现代农业三大体系协同发展。**理念是行动的先导。“十三五”期间，农业现代化坚持贯彻“创新、协调、绿色、开放、共享”五大发展理念，把“创新”作为农业生产发展、经营方式优化和产业体系构建的第一动力，把“协调”作为优化结构、提升质量、补齐短板的内生途径，把“绿色”作为实现农业资源节约、环境友好发展的普遍形态，把“开放”作为拓展农业发展空间的必由之路，把“共享”作为实现农业发展、农村繁荣和农民富裕的根本目的，推动农业现代化取得明显进展。实践证明，新发展理念是管全局、管根本、管长远的战略思想，正是在这一理念的指引下，农业农村在复杂严峻的内外部环境变化中，始终保持了正确的发展方向，不断行稳致远。**始终坚持深化改革，不**

断激发资源、要素、市场活力。改革是推动发展的制胜法宝。“十三五”以来，我们始终把改革作为“三农”发展的根本动力，按照“扩面、提速、集成”的要求，坚持不懈推进农村改革和制度创新，奋力破除体制机制弊端，着力突破利益固化藩篱，农业生产资源要素不断激活，农村发展内生动力持续激发，带来了农村经济和社会发展的历史性变化。实践证明，只有我们坚持解放思想、坚持深化改革，正确处理好农民和土地的关系、农民和集体的关系、农民和市民的关系，才能为农业农村发展注入源源不断的强大动力。**始终坚持尊重农民主体地位，一并推进农业农村农民现代化**。牢固树立以人民为中心的发展思想，保障农民物质权益和民主权利，是“三农”工作根本出发点和落脚点。“十三五”以来，我们把发展乡村产业作为促进农民就业增收的重要途径，把农村人居环境整治作为提升农民生活品质的重大工程，把脱贫攻坚作为农民全面奔小康的关键性举措，始终坚持发展为了农民、发展依靠农民、发展成果由农民共享。实践证明，只有充分尊重农民的首创精神，实现好、维护好、发展好广大农民的根本利益，才能激发亿万农民重农务农的积极性、主动性、创造性，才能有效保证农业生产稳定、农村社会和谐有序。**始终坚持汇聚合力，引导形成政府、市场、农民多元参与格局**。推进农业现代化，必须动员各方面的力量、凝聚各方面的智慧。“十三五”以来，我们积极推动国家现代农业示范区、现代产业园、产业强镇等建设，广泛采取政府引导、企业带动、农民参与的方式，进一步明确政府在制度安排中的角色地位，强化顶层设计，发挥市场在资源配置中的决定性作用，让资金、劳动力等生产要素自由流动，提高农民生产组织化程度，构建了政府、市场、农民共同推进农业现代化发展的新格局。实践证明，只有引入多方资源，汇聚多方合力，让各类主体各展所长、各得其利，才能统一目标、统一方向，达到合作共赢的目的。

总结历史是为了更好地面向未来。“十四五”时期是我国全面建成小康社会、实现第一个百年奋斗目标之后，乘势而上开启全面建设社会主义现代化国家新征程、向第二个百年奋斗目标进军的第一个五年。对标到2035年基本实现社会主义现代化目标，农业农村发展仍然是经济社会发展最大的短板，是国家现代化最突出的短腿，农业发展基础差、底子薄、发展滞后的状况没有根本改变。展望“十四五”，世界处于百年未有之大变局加速演变期，新冠肺炎疫情影响广泛，大国战略博弈成为常态，国内经济处于转变发展方式、优化经济结构、转换增长动力的攻坚阶段，农业农村发展内外部环境更加复杂多变。危与机同生共存，机遇寓于挑战、挑战蕴藏机遇。我们将更加紧密地团结在以习近平同志为核心的党中央周围，以习近平新时代中国特色社会主义思想为指导，瞄准基本实现农业农村现代化的大目标，坚定不移贯彻落实新发展理念，紧扣推动高质量发展和构建新发展格局的要求，坚持农业农村优先发展，全面实施乡村振兴战略，全面加快农业农村现代化，进一步夯实现代农业基础，调整优化农业结构，推动多种形式适度规模经营，不断提升粮食等重要农产品保障水平，着力提高农业质量效益和竞争力，在促进乡村全面振兴、实现第二个百年奋斗目标新征程中谱写农业农村改革发展新的华彩乐章！

第二篇

创新强农
农业转型升级取得明显成效

创新是农业现代化的第一动力。“十三五”以来，各级各部门深入实施“藏粮于地、藏粮于技”战略和创新驱动战略，围绕供给创新、科技创新和体制机制创新，着力推进供给侧结构性改革，粮食等重要农产品安全保障能力显著增强，粮经饲统筹、农林牧渔结合、种养加一体、一二三产业融合发展的现代农业产业格局基本形成，科技创新成为农业现代化的重要驱动力，体制机制改革释放发展活力，农业转型升级加速，综合效益和竞争力大幅提升。

守住粮食安全底线　端牢中国人的饭碗

党的十八大以来，以习近平同志为核心的党中央坚持把确保粮食安全作为治国理政的头等大事，确立了“以我为主、立足国内、确保产能、适度进口、科技支撑”的国家粮食安全战略。习近平总书记多次指出，解决好14亿人吃饭问题始终是治国安邦的头等大事；越是面对风险挑战，越要稳住农业，越要确保粮食和重要副食品安全。按照党中央的决策部署和要求，农业农村部始终把发展粮食生产作为“三农”工作的头等大事，着力稳面积、提单产、强产能，促进粮食生产持续稳定发展，牢牢掌握保障国家粮食安全主动权。

一、“十三五”期间我国粮食安全形势总体向好

“十三五”时期，我国人多地少水缺的资源约束更加凸显、粮食生产高位护盘的难度继续增大，通过强化政策扶持，加强基础建设，推进科技创新，实现了粮食生产稳定发展，粮食供给能力显著增强，供求状况得到改善，为经济社会稳定发展发挥了“定海神针”的作用。

河南西平优质专用小麦种植基地

（一）生产水平稳定发展。“十三五”以来，我国粮食连年丰收。2020年粮食总产达到66 949万吨，连续稳定在65 000万吨以上，粮食生产实现历史罕见的“十七连丰”。5年来，粮食播种面积基本稳定，2020年达到17.5亿多亩。粮食单位面积产量持续

上升，2020年达到382.3千克/亩，比2015年增长了12.1千克，人均粮食占有量超过470千克，高于世界平均水平，也高于国际公认的400千克安全线。

全国粮食播种面积和单产情况

（二）**综合产能稳步提升。**实行最严格的耕地保护制度，严守18亿亩耕地红线，确保永久基本农田保持在15.46亿亩以上，科学合理划定10.88亿亩粮食生产功能区和重要农产品生产保护区。截至2019年年底，农田有效灌溉面积达到10.3亿亩，高效节水灌溉面积达到3.39亿亩，农田灌溉水有效利用系数达到0.559，灌溉面积上生产的粮食占75%，一半农田实现了“旱能灌、涝能排”。大力推进高标准农田建设，已建成8亿亩旱涝保收、高产稳产的高标准农田，每亩产能提高10%～20%。

（三）**科技支撑显著增强。**围绕粮食生产和产业发展需求，引导广大农业科技工作者开展联合试验攻关和技术示范推广，提高农业科技成果转化应用率，2020年我国农业科技进步贡献率达到60%、比2015年提高4个百分点。大面积推广科学施肥、节水灌溉、统防统治、绿色防控等节本高效技术，水肥药利用率明显提高，病虫草害损失率大幅降低，有力促进了增产增效。主要农作物农药、化肥利用率分别达到40.6%和40.2%，比2015年分别提高4个百分点和5个百分点。

（四）**经营方式不断完善。**着力培育新型农业经营主体和社会化服务组织，逐步形成以家庭经营为基础、合作与联合为纽带、社会化服务为支撑的立体式复合型农业经营体系。截至2020年6月底，全国家庭农场名录系统填报数量超过100万家，依法登记的农民合作社达到218.7万家，从事农业生产托管的社会化服务组织数量达到44万个，托管面积超过15亿亩次，覆盖小农户6 000万户；农村承包地流转总面积达到5.55亿亩，流转面积比例达到35.9%，农业生产组织化和规模化水平不断提高，有效缓解了“谁来种地”“怎样种地”的问题。

二、“十三五”期间保障国家粮食安全的主要做法及经验

“十三五”期间，我国粮食生产成绩令人振奋，取得的经验也十分宝贵，概括起来主要是“四个持续”。**一是持续推进农村改革激发活力。**2016年，中办、国办印发《关于完善农村土地所有权承包权经营权分置办法的意见》，实行农村土地所有权、承包权、经营权“三权”分置，这是农村改革又一次重大制度创新，丰富了我国统分结合的农村双层经营体制内涵。2017年，党的十九大明确提出，保持土地承包关系稳定并长久不变，第二轮土地承包到期后再延长30年。同时，加快《粮食安全保障法》立法进程，组织开展粮食安全省长责任制考核，落实地方政府保障粮食安全的主体责任，以制度推动粮食安全保障水平提升。**二是持续推进科技进步增强动力。**贯彻“科学技术是第一生产力”的要求，将农业科技进步作为增加粮食等重要农产品有效供给、提高农产品质量的根本途径。加强关键技术研发集成，从政策扶持、资金投入、人员配备等方面给予支持，激发农业科技工作者的创新热情，不断提升自主创新能力。围绕粮食生产和产业发展需求，引导广大农业科技工作者将论文写在大地上，将专家的“试验田”变成农民的“生产田”。加强农业技术推广体系和农业社会化服务体系建设，开展大规模的科技下乡、科技入户、科技培训，促进多渠道多形式的产学研、农科教相结合，提高农业科技成果的转化应用率。**三是持续加大投入力度提升能力。**财政支农总体规模稳步增长，为粮食和农业发展提供了强有力的物质保障。推进农业综合开发，大力开展中低产田改造、基本农田建设和农田水利建设。推进大中型灌区续建配套和节水改造，加快末级渠系建设，解决农田灌溉“最后一公里”问题。加大对农机制造业的产品研发和技术改造投入，形成了门类比较齐全、具有一定规模、制造能力和生产水平较高的农机制造产业链，“十三五”期间，中央财政累计投入农机购置补贴资金958亿元，对农民购置农机具给予补助，有力推动了农业机械化进程。目前我国已成为世界第一农机制造大国和使用大国，拖拉机和收获机械产量遥遥领先。**四是持续强化惠农政策保护积极性。**2015年起，推进“三补合一”，建立农业支持保护补贴政策，支持耕地地力保护和粮食适度规模经营。实施产粮大县奖励政策，“十三五”期间累计下达奖励资金2 170.44亿元，充分调动地方政府重农抓粮积极性。积极稳妥推进粮食价格形成机制和收储制度改革，坚持并完善稻谷、小麦最低收购价政策，建立玉米、大豆生产者补贴及稻谷补贴新机制，稳定种粮收益预期，调动农民务农种粮积极性。

三、当前和今后一个时期，我国粮食安全面临多重制约与挑战

近些年，我国粮食生产取得了长足发展，粮食供给保障能力明显增强。但应看到，我国粮食生产基础还不牢固，仍存在一些深层次的困难和问题，保障国家粮食安全任务十分艰巨。**一是总量基本平衡，结构矛盾突出**。我国粮食连年丰收后，供给总量显著增加，供求关系总体呈紧平衡。在总量增加的同时，一些供给没有很好适应需求变化，品种和品质结构矛盾日显突出。稻谷、小麦数量上能够自给，但部分优质、专用品种需要进口调剂。玉米受加工需求增加、去库存超预期等因素影响，供需出现拐点，由阶段性供过于求向供求紧平衡转变。随着人口增加和消费结构升级，未来粮食消费需求呈刚性增长，供求偏紧的格局将长期存在。**二是基础设施薄弱，抗灾能力不强**。这些年，国家加大基础设施建设力度，农业生产条件得到改善，但由于历史欠账较多，农业靠天吃饭的局面没有根本改变。2019年全国小型农田水利工程完好率平均不到50%，大型灌排泵站设备完好率不足60%，大中型灌区中有60%工程设施不配套。特别是田间渠系不配套，农田灌溉"最后一公里"不通畅，抗御自然灾害能力明显不足。随着全球气候变化，高温、干旱、暴雨洪涝、风雹等极端天气频发重发，农作物病虫害也呈加重发生趋势，对粮食和农业生产安全带来严峻挑战。**三是资源约束趋紧，生态环境退化**。我国人均耕地、水资源分别不及世界平均水平的1/2和1/4，农业资源先天性不足。过去，为了

吉林延边龙井市老头沟镇同西村农民朱财家金灿灿的玉米堆

解决吃饱问题，追求高产增产，耕地和水资源消耗过大，化肥、农药等投入品使用过多，农业生态环境亮起了“红灯”。据监测，由于水土流失、贫瘠化、次生盐渍化、酸化等因素影响，质量退化的耕地占总面积的40%；东北黑土区耕地的黑土层平均厚度已降至30厘米左右，土壤有机质含量平均下降1/3左右。这些都制约了粮食产能提升，严重影响农业可持续发展。**四是国际环境复杂，贸易不确定性增加。**我国已步入同世界深度互动、向世界深度开放的新阶段，在带来新机遇的同时，也面临更加复杂的国际环境。尤其是2020年以来，受新冠肺炎疫情和中美经贸摩擦加剧影响，我国大豆、油料等农产品贸易形势一度趋紧，确保我国部分对外依存度较高的粮食品种有效供给还存在诸多不确定因素。

四、着眼长远，切实增强我国粮食安全保障能力

新冠肺炎疫情引起的全球粮食市场波动，对我国粮食安全是一大考验，也为我们敲响了警钟。从中长期看，确保国家粮食安全，必须提升粮食生产能力和抗灾能力，牢牢守住耕地红线，推动“藏粮于地、藏粮于技”落实落地，确保“谷物基本自给、口粮绝对安全”，把中国人的饭碗牢牢端在自己手上。**一是切实稳定粮食播种面积。**当前和今后一个时期，要确保粮食播种面积稳定在17亿亩以上，其中，水稻和小麦两大口粮面积稳定在8亿亩以上，大力发展优质强筋弱筋小麦、优质食味稻、加工专用稻，提高口粮供给质量。巩固生产功能区、优势区玉米产能，满足市场饲料消费需求。继续实施大豆振兴计划，提升东北、黄淮海和西南地区大豆生产能力，面积稳定在1.4亿亩。同时，鼓励各地因地制宜发展薯类、杂粮等作物，增加绿色优质特色农产品供给。**二是落实粮食生产扶持政策。**坚持并完善稻谷、小麦最低收购价政策，及时反映农民和市场主体的诉求与建议，发挥市场机制作用，促进优质优价。继续实施好玉米、大豆生产者补贴和稻谷补贴政策，引导农民合理安排种植结构。健全农业保险政策，推进稻谷、小麦、玉米完全成本保险和收入保险试点，扩大农业大灾保险试点。完善粮食主产区利益补偿机制，健全产粮大县奖补政策。扶持和培育种粮大户、家庭农场、农民合作社等新型经营主体，加快发展农业生产性服务业，通过代耕代种、代育代插、联耕联种、土地托管等形式，推进粮食适度规模经营和集约化生产。**三是加快“两区”建设。**把“粮食生产功能区和重要农产品生产保护区”作为固定资产投资安排的重点领域，强化农业基础设施建设投入，加大转移支付项目的倾斜力度，引导“两区”目标作物种植，实现“分区施策、按区种植”。加快“两区”内高标准农田建设，整体提升“两区”综合生产能力。推动建立“两区”监测监管体系，构建“天空地”一体化监测信息系统，选择已完成

“两区”划定工作的典型县为试点，利用遥感等现代空间信息技术开展“两区”作物种植结构、空间布局、作物长势等监测。**四是大力推进高标准农田建设**。制定实施新一轮全国高标准农田建设规划，优化高标准农田建设布局，明确今后年度建设目标与保障措施，优先在“两区”和符合条件的国家种子基地开展高标准农田建设，优先支持脱贫地区建设高标准农田。加强资金整合，建立多元筹资机制，加快构建集中统一高效管理新机制。建立健全“定期调度、分析研判、通报约谈、奖优罚劣”的任务落实机制，确保年度建设任务如期保质保量完成。**五是开展绿色高质高效行动**。每年选择一批生产基础好、产业带动能力强的县，整建制开展粮食等主要作物绿色高质高效行动，推广“全环节”绿色高效技术，构建“全过程”社会化服务体系，打造“全链条”产业融合模式，引领“全县域”农业绿色发展，辐射带动大面积增产增效，推动粮食生产转型升级和高质量发展。**六是强化粮食安全省长责任制考核**。充分发挥粮食安全工作考核“指挥棒”作用，实行粮食安全党政同责、压实粮食安全省长责任制，优化完善粮食面积、产量考核评分标准，强化对稳住粮食生产的硬约束，强化地方政府维护国家粮食安全的主体责任，推动形成齐抓共管保障国家粮食安全的合力。确保粮食主产区要发挥资源优势，巩固提升粮食综合生产能力，为保障国家粮食安全多作贡献；粮食主销区和产销平衡区要制定扶持政策，落实各项措施，稳定和提高区域内粮食自给水平。**七是统筹国际国内两个市场**。守住国家粮食安全底线，端牢中国人的饭碗，要统筹利用好国际国内两个市场。一方面，搞好余缺调剂，满足大豆需求主要靠进口弥补，同时也要适当进口强筋小麦、啤酒大麦等专用品种，满足国内多样化的消费需求。另一方面，加强国际合作，根据我国资源禀赋和粮食供求现状，优化大豆等农产品进口来源地布局，建立稳定可靠的贸易关系，深化国际粮食生产、加工、贸易、投资等多双边合作，更好利用国际资源保障国内粮食需求。

（农业农村部种植业管理司）

生猪产业加快转型升级

党中央、国务院高度重视生猪稳产保供。农业农村部认真贯彻党中央、国务院决策部署，坚持把加快生猪产业转型升级作为建设现代农业的重点任务，大力发展标准化规模养殖，强化非洲猪瘟常态化防控，着力提升自主育种创新能力，加快推进粪污资源化利用，推动生猪屠宰行业提档升级，建立健全政策支持保障体系，生猪产业体系、生产体系和经营体系不断完善，综合生产能力和市场竞争力明显增强，初步建立起生产高效、资源节约、环境友好、布局合理、产销协调的现代生猪产业高质量发展新格局，为保障城乡居民猪肉消费、促进农民持续增收发挥了重要作用。

一、政策支持保障体系不断完善

2019年以来，国办印发《关于加强非洲猪瘟防控工作的意见》《关于稳定生猪生产促进转型升级的意见》等，明确了指导思想、目标和任务，首次提出生猪稳产保供省负总责的总要求，成为今后一个时期推动生猪产业转型升级的基本遵循。各有关部门先后出台了基本建设、财政补贴、金融保险、养殖用地、环评承诺制、绿色通道等19项支持生猪生产发展的政策措施，政策力度之大、含金量之高前所未有，构建了支持生猪产业加快转型升级的政策体系。特别是养殖用地、环评和贷款政策的出台，基本解决了养殖场户期盼多年想解决而未能解决的难题。政策明确生猪养殖设施用地可以使用一般耕地，不需耕地占补平衡；涉及少量永久基本农田确实难以避让的，允许使用但必须补划；允许建设多层建筑。对年出栏5 000头以下的生猪养殖项目实行环评登记备案制度，年出栏5 000头及以上的生猪养殖项目，开展环评告知承诺制改革试点。在全国范围内开展土地经营权、养殖圈舍、大型养殖机械抵押贷款试点，支持开展生猪活体抵押贷款试点。

二、标准化规模养殖水平大幅提升

标准化规模养殖是现代生猪产业的发展方向，是产业转型升级的重要抓手。“十三五”期间，大力开展畜禽养殖标准化示范创建活动，按照生产高效、环境友好、产品安全、管理先进的要求，全国共创建了507个国家级生猪养殖标准化示范场，形成了部省市县四级联创的良好氛围。通过标准化示范场的引领带动，推广一批先进的实用技术、设施装备和管理理念，以点带面提升了全行业的标准化、规模化水平，标准化规模养殖已成为全行业的普遍共识。2019年以来，在政策和市场的共同作用下，规模养殖发展势头更加迅猛，精准饲喂、环境控制、疫病防控等现代化装备和技术得到普及和应用。2019年，全国年出栏500头以上的生猪养殖规模化率达到53%，比2015年提高9.7个百分点；年出栏5 000头以上生猪养殖规模化率为21.8%，比2015年提高了7个百分点，规模养殖场已经成为我国猪肉市场供应的主体，全国前10位生猪养殖龙头企业出栏育肥猪总数占全国总出栏量的比重超过9%。

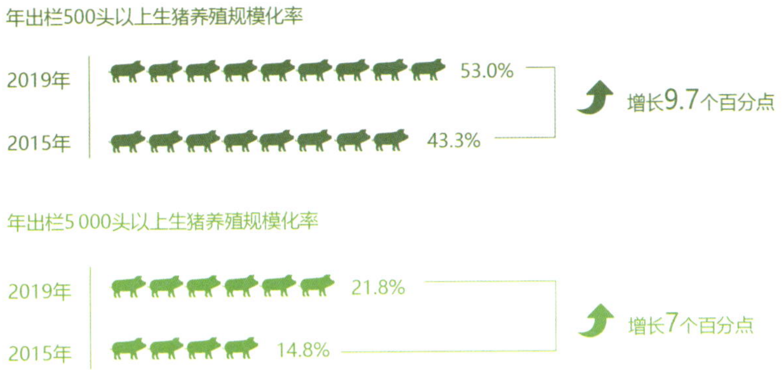

全国500头以上、5 000头以上生猪养殖规模化率情况

三、自主制种供种能力明显增强

良种是生猪生产发展的基础。“十三五”期间，为提升自主育种创新能力，农业农村部以全面实施全国生猪遗传改良计划为重点，初步建成了国家种猪核心群育种体系，目前全国共有98家国家生猪核心育种场和4家国家种公猪站，种猪核心群规模达15万头以上，包含杜洛克、大白、长白等主流商业化品种，年辐射扩繁母猪60万头以上，支撑3亿头以上商品猪生产的供种需求。通过对种猪核心群持续选育，主要品种的活体背膘厚、100千克体重日龄和总产仔数等生产性能均得到明显改进和提升。地方猪遗传

天津国家级宁河原种猪场

资源保护工作成效显著，确认现存地方品种83个，支持建成国家级地方猪遗传资源保种场54个、保护区6个、基因库1个，各地建成省级场区（库）80余个。品种创新工作不断加强，以我国优质种质特性的地方遗传资源和常规商用品种为育种素材，通过杂交、配套、多世代选育等方法，成功培育了13个新品种和配套系，满足了优质猪肉产品多元化的消费需求。创新了一批猪育种关键技术，围绕遗传评估高效算法、高通量分子监测、功能基因鉴定、表观遗传修饰、群体进化规律、基因编辑和人工智能数据采集等领域开展相关研究，并取得初步进展。

四、粪污资源化利用水平显著提高

粪污资源化利用是习近平总书记亲自部署推动的民生实事。近年来，农业农村部深入贯彻习近平总书记重要指示精神，落实国办印发的《关于加快推进畜禽养殖废弃物资源化利用的意见》，坚定不移推动粪污资源化利用各项重点工作。**抓政策落地**。以畜牧大县为重点，支持粪污处理利用设施建设，实现了585个畜牧大县全覆盖。将清粪机、粪污固液分离机等10个品目的粪污资源化利用设备列入全国农机购置补贴范围。**抓责任落实**。联合生态环境部对各省级人民政府和新疆生产建设兵团进行考核，考核结果报国务院并通报各地。组织对省级农业农村部门进行专项评估，督促各地针对存在问题加快整改。依托养殖场直联直报信息平台，建立大型规模养殖场信息公开制度，发挥社会监督作用。**抓种养结合**。农业农村部、生态环境部印发《关于促进畜禽粪污还田利用依法加强养殖污染治理的指导意见》，加快推进还田利用。围绕源头减量、过程控制、末端利用三个关键环节，加强标准规范制定和技术研发推广。粪污资源化利用工作已取得积极成效，2019年，规模养殖场粪污处理设施装备配套率达到93%，大型规模养殖场达到96%；畜禽粪污综合利用率达到75%，提前一年实现规划目标；养殖污染物排放量降低，第二次全国污染源普查结果显示，畜禽养殖化学需氧量、总氮、总磷等污染物排放量分别比2007年降低21%、42%和25%。

五、生猪屠宰行业发展更加规范有序

生猪屠宰管理职责职能从商务部划转到农业农村部后，农业农村部着力强化畜禽屠宰法规标准体系建设，启动生猪屠宰管理条例修订工作，完善畜禽屠宰标准体系，实施屠宰环节“瘦肉精”监督监测，启动生猪屠宰监管“扫雷行动”，开展生猪屠宰资格审核清理、标准化创建、屠宰企业非洲猪瘟自检和官方兽医派驻制度“百日行动”等专项活动，推进屠宰行业转型升级。截至2019年年底，全国生猪屠宰企业总数为5 005家，较2015年下降了58.9%，行业集中度进一步提升；其中年屠宰生猪2万头以上的规模屠宰企业2 028家，占总数的37.2%。2019年规模屠宰企业屠宰生猪2.43亿头，占屠宰企业屠宰总量的89.7%，规模屠宰企业已成为生猪屠宰的主要力量。

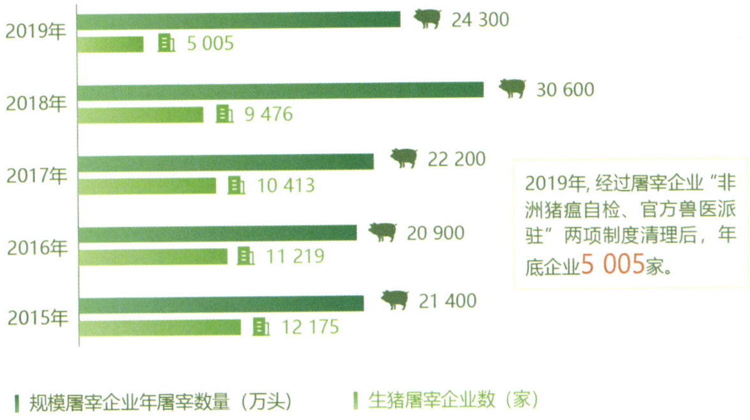

全国生猪屠宰企业及规模屠宰企业年屠宰情况（2015—2019年）

通过全行业的不懈努力，我国生猪产业发展取得了可喜的成绩，产业转型升级取得了初步成效，但从长远看，仍面临一些困难和挑战。**一是生产方式相对落后。**与发达国家相比，我国生猪规模养殖发展的规模标准仍然偏低，标准化生产体系不健全，生产效率不高，种猪生产性能、繁殖效率、商品猪生长速度和饲料转化效率等方面还有较大的增长空间。**二是政策连续性和稳定性有待强化。**2019年以来，国家出台一系列支持生猪生产发展的政策，但总的来看，短期性政策多，长期性政策少，养殖场户普遍期待把现有政策制度化、法制化，稳定并强化畜牧业发展政策。**三是疫病风险依然存在。**生猪疫病种类多，病原复杂，流行范围广。除非洲猪瘟外，口蹄疫等重大疫病和生猪流行性腹泻等常见病在个别地区时有发生，需要把防疫优先的策略贯穿到生猪生产的全产业链中。

下一步，农业农村部将按照党中央、国务院决策部署，贯彻落实国办印发的《关于稳定生猪生产促进转型升级的意见》，坚持以市场为导向，以保障猪肉基本自给为目标，重点围绕标准化规模养殖发展、现代种业创新、粪污资源化利用和屠宰行业标准化创建，全面推进生猪产业加快转型升级，完善支持政策，强化科技支撑，着力构建现代生猪养殖体系、动物疫病防控体系和现代生猪流通体系，推动我国生猪产业高质量发展，更好满足城乡居民猪肉消费需求。

（农业农村部畜牧兽医局）

渔业高质量发展取得实效

“十三五”时期是打赢脱贫攻坚战、全面建成小康社会的决胜时期，是渔业实现高质量发展的战略转型期。渔业发展坚持供给侧结构性改革，2016年农业部印发了《关于加快推进渔业转方式调结构的指导意见》；经国务院同意，2017年农业部印发了《关于进一步加强国内渔船管控　实施海洋渔业资源总量管理的通知》；2019年农业农村部联合生态环境部等十部委印发《关于加快推进水产养殖业绿色发展的若干意见》等，以渔业高质量发展为主题召开三次全国会议，推动渔业高质量发展迈出坚定步伐。

一、产业转型升级进一步优化

一是产业结构不断优化。2019年水产养殖产量5 079.1万吨，同比增长1.76%；捕捞产量1 401.3万吨，同比下降4.45%，养捕比例由“十二五”末的74 : 26提高到78 : 22，实现了养捕结构的进一步优化。除传统的养殖、捕捞、加工流通业之外，增殖渔业、休闲渔业蓬勃发展，现代渔业的五大产业体系格局初步建立，产业

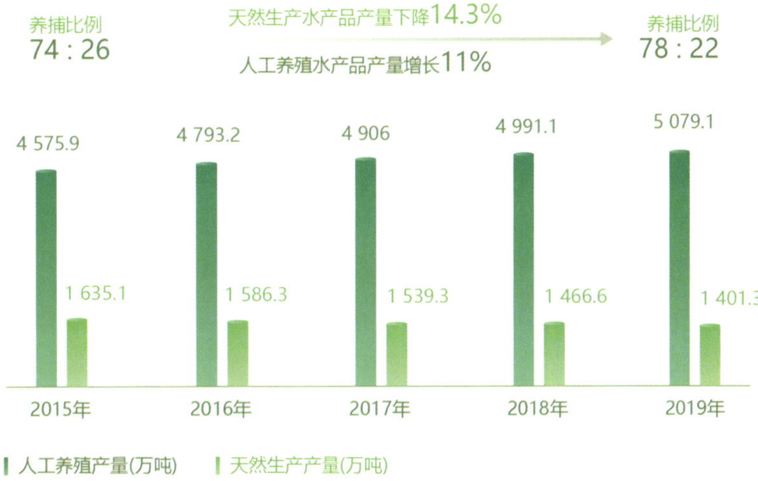

全国水产品产量及养捕比例情况（2015—2019年）

结构持续调优，渔业一二三产业产值比例由“十二五”末的51.45 ∶ 23.14 ∶ 25.41调整到49.0 ∶ 22.3 ∶ 28.7。**二是水产养殖业绿色发展有效推进。**贯彻落实《关于加快推进水产养殖业绿色发展的若干意见》，划定重要养殖水域滩涂空间，全国1 500个县编制印发了养殖水域滩涂规划，基本覆盖了所有水产养殖主产县。开展水产健康养殖示范创建活动，共创建健康养殖示范场5 468个、示范县49个。稻渔综合种养发展迅猛，2019年全国综合种养总面积近3 500万亩，年产优质稻谷1 750万吨、水产品290万吨，带动农民增收超过600亿元。盐碱地渔业开发利用取得突破，建立了多元生态养殖模式，实现了盐碱地水产养殖规模化生产，经济、生态、社会效益显著。同时，突出绿色发展理念，鼓励各地因地制宜开展大水面生态增养殖、工厂化循环水养殖、池塘工程化循环水养殖、集装箱循环水养殖、多营养层级养殖、深水抗风浪网箱养殖等生态健康养殖模式。**三是产业融合发展取得实效。**大力推进渔业一二三产业融合发展，提高产业组织化程度和社会化服务水平，“十三五”期间，把水产品加工业和休闲渔业作为推动产业融合发展的抓手和动力，充分发挥水产品加工业接一连三、休闲渔业接二连三作用，延长产业链，提升价值链。截至2019年年底，全国水产加工企业9 323个，水产冷库8 056座，水产加工品总量2 171.41万吨，加工率达到40.89%。休闲渔业产业规模不断壮大，2019年全国休闲渔业产值超过940亿元，接待人数超过2.7亿人次，涌现出查干湖、千岛湖、庐山西海等渔业生产生态融合发展的典型。

二、资源养护迈上新台阶

一是捕捞强度控制取得成效。按照农业农村部印发的《关于进一步加强国内渔船管控 实施海洋渔业资源总量管理的通知》的要求，截至2020年6月底，全国已累计拆解渔船超过2万艘，国内海洋捕捞产量约1 000万吨，海洋捕捞产量控制和减船目标已经提前完成。压减海洋捕捞渔船2万多艘、功率150万千瓦，实现国内海洋捕捞总产量减少到1 000万吨以内的目标。**二是资源保护制度不断完善。**先后数次对海洋伏季休渔制度进行调整，现行的伏季休渔制度被媒体称为史上最长休渔期和最严格的伏休制度。相继发布黄河、海河、辽河和松花江流域禁渔期制度，实现我国内陆七大重点流域禁渔期制度全覆盖和主要江河湖海休禁渔制度全覆盖。**三是增殖放流和海洋牧场建设科学开展。**每年6月6日，各地积极开展形式多样的放鱼日活动。“十三五”期间，全国累计增殖各类水产苗种1 559亿尾，举办各类水生生物增殖放流活动达1万多次，有力地促进水域生态环境修复和渔业资源的可持续利用。累计创建国家级海洋牧场示范区110个，引领带动全国海洋牧场建设持续健康发展。**四是水生野生动物保护能力提升。**2018年新修订《野生动物保护法》，相关配套规章制度的制修订工作加快实施，针对长江江豚、中华鲟、中华白海豚、斑海豹等保护旗舰物种，分别出台了7个专门的保护和拯救行动计划。累计创建国家级水产种质资源保护区535个。**五是推动长江流域重点水域退捕禁捕**。2020年1月1日起，长江流域332个水生生物保护区禁止生产性捕捞；2021年1月1日起启动长江十年禁渔。

三、渔业“走出去”取得新成果

一是远洋渔业规范有序发展。科学调控发展规模和节奏，加快渔船装备更新改造，调整优化产业结构，推进远洋渔业转型升级。修订出台《远洋渔业管理规定》，建立远洋渔业企业履约评估制度，加强远洋渔船监督管理，继续“零容忍”严厉打击违法捕鱼，规范有序发展远洋渔业。**二是渔业对外交流合作广泛开展**。全面参与联合国及FAO框架下渔业多边事务，参与9个国际或区域渔业管理组织事务，加入《南印度洋渔业协定》，与毛里塔尼亚、阿根廷、伊朗、塞拉利昂、斐济、瓦努阿图等国建立政府间合作机制，深化与美国、欧盟等渔业对话机制。稳妥开展与韩国、俄罗斯、越南等周边国家渔业合作，全面加强涉外周边渔业管理；举办中越北部湾渔业协定成功实施15周年活动，开展中越、中韩、中俄、中老联合增殖放流活动；向菲律宾赠送鱼苗并被写入两国联合公报，得到两国领导人积极评价。

四、渔业设施装备水平显著提升

一是渔船、渔港、安全通信等渔业装备水平不断提高。沿海省份更新改造国内渔船1万余艘、远洋渔船679艘，为11万余艘渔船配备了安全和通导装备，建成通讯岸台约200座、渔港动态管理系统17个、渔船动态管理系

广东湛江深海网箱养殖

统及灾备中心约50套、渔用航标179个，累计安排建设213个渔港及避风锚地，渔业安全生产保障能力显著提高。二是**水产种业、防疫、养殖设施装备水平不断提升**。现代种业提升工程围绕种质资源保护利用、育种创新及育繁推一体化等开展，共安排建设项目73个、总投资7.7亿元，全国动植物保护能力提升工程围绕建设水生动物疫病防控监测中心及区域中心、重大水生动物疫病实验室，安排3.8亿元建设项目39个。“深蓝1号”等深远海大型智能养殖渔场相继建成投产，累计建成深水抗风浪网箱3 255个，池塘环保设施改造开始起步，养殖基础设施和装备水平明显提高。

五、渔业科技支撑能力显著增强

“十三五”以来，渔业科技在资源养护与生态修复、遗传育种、健康养殖、病害防治、水产品加工、节能环保、渔业装备升级、渔业信息化等领域提供支撑保障，渔业科技进步贡献率由2015年的58%提高到2020年的63%。一些前沿领域开始进入国际并跑、领跑阶段，一批生态、绿色、高效渔业技术模式得到广泛应用，渔业科技获得国家级奖励6项，审定新品种61个，制定渔业标准和规范1 035项，获得专利685项，建设渔业综合性重点实验室3个，专业性重点实验室21个，综合试验站25个。水产养殖技术示范推广成果丰硕，遴选发布65个渔业主导品种和53项渔业主推技术，推广面积达300多万公顷，受益渔民500多万人。

六、渔政执法监管有了新成效

一是“中国渔政亮剑”系列专项执法行动持续开展。严厉打击了涉渔违法捕捞行为，维护了守法渔民的合法权益和我国管辖海域的渔业生产秩序，取得显著成效。截至2019年年底，各地渔政执法机构已经累计清理取缔涉渔“三无”船舶5.04万余艘、“绝户网”等违规渔具200余万张（顶）。二是**安全生产监管不断加强**。渔业是高风险行业，近年来，农业农村部高度重视渔业安全生产监督，开展渔业安全生产专项整治三年行动，组织渔业安全应急演练和安全技能大比武，开展渔业无线电专项整治和安全生产交叉大检查，示范创建“平安渔业示范县”“全国文明渔港”。三是**水产品质量安全水平稳步提升**。在27个省份开展水产养殖用药减量行动，水产苗种产地检疫试点由6个省份扩大到24个省份，基本覆盖了水产苗种生产大省，水产品产地监测合格率稳定在99%以上。

当前，我国渔业正处在由传统向现代转变时期，渔业大而不强，还存在一些突出问题，例如，渔业法律政策保障体系尚不健全，渔业水域生态环境脆弱、保护难度大，渔业基础设施薄弱，装备落后，水产品冷链物流体系尚未建立，渔业产业效益亟需提升，渔政执法满足不了监管需求等。展望“十四五”，我国渔业发展，将以习近平新时代中国特色社会主义思想为指导，全面贯彻党的十九大和十九届二中、三中、四中、五中全会精神，坚持新发展理念，以高质量发展为主题，以供给侧结构性改革为主线，以满足人民对优美水域生态环境和优质水产品的需求为目标，推动渔业发展质量变革、效率变革、动能变革，持续推进渔业治理体系和治理能力现代化，不断提高发展质量效益，持续推动渔业增效、渔民增收，加快形成以国内大循环为主体、国内国际双循环相互促进的渔业发展新格局，加快建设现代化渔业强国。

（农业农村部渔业渔政局）

培育壮大特色农产品优势区

特色农产品优势区是党中央、国务院从战略和全局高度出发作出的重大决策部署和重大制度性安排，是推进农业供给侧结构性改革、满足城乡居民多样化农产品消费需求、助力脱贫攻坚战和推动农业高质量发展的重要载体。自2017年开展特色农产品优势区建设以来，农业农村部会同国家发展改革委、财政部、国家林业和草原局等八部门认真研究，统筹谋划，各省（自治区、直辖市）高度重视，大力推进，形成了一批特色鲜明、优势集聚、产业融合、文化厚重、市场竞争力强的特色农产品优势区。目前，已认定308个中国特色农产品优势区和667个省级特色农产品优势区，有力带动了特色产业做大做强，增强了我国绿色优质中高端特色农产品供给能力，推动了特色农产品出口，促进了区域经济增长和农民增收。

一、全国特色产业发展格局进一步优化

特色农产品优势区始终立足资源禀赋和产业基础，瞄准市场消费需求，突出品种特色、地域特色、人文特色，实行分级创建、分级认定，带动发展特色粮经、特色园艺、特色畜产品、特色水产品和林特产品五大特色产业，特色农产品生产区域化、规模化和专业化水平进一步提升，形成了一批集中连片、分工合理、优势互补、协调发展的特色农业产业聚集区，做到人无我有、人有我优、人优我特、人特我强。例如，河北形成了坝上、燕山、太行山及冀中、冀南平原地区特色中药材产业区，冀中南平原沙地梨产业区，桑洋河谷、冀东滨海地区葡萄产业区；四川省形成了川西盆地晚熟柑橘优势产业区、攀西芒果优势产业区，以苍溪、都江为主的龙门山红心猕猴桃产业区，以安岳县为中心的川中柠檬产业区；宁夏形成了中宁、红寺堡等清水河流域为主的枸杞产业区，中卫硒砂瓜产业区，中部干旱带和环六盘山为重点的清真牛羊肉产业区以及贺兰山东麓

陕西延安洛川苹果丰收

安徽砀山酥梨秋收

为主的葡萄酒产业区。特色产业的集群集聚发展，不仅丰富了居民的“菜篮子”“果盘子”，也促进了农产品产业链的融合发展，显著提升了特色产业市场竞争力。

二、特色产业核心竞争力明显增强

为适应社会消费结构不断升级、特色农产品市场需求不断增加的趋势，特色农产品优势区依托现代农业产业技术体系，加强与科研院所、有关企业合作，积极培育特色优质品种，强化技术研究、设施配备和示范推广，促进精深加工技术、衍生产品开发，实现了品种多元化、工艺精深化、产品系列化和效益规模化。农业农村部依托现代农业产业技术体系，开展特色优势产业科研创新团队建设，在青稞、高粱、谷子、糜子等42个特色产业支持开展共性技术和关键技术研发示范和推广。四川攀枝花建立市、县、乡三级技术推广体系，与中国农业科学院、中国热带农业科学院、四川农业大学等科研院所建立长期“院地”合作关系，建成攀枝花芒果创新工程中心、中国热带农业科学院攀枝花分院，有效促进了芒果生产的标准化、品质化和产品多样化。

三、特色产业经营主体蓬勃发展

随着特色农产品优势区建设的不断深入，促进市场主体发展的新载体、新平台不断涌现，市场运行机制不断完善，专业种养大户、家庭农场、农民合作社、农业产业化龙头企业等新型农业经营主体蓬勃发展，成为引领特色农业优势产业发展的主力军，也让农民更多分享产业链增值效益。安徽省砀山县从事酥梨产品生产的国家级龙头企业1家，省级龙头企业11家，国家级合作社示范社8家，省级合作社示范社13家。宁夏大力推进枸杞产业联盟、协会、商会、科技公司、专业合作组织等经营性服务组织建设，建立了枸杞病虫害预测预报防控体系、枸杞产品质量安全控制体系和枸杞科技服务体系，不断提高了枸杞产品质量安全水平。

四、特色产业一二三产融合发展

特色农产品优势区根据区域产业、产品特性，创新经营方式和组织形式，深挖乡村新功能、新价值，积极培育壮大新产业、新业态，运用物联网、大数据、移动互联等新技术、新模式，优化资源要素配置，延伸特色农业产业链，推动特色农产品精深加工、包装、储藏、运输、信息、休闲、娱乐等产业发展，形成了产、加、销、游一体化发展新模式，促进乡村产业链从低端到高端提升。农业农村部与陕西、江西等省人民政府签署协议，共同支持洛川苹果、赣南脐橙等13个中国特色农产品优势区建设国家级农产品产地批发市场。甘肃省投入财政资金10亿多元，带动社会资金100多亿元，支持果蔬为主的仓储保鲜设施建设，截至2019年年底，建设果蔬保鲜库4 433座、储藏能力533万吨，80%以上的苹果、35%以上的蔬菜销往省外市场。四川省雅安市名山区按照“茶区变景区、茶园变公园、劳动变运动、产品变商品、茶山变金山”的思路，主动“接二连三”，将种茶、制茶、饮茶、游茶融合发展，让农民更多分享二三产业增值收益，全区茶叶面积35.2万亩，茶旅休闲路线102千米，成立了蒙顶山茶叶交易所，茶产业产值大幅提升，茶叶收入成为农民收入的主要来源。河北省内丘县依托省级农业产业化龙头企业，以“公司+合作社+基地+农户”模式，实施全程冷链贮藏运输，2019年苹果种植面积达10.6万亩，贮藏保鲜能力2.5万吨，亩均收益1.1万元以上。

陕西顶瑞果业科技有限公司苹果包装车间、仓库

五、特色产业品牌影响力扩大

在市场需求和产业发展的双重因素推动下，特色农产品优势区将品牌建设作为重要抓手，依托独特的资源优势和产品优势，在严把特色农产品质量关的基础上，“念好山海经，唱好林草戏”，完善市场营销体系，扩大消费市场容量，在建设中培育品牌，在品牌培育中开展建设，在产业竞争中做强品牌，将特色农产品优势区打造成值得信赖的优质安全品牌农产品生产区，不断提升产业效益。农业农村部印发《关于加快推进品牌强农的意见》，提出一个特优区塑强一个区域公用品牌。近年来，充分借助中国国际茶叶博览会、中国国际农产品交易会、全国贫困地区农产品产销对接行动、各省农业展会等平台，累计举办了近千场特色农产品品牌宣传推介活动，充分运用人民日报、农民日报等各类中央媒体、省级媒体及新媒体，宣传推介特色农产品优势区的品牌农产品，显著增强了特色农产品优势区的品牌影响力，打造了洛川苹果、迁西板栗、潜江小龙虾、东阿黑毛驴等一批知名度高、影响力广的特色农业品牌，提升了我国特色农产品的产品优势、产业优势和竞争优势，促进了特色产业转型升级。

部分特色农产品品牌

六、形成一批特色产业发展政策经验

特色农产品优势区是特色农业产业发展的模式创新，按照政府支持、企业运营的基本原则，形成分工明确、各司其职的体制机制，实现了特色产业由“增产重量”发展向市场化品牌化转变，新型经营主体由单个发展向集群协同式发展转变，利益联结由各自带动向全产业链利益合理分享转变，政府服务由注重支持生产向支持产业后端延伸。2017年，国家发展改革委联合农业部、国家林业局印发《特色农产品优势区建设规划纲要》；2020年，农业农村部联合国家林业和草原局等六部门制定了《中国特色农产品优势区管理办法（试行）》，牵头制定《中国特色农产品优势区的认定标准》《中国特色农产品优势区创建认定指标说明》；财政部印发《农业综合开发扶持农业优势特色产业促进农业产业发展的指导意见》等，对特色农产品优势区建设进行总体部署。各地结合本地实际，制定了相应的支持政策，河北、广西等10余个省份出台推进本省特色产业发展的指导意见，加强特色农产品优势区的生产、加工、流通以及品牌建设，带动本地特色产业发展。特色农产品优势区内的龙头企业、合作社、家庭农场、种养大户等市场主体，按照市场化原则，与农民建立合理、长期、稳定的利益联结机制，采用资源节约型、环境友好型生产模式，开展生产经营，推动特色产业持续健康发展。

面向新形势新需求，特色农产品优势区迎来了难得的发展机遇，但也存在政策支持体系不完善、特色品牌优势未能有效发挥、农业基础设施保障程度不高等问题，需要采取有效措施，深入研究解决。下一步，我们将以促进乡村全面振兴为总目标，以深入推进农业供给侧结构性改革为主线，以特色优势产业为依托，坚持市场导向，完善技术体系，突出品牌效应，促进三产融合，打造“中国第一，世界有名”中国特色农产品优势区和“全国知名，区域畅销”省级特色农产品优势区，构建农民能够合理分享产业收益的长效机制，提高特色农产品的供给质量和市场竞争力。**一是以特色农产品优势区建设为抓手，全面增加有效供给**。落实中央关于建设特色农产品优势区的总体要求，打造一批标准化生产基地、加工基地和仓储物流基地，加强科技支撑体系、品牌建设与市场营销体系和质量控制体系建设，增强特色农产品产量和品质的稳定性。**二是健全完善特色农产品产地流通体系**，打通“出村进城”通道。实施好农产品仓储保鲜冷链物流设施建设工程，加快推进农产品产地市场体系建设，开展多种形式线上线下相结合的产销对接活动，着力提升特色农产品产地商品化处理和流通能力。**三是实施农业品牌战略，引领产业高质量发展**。依托特色农产品优势区，塑强一批国家级特色农产品区域公用品牌、企业品牌和产品品牌。建立中国农业品牌目录制度，加大海外营销推广力度，增强中国农业品牌国际知名度、美誉度和影响力。

（农业农村部市场与信息化司）

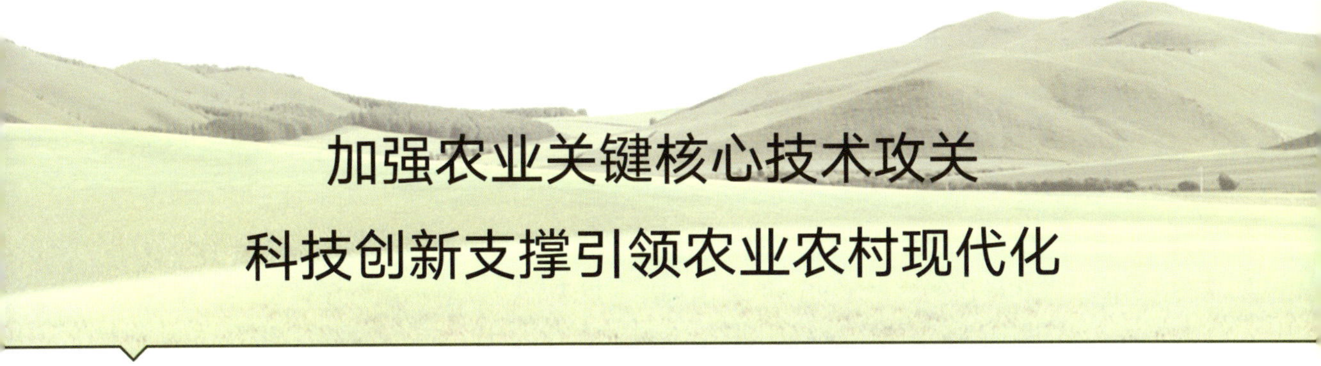

加强农业关键核心技术攻关 科技创新支撑引领农业农村现代化

“十三五”期间，科学技术部坚持以习近平新时代中国特色社会主义思想为指引，以习近平总书记关于“三农”工作和科技创新重要论述、重要指示批示为根本遵循，以加快农业农村现代化为目标，以提升关键核心技术自主创新能力为主线，聚焦“顶天”抢占世界农业科技制高点和“立地”把科技的旗帜插遍县乡村两大主攻方向，深入推行科技特派员制度，高质量推动国家农业高新技术产业示范区和国家农业科技园区建设，将创新型国家建设持续向县市延伸，推动关键核心技术攻关取得重大突破，出台加强农业科技社会化服务体系建设等重大改革文件，开创了科技创新支撑引领农业农村现代化的新局面。

一、农业科技创新能力显著增强

（一）农业科技创新水平大幅提升。通过国家重点研发计划系统部署“七大农作物育种”“智能农机装备”“蓝色粮仓科技创新”等11个重点专项，共487个项目。通过重点专项实施，土地产出率、资源利用率、劳动生产率显著提高，农业科技进步贡献率由2015年的56%增至2020年的60%，年均提升0.8个百分点。

全国农业科技进步贡献率情况

“水稻高产优质性状形成的分子机理及品种设计”获得2017年国家自然科学奖一等奖；找到抵抗小麦“癌症”关键基因，并揭示了其抗病遗传及分子机制，为从源头上解决小麦赤霉病提供了解决方案；构建了果蔬物流供应链新模式，实现了革命老区特色水果跨境出口至“一带一路”国家“零的突破”；创制了改变产业业态的无醛人造板，超越国际最严格标准，产品领跑国际市场，在基础研究、应用基础研究、关键核心技术攻关和技术应用集成示范等方面为加快农业农村现代化提供了重要科技支撑。

（二）**农业科技创新人才队伍不断壮大。**习近平总书记对科技特派员制度推行20周年作出重要指示，强调“科技特派员制度推行20年来，坚持人才下沉、科技下乡、服务‘三农’，队伍不断壮大，成为党的‘三农’政策的宣传队、农业科技的传播者、科技创新创业的领头羊、乡村脱贫致富的带头人，使广大农民有了更多获得感、幸福感”，全国几十万名科技特派员活跃在农业农村生产一线，领办创办了1.15万家企业或合作社，平均每年转化示范2.62万项先进适用技术，直接服务6 500万农民。在“三区三州”深度贫困地区深入实施“三区”人才专项计划，2016—2019年，中央财政共支持12.8亿元，中西部省份共选派7.2万人，培训本土科技人员1.16万人。

（三）**基础平台建设日臻完善。**截至2019年年底，农业农村领域已建成4个国家农业高新技术产业示范区，270家国家农业科技园区，水稻生物学、作物遗传改良等56个农业农村领域国家重点实验室，39家新农村发展研究院，农业高新技术企业达8 920家，另外遴选了玉米种业、耐盐碱水稻和生猪3个国家技术创新中心做为首批拟建设对象，积极推动创新链各环节战略力量有效集聚，推进一二三产融合发展和农业农村现代化进程。

山东滨城小麦加工重点实验室

二、农业科技体制改革持续深化

（一）**建立了系统完善的科技计划管理制度。**形成了国家重大科技计划政府部门负责总体规划、战略布局等顶层设计，专业机构负责立项评审、过程管理等组织实施的项目组织管理新格局，实现了科技计划管理决策、执行、监督主体相分离。农业农村领域2家项目管理专业机构按照“全链条创新设计，一体化组织实施”要求，强化制度保障、完善项目管理流程、加强交流协作和项目经费执行，建立了ISO9001质量管理体系，确保项目管理规范高效。

（二）**出台了系列开创性改革性政策文件。**“十三五”期间，持续推动中央、国务院关于深入推行科技特派员制度、县域创新驱动发展、建设农业高新技术产业示范区和加强农业科技社会化服务体系建设4份文件出台，开创农业农村科技工作新局面。**首次提出建设创新型县(市)和创新型乡镇，创新型国家建设持续向县市延伸。**2017年，国办出台《关于县域创新驱动发展的若干意见》，在国务院文件中首次以县域创新驱动发展为主题，首次提出建设创新型县(市)、创新型乡镇，将创新型国家、创新型省份、创新型城市的建设延伸到县市、乡镇，对优化区域创新布局、完善区域创新体系意义重大。2018年，科学技术部出台《创新型县（市）建设工作指引》，并对全国1879个县（市）开展了县域创新能力监测，首次形成全面、系统的全国县（市）创新能力监测评价报告。**开辟了国家农业高新技术产业示范区新序列，高质量支撑引领农业农村现代化。**2018年初，国办印发《关于推进农业高新技术产业示范区建设发展的指导意见》，首次以农业高新技术产业为主题，从国家层面上部署国家农业高新技术产业示范区建设。2019年11月，国务院正式批复同意建设山西晋中和江苏南京两个首批国家农业高新技术产业示范区，开辟了国家农业高新技术产业示范区新序列。目前，已建设国家农业高新技术产业示范区4家，带动建设省级农高区26家。**推动形成开放竞争、多元互补、协**

江苏邳州农业科技人员指导大蒜标准化种植先进适用技术

同高效的农业科技社会化服务新局面。2020年，经中央全面深化改革委员会第十一次会议审议通过的《关于加强农业科技社会化服务体系建设的若干意见》正式印发，对解决科技服务有效供给不足和科技成果供需对接不畅两大问题，实现小农户与现代农业发展有机衔接、打通农业科技成果转化“最后一公里”、推进农业农村现代化建设具有重要意义。

三、农业技术集成示范不断取得新突破

科技成果转化、技术集成示范能力进一步提升，国家重点研发计划全链条布局效果初步显现，为加快农业农村现代化提供了一系列科学技术解决方案。

（一）**在农作物新品种选育方面。**成功在小麦、水稻及马铃薯中实现更加高效的单碱基编辑，实现了植物基因定点替换的突破，为高效和大规模创制单碱基突变体提供了方案，为作物遗传改良提供了重要技术支撑。基于大数据、多平台，确定了七大农作物品种身份鉴别的候选核心位点组合，建立七大作物优异位点池，在农作物品种鉴定、优异位点开发共性技术等方面取得重要进展。

（二）**在农产品种植技术方面。**玉米－大豆带状复合种植技术成为改革开放以后首次写入中央1号文件的农产品种植间套作技术。该技术综合运用多学科理论与方法创新关键理论、技术和机具，创建了适应现代农业的玉米－大豆带状复合种植理论和技术体系。截至2019年年底，在四川、重庆等19省(市)累计推广7 139万亩，新增经济效益245亿元，经济效益显著；减施纯氮量28.56万吨，减少土壤流失量7 485吨、地表径流量53.74万吨，生态效益显著；玉米产量与净作相当，每亩多收大豆100 ～ 150千克，新增大豆882万吨，缓解了我国豆制品原料供应压力。

（三）**在农产品加工技术开发与装备创制方面。**研发出全新的分层磨削碾米技术和全球独家的智慧型粮食分层磨削装置，每加工1万吨大米，可增产870吨成品米，全国推广后预计可节电14亿千瓦·时，增产成品米1 218万吨。该装置分层磨削技术的应用，很好地解决粮食工业目前存在的食品品质安全、营养流失严重、利用模式单一难题，成果推广应用将推动国内现有稻谷加工业技术装备的革命。

（四）**在耕地重金属污染治理方面。**华南镉铅污染农田一体化修复技术体系，以一体化防控治修复的新思路，构建了“污染阻控－阈值评估－风险预警－风险管控－农产品安全”的农田修复和安全利用综合管理模式，实现污染修复与安全生产同步推进。该成果已应用于广西阳朔及广东大宝山两大华南典型镉铅矿源污染流域治理项目，标志着我国农田土壤重金属污染治理工作由田块尺度向区域尺度过度，具有重大现实意义。

根据第六次国家技术预测结果显示，农业农村领域目前我国有10%技术处于国际领跑地位，处于并跑和跟跑阶段的技术分别占39%和51%，与发达国家相比，总体仍然处于“少数领跑、多数并跑和跟跑”的格局，基础研究薄弱、原创性创新能力不强的局面并未根本性转变，农业农村科技战略力量不强，科技成果与生产实际应用衔接不紧密问题依然存在。“十四五”时期是我国全面建成小康社会，乘势而上开启全面建设社会主义现代化国家新征程的第一个五年，是全面推进乡村振兴战略、加快农业农村现代化的关键阶段，必须牢牢把握世界发达国家都是农业强国，都是农业科技强国，发达国家成为农业强国的过程就是农业现代化的过程这一历史逻辑，大力实施乡村振兴科技支撑行动，进一步强化基础研究，重点解决农业生物高产、抗逆等性状形成的科学问题，为基因编辑、干细胞等高效精准育种提供理论源头支撑；加快工厂化农业、细胞工厂生产等农业前沿技术前瞻布局，抢占世界农业科技制高点；重点突破种子依赖国外、农产品种植技术和加工技术落后、农业面源污染严重和耕地重金属污染严重等瓶颈制约，打好农业农村领域关键核心技术攻坚战；强化部际协调、部省联动和实施“揭榜挂帅”制度等，探索重大科技项目布局和实施机制“新路子”，加快构建自立自强的农业科技创新体系。

（科学技术部农村科技司）

高标准农田建设迈上新台阶

耕地是农业发展之要，粮食安全之基，农民立身之本。建设高标准农田是党中央、国务院作出的重大战略部署。机构改革前，各地认真落实中央决策部署和发展改革、财政、自然资源、水利、农业等部门要求，合力推进高标准农田建设，取得积极进展。机构改革后，农业投资、农业综合开发、农田整治、农田水利建设等农田建设项目管理职责整合，由农业农村部统一进行管理。农田建设管理体制得以进一步理顺，资金整合力度进一步加大，改变了以往“五牛下田”分散管理的局面，农田建设管理打开新局面，迎来新突破，高标准农田建设取得新成效。

一、农田建设任务全面完成

吉林适宜全程机械化作业的高标准农田

2018年、2019年、2020年全国新增高标准农田分别达到约8 200万亩、8 150万亩、8 000万亩，均超额完成8 000万亩的年度建设任务，全国建成8亿亩高标准农田目标已实现。从区域分布看，2011—2019年，13个粮食主产省累计建成高标准农田面积约占全国总量的70%，为稳定我国粮食安全格局发挥了重要作用。高标准农田建设有力推动了“藏粮于地”战略实施，为乡村振兴战略的实施打下了坚实基础。**一是进一步夯实了国家粮食安全基础。**建成后项目区农田基础设施配套比较完善，生产条件改善，农田抗灾减灾、旱涝保收能力提高。高标准农田粮食产能均提高10%～20%。**二是加快了农业转型升级和绿色发展。**高标准农田的灌排和交通体系更加完善，推动了土地规模经营和农业机械化生产，促进了农业节本增效，减少农村面源污染，增强农业发展后劲，转变农业发展方式。**三是促进农民增收效果显著。**与建设前相比，高标准农田项目区农业生产条件进一步改善，通过节约人工、肥料、农药等投入和增加综合收益，亩均可促进当地农民增加年收入约500元，让农民得到实惠。

二、制度标准体系不断完善

2019年11月，国办印发《关于切实加强高标准农田建设提升国家粮食安全保障能力的意见》，明确今后一个时期全国高标准农田建设的指导思想、基本原则、目标任务和工作机制，压实地方政府主体责任，凝聚相关部门和公众的共识，提振地方农业农村部门的信心，为深入推进高标准农田建设创造了有利条件。同时，农业农村部扎实推进农田建设法规制度建设，制定完善项目管理、资金管理、监督评估等办法。一是印发《农田建设项目管理办法》，明确了农田建设项目管理程序和要求。二是分别联合财政部、国家发展改革委印发《农田建设补助资金管理办法》《关于中央预算内投资补助地方农业项目投资计划管理有关问题的通知》，加强不同渠道资金使用管理政策衔接，为高标准农田建设项目顺利实施提供了政策依据。三是研究制定《高标准农田建设评价激励实施办法（试行）通知》，进一步压实地方责任，激发和调动各地开展高标准农田建设的积极性、主动性和创造性。

河南浚县三十万亩高标准农田

三、资金筹措途径有效拓宽

机构改革后，高标准农田建设中央财政资金主要由财政部管理的中央财政转移支付农田建设补助资金和国家发展改革委管理的中央预算内投资两个渠道组成。2020年两个渠道共落实农田建设补助资金867亿元，比2019年提高了7.8亿元。同时，各地积极拓展投资渠道，通过创新投融资模式、发行专项债务、充分利用新增耕地指标调剂收益等方式，加大高标准农田建设投入。江西、山东、四川、安徽、黑龙江等省使用高标准农田建设的专项债、抗疫特别国债、一般债券等达到180多亿元。

四、评价激励作用逐步显化

按照国办印发的《关于对真抓实干成效明显地方进一步加大激励支持力度的通知》《关于印发粮食安全省长责任制考核办法的通知》和农业农村部印发的《关于高标准农田建设评价激励实施办法（试行）》要求，2019年和2020年，对全国31个省（自治区、直辖市）高标准农田建设情况进行了综合评价和粮食安全省长责任制考核。其中，综合评价排名靠前、建设成效显著的省份由国务院办公厅进行激励；粮食安全省长责任制考核结果由国家粮食和物资储备局牵头汇总，并由国务院办公厅进行通报。通过综合评价和粮食安全省长责任制考核，进一步压实了地方责任，有力推进了全国农田建设工作。

五、后期管护力度持续加大

高标准农田建设工作是中央和地方共同事权，建后管护利用工作由地方负责。近年来，江苏、安徽、福建、江西、山东等省相继出台了高标准农田建设项目后期管护制度，并在地方财政预算中安排专项经费对农田基础设施管护运营进行补贴，有效调

四川邛崃市高标准农田粮经产业综合示范区

动了管护主体的积极性。如江西省实行“县负总责、乡镇监管、村为主体”的建后管护机制，目前已有60多个县对建成的高标准农田安排了10～20元/亩的后期管护经费。山东省建立“县负总责、乡镇落实、村为主体、所有者管护、使用者自护、受益者参与”的管护运营机制，管护经费来源为财政补助、村集体公益金提取和市场化运作等。

虽然高标准农田建设取得了一定成效，但仍面临建设任务艰巨、建设资金缺口大、建后管护难落实等问题与困难，亟须进一步研究解决。当前和今后一个时期，高标准农田建设将继续以习近平新时代中国特色社会主义思想为指导，紧紧围绕服务全面实施乡村振兴战略总抓手，按照保障国家粮食安全的总体要求，深入实施“藏粮于地、藏粮于技”战略，加快补齐农业基础设施短板，为保障国家粮食安全提供坚实支撑。**一是加强组织领导**。进一步完善体制机制，强化省级政府粮食安全责任制，加强部门协同，落实高标准农田建设“五统一”要求。**二是完善规划体系**。充分发挥规划引领作用。实施新一轮高标准农田建设规划，指导各地依据全国高标准农田建设规划，坚持新建与改造并重，聚焦重点区域，突出重点任务，找准建设方向，认真谋划重大工程、重点项目，加快编制本地区农田建设规划，构建国家、省、市、县四级农田建设规划体系。**三是健全制度标准**。加快制定贯彻落实国办《关于切实加强高标准农田建设　提升国家粮食安全保障能力的意见》等配套制度，形成“权责明晰、分级管理、放管结合、科学高效”的新时期农田建设管理制度体系，夯实全面提升农田建设系统治理能力的政策基础。加快修订高标准农田建设通则等国家标准，针对高标准农田建设管理薄弱环节，研究制定行业内规范和细化的技术要求，做到国家标准、行业标准、地方标准上下结合、互为补充。**四是强化资金保障**。加强与相关部门的沟通协调，推动建立健全中央财政支持农田建设投入的稳定增长机制。鼓励地方发挥政府投入引导和撬动作用，通过整合涉农资金、创新投融资模式、充分利用新增耕地调剂收益等方式，有序引导金融、社会资本和农业新型经营主体投入高标准农田建设，进一步拓宽筹资渠道，切实提高建设标准，调动地方实施高标准农田建设的积极性，有效提高建设成效。**五是推动健全管护机制**。结合农村集体产权制度改革，建立健全高标准农田建后管护机制，明确管护主体，落实管护责任。指导地方总结提炼经验做法，建立农田建设项目管护经费合理保障机制，采取有效方式调动受益主体和村集体开展工程管护的积极性，确保工程设施正常运行。

（农业农村部农田建设管理司）

发展现代种业　做强农业“芯片”

种业是国家战略性、基础性核心产业，是促进农业长期稳定发展、保障国家粮食安全和重要农产品有效供给的根本，是推动农业农村现代化的关键一环。习近平总书记多次强调，要下决心把我国种业搞上去，抓紧培育具有自主知识产权的优良品种。为打造国家粮食安全的芯片，我国种业按照创新驱动发展战略要求，深化种业体制机制改革，强化企业创新主体地位，加强种质资源保护利用，不断提升良种自主创新和供应保障能力。目前，我国主要农作物良种基本实现全覆盖，自主选育品种面积占95%以上，主要畜种核心种源自给率超过75%，隆平高科等中国种业企业逐步走进国际市场，我国由种业大国向种业强国迈进步伐更加有力。

一、种质资源基础不断拓宽

湖南长沙芙蓉区现代农业产业园水稻种质资源库

“十三五”以来，我国农业种质资源保护利用能力明显提升，种业自主创新的底气不断夯实。突出表现在：**基础设施不断完善**。现代种业提升工程深入实施，累计安排中央预算内资金11.76亿元，支持85个国家作物种质资源库（场区圃）项目建设。其中，即将竣工的国家种质库新库容量达150万份，居世界一流水平。目前，国家农作物种质库长期保存资源总量达到51万份，位居世界第二位。国家级家畜基因库以精液、胚胎、细胞等体外保存种质形式，战略保存了370个畜禽品种的遗传材料90万份，数量位居世界第二。**保护体系逐步完善。**初步形成了由1个国家种质资源长期库（含复份库）、53个中期库（圃）、205个原生境保护点构成的国家种质资源保护体系，基本覆盖了主要农业生态区。健全了原产地保护与异地保护相结合、活体保护与遗传材料保存互为补充的畜禽遗传资源保护体系，国家级保种场、保护区、基因库总量达到196个，保护能力不断提高。第三次全国农作物种质资源普查收集行动持续推进，新收集资源5.5万份，其中90%以上是国家尚未保存的资源。2019年，国办印发《关于加强农业种质资源保护与利用的意见》，提出了一系列新政策、新要求、新举措，彰显了我国加强农业种质资源保护利用、推进现代种业创新的决心。

二、育种创新能力不断增强

随着作物良种联合攻关和畜禽遗传改良工作深入推进，先后选育了一批绿色优质、高产高效的突破性新品种，部分品种逐步弥补了国内市场空白，做到了中国粮主要用中国种。“十三五”以来，我国逐步构建了政产学研一体的联合攻关育种新机制，审定推广一大批水稻、小麦、玉米、大豆、棉花等作物品种，国家及省级累计审定主要农作物品种近2万个，实现了新一轮品种更新换代，单产平均提高5%以上；非主要农作物品种登记加快推进，为特色产业发展和农业结构调整提供了重要保障；先后累计培育47个畜禽新品种（配套系），其中京红京粉蛋鸡、中新白羽肉鸭、阿什旦牦牛等多个新品种（配套系）填补了国内空白，满足了我国多元化市场需求。目前，我国农作物良种覆盖率达到96%以上，良种对农业增产的贡献率达到45%以上，对畜牧业发展的贡献率超过40%。

中国农业科学院水稻研究所水稻分子育种中心实验室

广东温氏种猪科技有限公司智能化核心原种猪场

三、良种基地生产能力显著提升

全国农作物与畜禽良种繁育和生产供种体系

初步构建了农作物与畜禽良种繁育和生产供种体系，基本保障了全国70%以上的作物用种需求和75%以上畜禽养殖用种需求。**农作物种业方面**，形成了以海南、甘肃、四川三大国家级育制种基地为核心，以52个“两杂”制种大县和100个区域性良繁基地为骨干的国家级良种生产繁育新格局。其中，杂交玉米、杂交水稻制种产量分别占到全国85%和75%以上，较“十三五”以前提高了10个百分点。**畜禽种业方面**，基本建成了以203家国家核心育种场、33家良种扩繁推广基地为支撑，质量检测中心、品种测定站、遗传评估中心为保障的畜禽良种繁育体系，辐射全国75%以上的畜禽养殖用种。我国主要畜禽核心种源自给率超过75%，高产蛋鸡育种能力显著提升，市场占有率超过60%，其中黄羽肉鸡品种全部为自主培育品种，白羽肉鸭打破了对国外引进品种的依赖。

四、种业治理能力水平逐步提高

机构改革后，农业农村部围绕种业国家战略性、基础性核心产业定位，种业治理服务体系在深化改革、强化建设中不断完善，种业发展环境持续改善。“十三五”以来，以《种子法》《畜牧法》为核心的种业法律法规、部门规章和地方性法规进一步完善，奠定了我国种业的法治环境。深入推进种业领域科研成果权益分配改革试点，科研人员创新积极性明显提高，重点研究领域屡获突破，种业确权成果比试点前增加50%以上。建设种业大数据平台，基本实现了育种创新到品种测试的数字化、经营主体管理和决策的科学化、市场监测和公共服务业务的信息化。不断完善部省两级救灾备荒种子储备制度，应对突发风险能力明显增强。建立健全了国家、省、市、县四级种业监管服务体系，加快推进分子技术在种业监管中的应用，违法生产经营案件明显减少，种子种畜禽质量合格率稳步提高。目前，我国主要农作物种子质量合格率稳定保持在96%以上，种猪生产性能测定合格率为81.7%，种公牛冷冻精液、种猪常温精液抽检合格率分别达到98.4%、90.9%。

五、种业企业发展实力不断壮大

我国农作物和畜禽种业市场价值已接近6 000亿元。种业企业内在动力明显增强，市场集中度不断提高，国际地位不断提升，部分企业实力达到国际先进水平。2019年，先正达、隆平高科、北大荒垦丰、苏垦农发4家企业跻身全球种子销售额前20强。隆平高科的水稻种子业务、苏垦农发的小麦种子业务更是全球种业领域的重要力量。在畜禽种业上，新希望六合、温氏集团分列全球前十家禽生产商第四位和第五位；峪口禽业跻身世界三大蛋鸡育种公司之列，成长为全球最大的蛋鸡制种公司。“十三五”期间，种业育繁推一体化企业数增加20%以上，挂牌上市企业60余家，前50强企业市场份额提高到35%。全国生猪前20强企业年出栏占比超过12%；前5家蛋鸡、前18家肉鸡育种企业培育的品种在国产蛋鸡、肉鸡市场占比均超过90%。

当前，现代种业已成为典型的技术密集、快速迭代、市场垄断、全球化竞争的高科技产业。我国种业虽取得快速发展，但仍处在现代化发展的初期阶段。与种业发达国家相比，我国种业仍有较大差距。同时，受国际经济政治形势不确定性增加、中美贸易摩擦持续等多重因素影响，我国种业现代化发展面临的新挑战新问题更加凸显。展望

甘肃张掖种子加工企业玉米种子生产线

“十四五”，我国种业发展要按照党中央、国务院要求，聚焦种子和耕地两个要害，坚定落实新发展理念，以乡村振兴战略为总抓手，以农业供给侧结构性改革为主线，以建设现代种业强国为目标，坚持把种业摆在推进农业农村现代化的先导环节和核心位置，全面深化体制改革和机制创新，充分发挥市场在资源配置中的决定性作用，加快构建科学高效的种质资源保护利用体系、种业自主创新体系、良种生产保障体系、监管服务体系，进一步强化种业知识产权创造、保护和运用，不断提升种业对外开放水平，加快推进种业治理体系和治理能力现代化，打好种业翻身仗，全面提升种业质量效益和核心竞争力，为实现我国种业高质量发展、保障国家粮食安全、加快农业农村现代化提供更加有力的支撑。

（农业农村部种业管理司）

我国农业机械化加快向全程全面高质高效转型升级

习近平总书记指出，要大力推进农业机械化、智能化，给农业现代化插上科技的翅膀。国务院印发的《关于加快推进农业机械化和农机装备产业转型升级的指导意见》明确提出，农业机械化是转变农业发展方式、提高农村生产力的重要基础，是实施乡村振兴战略的重要支撑，没有农业机械化，就没有农业农村现代化。“十三五”以来，我国农业机械化取得了显著成绩，农机装备总量持续增长、作业水平不断提升、社会化服务能力显著增强，农机拥有量、使用量位居世界前列，农业生产从主要依靠人力畜力转向主要依靠机械动力，进入了机械化为主导的新阶段，农业机械化在持续增强。我国农业综合生产能力、支撑引领农业现代化中发挥着越来越重要的作用。

黑龙江农垦建三江七星农场机械化收获

一、农机拥有量位居世界前列

“十三五”期间，中央财政累计投入农机购置补贴资金958亿元，支持1 014万户农民购置机具1 184万台（套），农机装备总量持续快速增长。截至2019年年底，全国农机总量近2亿台套，总动力达到10.28亿千瓦，较“十二五”末提高13.9%。大型农机比重明显加大，80马力以上拖拉机、乘坐式插秧机、自走式玉米联合收获机保有量分别达到127.28万台、27.95万台和46.02万台，分别较“十二五”末增长62.5%、15.3%和46.9%；绿色农机保有量显著增长，秸秆粉碎还田机保有量达到97.05万台，畜禽粪污处理机械达到7.79万台（套），粮食烘干设备达到12.79万台；智能化农机亮点纷呈，北斗示范应用加快推进，自动驾驶拖拉机、无人插秧机、无人地面植保机、无人联合收割机等智能化设备应用更加广泛，植保无人飞机达到3.96万架。

二、机械化水平跨上新台阶

2019年，全国农作物耕种收综合机械化率跨上70%台阶，达到70.02%，提前一年实现“十三五”规划目标，机耕、机播、机收、机电灌溉、机械植保五项作业面积达到67.5亿亩，是“十二五”末的1.1倍。机耕率、机播率、机收率分别达到85.22%、57.30%和62.46%，分别比“十二五”末提高4.8个百分点、5.2个百分点和9.1个百分点。主要粮食作物生产基本实现全程机械化，小麦、水稻、玉米三大粮食作物耕种收综合机械化率分别达到96.36%、83.73%、88.95%，分别比“十二五”末提高2.7个百分点、5.6个百分点和7.7个百分点。薄弱环节机械化加快突破，棉花、花生、油菜机收率分别达到50.13%、46.05%、44.00%，分别比

全国主要粮食作物及薄弱环节机械化水平

浙江余杭茶叶全自动生产流水线

"十二五"末提高31.3个百分点、15.9个百分点和14.6个百分点。设施农业、畜牧养殖、水产养殖、农产品初加工等各业机械化取得长足发展，机械化水平分别达到38.31%、34.21%、29.87%和37.58%。2020年，全国农作物耕种收综合机械化率达到71%，全国基本实现主要农作物生产全程机械化示范县达到614个，农业机械化把农民从繁重的体力劳动中解脱出来，农业生产方式实现了从人畜力为主到机械作业为主的历史性跨越。

三、农机服务成为农业生产服务的主力军

农机大户、农机合作社、农机专业协会、农机作业公司等新型社会化服务组织不断发展壮大，订单服务、生产托管、承包服务和跨区作业等农机作业社会化服务方兴未艾，"全托管""机农合一""全程机械化+综合农事"等农机社会化服务模式不断创新发展，农机作业服务领域逐步拓展到农业产业各个领域。2019年，全国农机户总数达到4 074万个，农机化服务组织达到19.22万个，其中农机合作社7.44万个，乡村农机从业人员4 676.5万人；农机跨区作业面积3.07亿亩，农机合作社作业服务面积达到7.94亿亩。农机社会化服务成为农民增收的一个重要渠道和农业生产性服务业的主力军，在推进小农户与现代农业发展有机衔接中发挥着重要桥梁作用，成为构建集约化、专业化、组织化、社会化相结合的新型农业经营体系的重要支撑。

四、农机装备制造迈入大国行列

我国农机制造能力和水平不断提高，生产效率和产品质量获得质的飞跃。截至2019年，全国农机装备产业企业总数超过8 000家，规模以上企业超过1 700家，农机装备制造已基本涵盖各个门类，能够生产14大类50个小类4 000多种农机产品，满足国

内90%的市场需求，国际贸易总量占全球的20%。拥有30多家国家及省部级农机科研机构，40多所高校开设农机相关专业，建设了一批国家工程实验室、国家工程技术研究中心、国家级企业技术中心、全程机械化科学试验基地等国家级和省部级科技创新平台，成立了农业装备产业技术创新战略联盟等。成功研制我国首台400马力无级变速拖拉机、玉米高速精量排种器核心部件等。搭载动力换挡的200马力级以上拖拉机、水稻精量直播机、60行大型播种施肥机、精量植保机械、10千克/秒喂入量智能稻麦联合收获机、6行智能采棉机、高含水率玉米收获机等重大装备实现自主化，高速插秧机制造技术突破日韩垄断，采棉机主要依赖进口的局面被改变，蔬菜钵苗高速移栽、畜禽精准饲喂、深海网箱智能化养殖等技术加快应用，农机研发规模世界第一，论文发表量世界第一，专利申请量世界第二。

受农机产品需求多样、机具作业环境复杂等因素影响，当前农业机械化发展不平衡不充分的问题还比较突出，存在四个主要“短板”：**一是农机科技创新能力不强**。基础研究薄弱、原创性科技成果少，关键技术自给率较低，仍然存在很多短板和薄弱环节；企业技术创新能力弱，产学研推用结合不够紧密，研发和成果转化率不高。**二是部分农机装备有效供给不足**。农机产能过剩与缺门断档并存，中高端产品不多，机具适应性可靠性有待提高。在一些领域一些环节还存在“无机可用”“无好机用”问题，“供不适需”“供不足需”矛盾亟待解决。**三是农机农艺融合不够紧密**。一些产业品种、栽培、装备不配套，种养方式、产后加工与机械化生产不协调，制约了农机研发、推广应用和作业效率效益，集成配套的机械化生产体系和系统解决方案还不多。**四是农机作业基础设施建设滞后**。许多地方特别是丘陵山区，田块比较细碎，机耕道路缺乏，加上种植经营分散，导致农机“下田难”“作业难”。机具停放库棚设施缺乏，“存放难”“保养难”问题仍然突出。

展望“十四五”，乡村振兴战略全面实施，农业农村现代化开启新的征程，对加快推动农业机械化转型升级提出了新的更高的要求。要以习近平新时代中国特色社会主义思想为指导，牢固树立和贯彻落实新发展理念，深入贯彻落实国务院印发的《关于加快推进农业机械化和农机装备产业转型升级的指导意见》，以服务乡村振兴战略、满足亿万农民对机械化生产的需要为目标，以农机农艺融合、机械化信息化融合、农机服务模式与农业适度规模经营相适应、机械化生产与农田基本建设相适应为路径，以科技创新、机制创新、政策创新为动力，加快补齐机具技术供给、农艺农田配套、管理政策创新等方面的短板，加快推进农业机械化向全程全面高质高效发展，为农业供给侧结构性改革和高质量发展，推进农业农村现代化提供强有力支撑。

（农业农村部农业机械化管理司）

国家现代农业产业技术体系助力农业高质量发展

为探索农业科技协同创新、科技与产业紧密结合的农业科技改革发展之路，不断为现代农业发展增加新动能，2007年，农业部、财政部联合构建了以水稻、油菜、生猪、大宗淡水鱼等50个主要农产品的现代农业产业技术体系，吸纳800多家农科教企单位参加，稳定支持2 700余名农业专家围绕农业产业开展技术攻关、示范培训、政策咨询和应急服务，在推动现代农业转型升级和促进技术进步发挥了独特作用。

一、成为支撑现代农业发展的重要科技力量

坚持以产业需求为导向，聚焦农产品、聚合产业链、聚集科技资源，打造农业科技创新力量。**一是按照生产全过程建立体系架构**。建立水稻、蔬菜、生猪、柑橘、淡水鱼等50个主要农产品的产业技术体系，每个体系设置1名首席科学家；设置遗传育种、栽培养殖、病害防控、产后加工、机械设备、产业经济6个领域的科学家岗位，共聘用1 424名岗位科学家；在主产区设置试验站，每个试验站对接5个示范县，共聘用1 250名试验站站长。**二是围绕产业链关键环节推动跨学科交叉融合**。遵循农业产业链产前、产中、产后各环

全国桃产业技术体系开展桃树冬季修剪技术培训

节密切关联、不能分割的规律，体系在确定6个领域主攻方向目标时，充分体现各领域之间目标的一致性、专家的互动性、成果的关联性，实现了体系内各环节衔接互动、多学科交叉融合。**三是聚焦产业综合性重大问题开展联合攻关。**体系变单项研究为系统研究、变单点突破为多点集成、变单项成果为一体化解决方案，在一段时期每个体系确定1～2个综合性重大任务，组织全体系专家分工协作、联合攻关，有效解决了单项成果很多、企业用户却“用不上、用不了”的难题。

二、加速农业科技创新和成果转移转化

通过不断创新管理体制机制，打造全国农业科技资源整合的大平台，促进围绕产业重大关键共性问题攻关的大协作，贯通科技创新、推广服务、农民技能培训，在建设运行过程中体现了产业性、一致性、稳定性、贯通性，符合我国农业实际和农业科技发展规律。**一是汇聚全国科研力量，实现科技资源有效整合。**“不为所有、但求所用”。坚持开放建体系，打破行政隶属界限，在全国涉农科教单位和企业聘用优秀产业科技团队，农业农村部所属科研单位占14.7%，教育部和中科院系统占12.9%，地方农业科研单位和涉农高校占64.3%，企业占8.1%。**二是发挥各类主体作用，推动科研生产紧密衔接。**每个体系密切联系产业主管部门、推广机构、企业、种养大户，充分发挥各主体在凝练目标、加快集成、推进应用中的重要依托和主渠道作用；在关键领域开展技术攻关，在全产业链开展技术集成，在农业主产区开展转化应用，促进成果加速转化落地。**三是链接技术体系与产业体系，增强产业发展内生动力。**通过培育新品种、研发新技术、创制新装备、集成新模式，推动农业发展方式转变和生产效率大幅提升，增强农业综合生产能力和抗风险能力，把产业技术体系建设发展成为现代农业产业体系的核心动力和重要支撑。

湖南长沙隆平高科试验基地（重大新品种创制）

甘肃宁县矮化苹果新品种展示基地

三、成为支撑引领现代产业发展的最直接依靠力量

打造了一支全领域覆盖、全天候支撑、全身心投入的产业科技队伍，推动了一系列关键技术突破，取得了一批重大标志性成果，推动产业发生了重大变化，得到各级政府、农业部门和农民的一致认可。**一是引领产业技术转型升级。**通过突破共性技术、集成关键技术、熟化配套技术，共研发了932个新品种、4 046项新技术、633项新工艺、110项新产品新装备，奠定了产业变革的科技基础。引领产业优质化，大力培育名特优新品种，系统集成水肥调控等生产技术，促进了水稻优质化率超过37%，小麦优质专用化率达到33%。引领产业轻简化，以品种培育为前提、以关键机械突破为基础、与栽培技术相配套，水稻机械直播、玉米籽粒机收、油菜全程机械化取得重大进展，实现了大面积示范水稻亩节本100元、玉米亩节本120元、油菜亩节本240元。引领产业绿色化，苹果、蔬菜、茶叶等经济作物体系，以品种更新、水肥一体、农药减量等为突破口，促进了品质改善，减轻了环境压力，支撑化肥、农药使用量实现负增长。**二是推动产业面貌变革。**引导科技成果向主产区集成，推动品种结构、品质结构优化调整，促进生产方式重大转变。柑橘体系针对以往品种单一、2个月集中上市、产业效益低迷等发展瓶颈，按照柑橘周年供应的目标，优化了优势种植区域布局，实现了早、中、晚熟品种配套，突破了苗木繁育、果实留树保鲜等关键技术，确保了9个月鲜果供应，带动了主产区果农增收致富，彻底改变了柑橘产业落后面貌。花生体系在河南正阳县围绕全产业链

河南延津小麦新品种展示基地

系统开展品种更新、轻简栽培、机械收获、精深加工等新技术集成推广，延长和提升正阳县花生全产业链，推动一二三产业深度融合。目前，花生种植面积达170万亩，总产量150万吨，年综合收入达148亿元，使花生成为正阳县脱贫的第一大支柱产业，使正阳县成为中国花生和花生生产加工机械的交易中心。谷子高粱、燕麦荞麦等体系将高产优质品种、机械化生产技术、精深加工技术进行集成，破解种植规模小、人工投入大、产业效益低的难题，催生了一批千亩、万亩规模化生产的新型经营主体，催生了一批营养功能食品企业，催生了一批小而美、能致富的地方特色支柱产业。**三是提高产业竞争力。**以培育自主品种、保障种业安全为出发点，加快核心种质遗传改良进程，提高优良品种国产化率，降低品种对外依存度。蛋鸡和肉鸡体系针对生产用种80%依赖国外的现状，加强育种、繁殖和高效生产技术攻关，培育出京红、京粉系列自主蛋鸡品种和京海黄鸡等自主肉鸡品种，市场占有率均由20%提高到50%以上。肉牛体系加强云岭牛、秦川牛等地方品种改良，培育出高品质杂交组合，集成了阶段差异化饲喂、粗饲料营养调控等技术，企业生产出品质与日本和牛相当的雪花牛肉。水禽体系加强联合攻关，培育出北京鸭配套体系，仅1家龙头企业就实现2018年出栏量超过8亿只，节约引种费1.5亿元。**四是支撑决策咨询和应急服务。**向政府部门和有关企业提供产业发展政策建议、调研咨询报告等4 500余份，其中获省部级以上领导批示近400份，被地方政府和企业采纳3 400份。体系专家第一时间参与非洲猪瘟防控、草地贪夜蛾防控、"利奇马"超强台风防御等恢复生产技术指导服务逾2万人次，提出应急预案和技术解决方案近1 000个，支撑保障了农业稳产增产。

"十四五"时期是我国全面建成小康社会，乘势而上开启全面建设社会主义现代化国家的新征程的第一个五年。无论是实施乡村振兴战略，还是应对全球新一轮科技革命，建设世界农业科技强国，都对产业科技创新提出了新要求。国家现代农业产业体系作为一支国家农业科技战略力量，有责任、有义务也有能力去适应新形势、担当新使命，加快突破核心技术，全产业链集成技术成果，推动产业面貌发生根本转变，为全面推进乡村振兴、加快农业农村现代化提供强力支撑。下一步，产业体系将坚持"大格局、网络化、新机制"改革思路，补齐学科短板，加强横向协作，拓展体系功能，强化机制创新，将体系打造成纵横交织、点线面结合、立体网络化的现代农业产业技术体系2.0升级版，培育一支放眼全球、植根产业、承上启下、攻坚克难的国家农业产业科技战略力量。**一是进一步优化产业技术体系结构。**通过补足学科短板，拓宽品种数量，延伸科技创新链条，打造国家农业战略科技力量。**二是进一步强化新时代重大科技问题协同攻关。**解决区域重大科技问题，推进产业重大变革，把握新一轮产业竞争的战略发展主动。**三是进一步推动科技与经济深度融合。**科技助力"一村一品""一县一业"发展，发挥产业技术体系对现代农业产业、生产、经营三大体系的战略支撑作用。**四是进一步加强产业重大问题应急服务。**做好防灾减灾和恢复生产技术指导，及时提出应急方案，支撑保障粮食安全和农产品有效供给。

（农业农村部科技教育司）

现代农业示范区　农业现代化先行者

2010年以来，农业农村部按照中央部署，分3批共认定283个国家现代农业示范区，涉及512个县（市、区）开展了示范区农业改革与建设试点、财政资金撬动金融资本试点、十大主体示范行动，推动各类资金项目向示范区倾斜，着力打造现代农业发展典型样板，为中国特色农业现代化建设在点上突围、进而带动面上整体推进探索路径。经过10年努力，示范区建设取得显著成就，现代农业产业体系、生产体系和经营体系建设走在全国前列，农民收入水平明显高于全国平均水平，成为全国现代农业发展的“排头兵”、农业改革的“试验田”和区域现代农业的“展示板”。

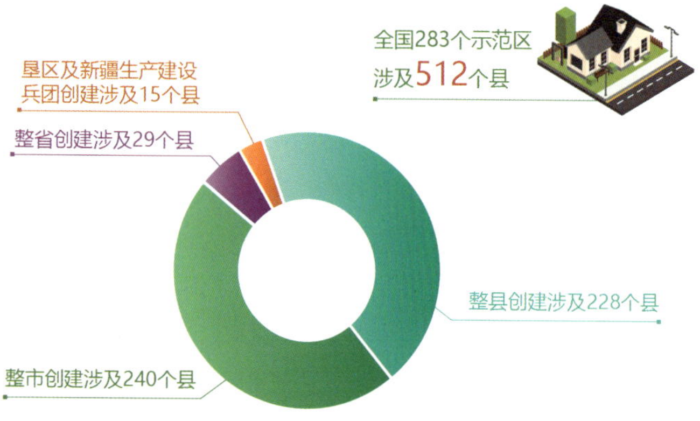

国家现代农业示范区创建情况

一、在构建现代农业产业体系上走在前列

各示范区深入实施“藏粮于地、藏粮于技”战略，加快推进农业供给侧结构性改革，开展农业全产业链开发创新示范，构建了粮经饲统筹、种养加一体、农牧渔结合、一二三产融合的现代农业产业体系。2019年，示范区粮食总产量达到2.06亿吨，以占全国23.23%的耕地生产了全国34%的粮食；粮食单产达到410千克/亩，比全国平均高29千克，肉类、水产品总产量分别占全国的32%、41%，为确保粮食等重要农产品有效供

给作出重要贡献。农产品加工业与农业总产值的比重为2.6 ：1，比全国平均高0.24个百分点，农产品加工业加快向主产区布局，培育壮大了洛川苹果、安溪铁观音等一批百亿元的产业集群；休闲农业和乡村旅游营业收入超过2 000亿元，每年保持两位数增长，农产品网络销售额达到934.5亿元，占全国农产品网络年销售额的23.5%，休闲农业、电子商务、共享农业、体验农业等新产业新业态实现蓬勃发展，农村一二三产业深度融合。示范区内已创建52个国家现代农业产业园、102个产业强镇、96个国家特色农产品优势区，“一村一品”“一乡一业”“一县一特”的产业发展格局逐步形成。

二、在构建现代农业生产体系上走在前列

各示范区强化物质装备条件建设，加快构建农业科技创新和推广体系，大力推进农业绿色发展，不断提升农业发展的质量、效益和竞争力。2019年，示范区建成高标准农田3.1亿亩，占耕地总面积62%，进一步夯实了农业生产的物质基础。农作物耕种收综合机械化水平达85.1%，比全国平均高15个百分点。在实现小麦、水稻、玉米等主要粮食作物全程机械化的基础上，棉油糖、果菜茶等经济作物和设施农业、畜牧养殖等机械化薄弱环节均取得重大突破，农业机械化迈入全程全面新阶段。畜禽粪污综合利用率、秸秆综合利用率、农用地膜回收率分别为86.3%、91.1%、82.6%，比全国平均高16.3%、7.1%和22.6%；亩均农药和亩均化肥使用强度分别达到0.56千克/亩和24.5千克/亩，分别比全国平均水平低6%和1.6%；农产品质量安全检测合格率达到99.9%，绿色、生态、优质、安全已成为示范区农业发展的主旋律，进一步筑牢农业高质量发展的生态本底。

三、在构建现代农业经营体系上走在前列

各示范区积极发展多种形式的适度规模经营，倾斜支持新型农业经营主体，全方位推进农业社会化服务，农业生产经营集约化、专业化、组织化、社会化水平明显提升。2019年，土地适度规模经营比重达到57.6%；畜禽规模化养殖比重、水产标准化养殖比重分别达到68%和51%；各类新型经营主体超过100万家，占全国三分之一强，农民参加合作社比重达59.9%，比全国平均水平高20个百分点，农业生产托管服务组织近20万个，农林牧渔服务业占农林牧渔业增加值比达到6.34%，比全国平均水平高2.5个百分点，形成了农业龙头企业牵头带动、农民专业合作社积极跟进、生产性服务业无缝对接的农业产业“新雁阵”。农林水事务支出达到4 540亿元，占农林牧渔业增加值的比

重达到26.3%，比全国平均水平高5.5%；单位农林牧渔业增加值的信贷资金投入达到1.2元，以商业性金融、政策性金融、开发性金融、合作性金融和新型农村金融机构功能互补、相互协作的农村金融供给体系初步构建；单位农林牧渔业增加值保费支出达到1.6%，农业保险已成为示范区农业生产特别是适度规模经营的"稳压器"。

四、在促进农民增收和农业增效上走在前列

各示范区把促进农民增收作为根本出发点，加快农业转型升级，深入拓展农业多功能性，支持农民返乡创业创新，推进涉农扶持政策向示范区倾斜，增强农民增收的内生动力，不断提升农业产出效益。2019年农民人均可支配收入达20 618.4元，比全国平均高28.7%，提前一年实现比2010年翻两番的目标。农业劳动生产率、土地产出率、农业废弃物资源化利用率分别达到51 492.8元/人、6 194.8元/亩和87.4%，分别比全国平均水平高5.3个百分点、24个百分点和19个百分点，现代农业发展基本实现了外延式增长向内涵式增长的动力转换。同时，各示范区探索形成的现代化大农业、都市近郊型现代农业、山地特色农业、旱作节水农业、新型业态引领等发展模式，为资源禀赋类似的地区提供了能复制、可借鉴的经验，发挥了良好的示范带动作用。

各示范区在农业物质装备水平、农业科技支撑、农业经营管理、农民增收、农业绿色高效生产以及投入方面取得了一定成效，但仍面临示范区建设积极性不足、农业产业化带动能力不强、农业产业发展水平仍然不高、金融用地支持力度不够等制约因素。下一步，将做好如下工作。一是**开展国家现代农业示范区建设总结评估**。总结示范区农业现代化建设十年成效，评估示范区所在县农业现代化水平，提炼可复制可推广建设模式，为全国农业农村现代化建设提供借鉴。二是**明确示范区后续支持政策**。将示范区建设作为乡村振兴重要抓手，持续推进现代农业示范区建设。三是**优先规划建设各级现代农业产业园**。发挥好国家现代农业示范区平台作用，推动各项资金和各类改革试点优先安排，更好发挥示范引领乡村产业振兴作用。

（农业农村部发展规划司）

为现代农业插上数字化翅膀

以信息技术为核心的新一轮科技革命和产业变革正在孕育兴起，互联网与各领域的融合发展已经成为不可阻挡的时代潮流，正在对经济社会发展产生着战略性和全局性的影响。农业作为国家基础产业，世界各国都在加紧农业农村信息化布局，抢占未来竞争制高点。党的十八大以来，以习近平同志为核心的党中央对推进数字农业农村建设作出了一系列决策部署，提出实施数字乡村战略。农业农村部认真贯彻落实党中央、国务院决策部署，会同相关部门和各级地方政府采取切实措施，加快推进农业农村数字化转型，取得了阶段性成效，在提高农业发展质量和效益、推动农业转型升级、促进农民增收、改善农村生活水平和生活条件等方面发挥了重要作用，为农业农村现代化建设提供了有力支撑。

北京密云极星数字农业生产基地

一、农村网络基础设施明显改善

随着信息基础设施建设的持续深入，农村地区宽带用户接入速率和普及水平明显提升。截至2019年年底，全国行政村通光纤和通4G比例均超过98%，贫困村通宽带比例达到99%，实现了全球领先的农村网络覆盖。农村每百户拥有计算机和移动电话分别达到29.2台和246.1部。农业遥感、导航和通信卫星应用体系初步确立，适合农业观测的高分辨率遥感卫星“高分六号”成功发射。截至2020年3月，我国农村网民规模为2.55亿，农村地区互联网普及率达46.2%。当前，我国5G技术正加快发展和商用推广，正在成为产业互联网提速发展的“高速公路”。

二、农业生产数字化改造成效初显

农业农村部先后在北京、黑龙江、吉林、江苏、天津、上海、安徽、内蒙古、新疆生产建设兵团9个省份开展了农业物联网区域试验示范工程。2016年以来，在北京、辽宁、湖南、新疆等21个省（自治区、直辖市）开展生猪、柑橘、花生、马铃薯、大蒜、绿叶菜、大闸蟹、普洱茶8个重要农产品大数据建设试点。2017年启动实施数字农业建设试点项目，已累计安排大田种植、园艺作物、畜禽养殖、水产养殖等57个县级试点，建设数字农业集成、种植、畜牧、渔业设施等5个国家数字农业创新中心。目前，物联网、大数据、人工智能、机器人等新一代信息技术在大田种植、设施园艺、畜禽养殖、

全国农业生产数字化建设情况

水产养殖的在线监测、精准作业、数字化管理等方面得到不同程度应用。农业生产数字化水平达到23.8%，农机深松整地作业物联网监测面积累计超过1.5亿亩，植保无人机年度作业量近3亿亩。

河北曲周县蔬菜育苗智能温室

三、农产品电子商务迅猛发展

农业农村部会同相关部门先后部署实施农业电子商务试点、推进农业电子商务发展行动计划、农业电子商务“平台对接”专项行动等，开展苹果电商销售月行动、丰收购物节等农产品电商产销对接专项活动，组织电商企业展览展示，举办系列电商企业论坛，建立健全政策体系、营造良好发展环境，不断探索发展模式，推动农产品电商快速发展。在总结前期经验基础上，按照国务院部署要求，2020年组织实施“互联网+”农产品出村进城工程，推动建立适应农产品网络销售的供应链体系、运营服务体系和支撑保障体系。近年来，农产品电商快速发展，2019年全国农产品网络零售额达到3 975亿元，同比增长27%，是2016年的2.5倍。随着农产品电商快速发展，带动新一代信息技术在农业生产经营管理中加速渗透与广泛应用，促进农业标准化生产、商品化处理、品牌化销售、产业化经营，成为农村双创的重要领域。

四、“互联网+”政务服务能力不断提升

推进网站整合、系统整合、数据资源共享开放，升级改版农业农村部官网，全力打

造网上农业农村部，实现一站式服务，实时对接国办政务服务平台数据。完成"益农e服"移动端APP主体建设工作以及51个政务服务事项的移动端申请和办理功能开发并上线，初步实现"网上自助办、掌上移动办"。建成农产品质量安全追溯、农兽药基础数据、重点农产品市场信息、新型农业经营主体信息直报"四平台"。创新完善农业监测预警体系，每日发布农产品批发价格200指数，每月发布19种重点农产品市场供需报告和5种重点农产品供需平衡表，每年举办中国农业展望大会并发布展望报告，用数据决策指挥、用数据管理服务、用数据引导产销的方式正在逐步得到应用。

五、"三农"综合信息服务能力不断提升

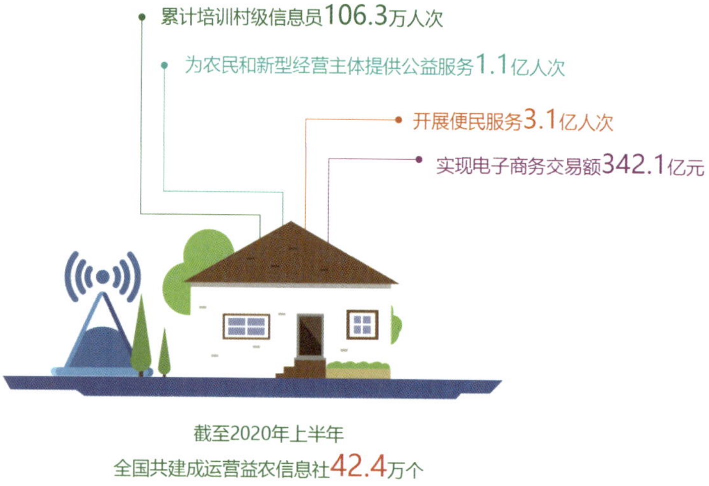

全国益农信息社建设运营情况

在全面总结12316"三农"综合信息服务经验做法的基础上，2014年启动开展信息进村入户试点工作，从2017年开始转入整省推进示范，目前已在18个省份全面展开。通过信息进村入户工程的实施，在每个行政村建设益农信息社，有效整合涉农信息资源，为农民群众提供公益服务、便民服务、电子商务和培训体验等服务，做到让农民进一个门办样样事，也成为政府收集社情民意的"传感器"。截至2020年上半年，全国共建成运营益农信息社42.4万个，累计培训村级信息员106.3万人次，为农民和新型经营主体提供公益服务1.1亿人次，开展便民服务3.1亿人次，实现电子商务交易额342.1亿元。同时，着力创新完善基层农技推广体系，加快构建"互联网+"农技推广信息化体系，建设全国农业科技云平台，为120多万农业专家、农技推广人员、职业农民提供在线学习和服务。此外，农业农村部已连续5年组织开展农民手机应用技能培训，累计培训受众超过6 000万人次。

但我国农业信息化发展总体水平不高，与其他先进国家相比、与国内其他产业信息化水平相比，还存在较大差距，主要面临关键核心技术装备研发滞后、农业农村信息化

产业基础薄弱、农村缺乏高素质劳动力等问题。亟须进一步加大政策支持力度瞄准农业农村现代化的主攻方向，面向“三农”发展的重大战略需求，推动现代信息技术与农业农村各领域、各环节全面融合发展，提高农业生产智能化、经营网络化、管理数据化、服务在线化水平。下一步重点抓好以下工作。

一是大力提升农业生产经营数字化水平。发展数字生产力，提高生产经营效率，加快推进物联网、大数据、人工智能、区块链等新一代信息技术与农业生产经营各环节各领域深度融合应用，探索信息化背景下有中国特色的现代农业发展道路。实施智慧农业工程，推进农业机械和设施设备的信息化改造，推广农业生产环境和作物本体自动监测、作业过程自动控制等系统和平台，在部分有条件的地方，推进无人示范农场建设，大幅提升农业生产智能化、精准化水平。创新发展农村电子商务，加快实施“互联网＋”农产品出村进城工程，畅通农产品网络销售渠道，推动农业全产业链的数字化转型。

二是加快推进数字乡村建设。创新城乡信息化融合发展体制机制，统筹推进智慧城市和数字乡村建设，加快农村宽带通信网、移动互联网、数字电视网和下一代互联网发展，鼓励开发满足农民生产生活需求的信息化产品和应用。紧密结合农村特色产业、特色手工业、休闲农业、乡村旅游、民俗文化等，大力发展农村互联网新业态新模式。促进信息化与乡村治理深度融合，提升乡村治理精细化、智能化水平。全面推进信息进村入户工程，统筹建设各类乡村信息服务站点，汇聚各类涉农服务资源，利用信息化推动公共服务向农村下沉。

三是推进农业农村大数据建设。继续开展重要农产品全产业链大数据建设。以关系国计民生及优势特色产业为突破口，以产业为主线，完善政府部门与社会各方数据资源共享、共建、共用机制，探索建立覆盖全产业链条的数据采集体系，促进行业管理在线化和产业数字化转型。推动全国农业农村大数据中心建设，构建农业农村大数据平台。积极探索农业大数据应用场景，打造内容丰富、模式多样、载体多元的信息服务产品。

四是加快数字农业技术创新和转化。积极推动在国家科技重大专项、国家重点研发计划中部署实施智慧农业技术创新与应用重大工程。鼓励产学研开展数字农业科技合作，充分发挥科研院校和企业的创新作用，加快农业信息技术创新，加大数字农业领域新技术、新产品、新模式的应用推广力度，探索将农业传感器、智能装备等技术产品予以财政补贴。持续做好全国农业农村信息化示范基地认定和数字农业试点项目。

（农业农村部市场与信息化司）

农村承包地“三权”分置改革稳步推进

党的十八大以来，以习近平同志为核心的党中央对深化农村土地制度改革作出了一系列重大决策部署，创新并建立了承包地“三权”分置制度。2015年，党的十八届五中全会明确要求，完善土地所有权、承包权、经营权分置办法。2016年，中办、国办印发《关于完善农村土地所有权承包权经营权分置办法的意见》，明确坚持集体所有权，稳定农户承包权，放活土地经营权。2019年，新修正的《农村土地承包法》将“三权”分置转化为法律规范，进一步强化了对各项权益的保护。为贯彻落实“三权”分置制度，农业农村部着力做好农村承包地管理与改革工作，全面开展农村承包地确权登记颁证，保持土地承包关系稳定并长久不变，加强土地经营权流转管理与服务，规范土地承包经营纠纷调解仲裁，不断强化对承包农户合法权益的保护，促进土地资源优化配置，为农业增效、农民增收和乡村振兴提供坚实保障。

一、农村承包地确权登记颁证工作顺利完成

2014年，中央明确提出，用5年时间基本完成农村土地承包经营权确权登记颁证工作。截至2018年年底，全国农村承包地确权登记颁证工作基本完成，共涉及2 838个县（市、区）及开发区、3.4万个乡镇、55万多个行政村。通过确权，15亿亩承包地确权给承包农户，达到了搞准、搞清、搞实农户承包地的目标要求；妥善解决了约68万起土地承包纠纷，化解了大量久拖未决的历史遗留问题；给2亿农户颁发了农村土地承包经营权证书，让农民吃上“定心丸”。2019年，按照中央要求，组织开展“回头看”，做好收尾工作，妥善化解遗留问题，将土地承包经营权证书发放至农户手中。通过“回头看”，各地在2019年解决了388.7万户承包农户证书未发放、1 420万亩土地暂缓确权、322万户承包农户确权信息不准等问题，更好地保障了承包农户合法权

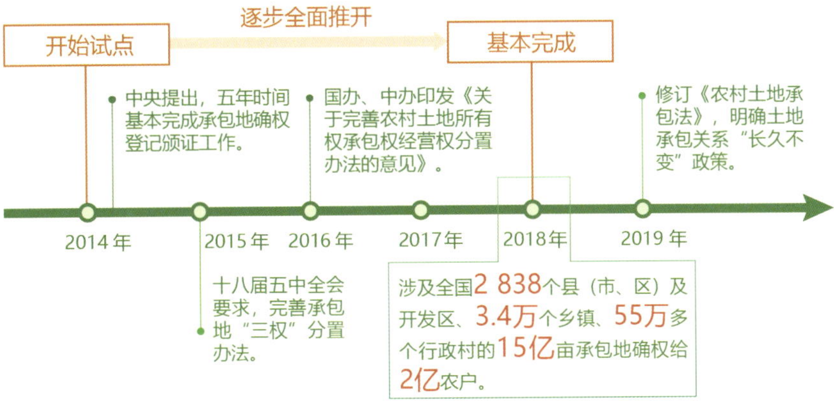

农村承包地“三权”分置改革进程

益。承包农户行使占有、使用、流转、收益等权利以及维护合法权益有了法定凭证，促进了土地承包关系的稳定，夯实了家庭承包经营基础性地位，进一步巩固和完善了农村基本经营制度。

二、明确土地承包关系“长久不变”政策

党的十九大报告明确“保持土地承包关系稳定并长久不变，第二轮土地承包到期后再延长三十年”。2019年11月26日，中共中央、国务院印发《关于保持土地承包关系稳定并长久不变的意见》，明确了“长久不变”的基本原则、政策内涵。2019年新修正的《农村土地承包法》规定，要稳定现有土地承包关系并保持长久不变；耕地的承包期为三十年，草地的承包期为三十年至五十年，林地的承包期为三十年至七十年；前款规定的耕地承包期届满后再延长三十年，草地、林地承包期届满后依照前款规定相应延长。2019年，农业农村部组织各地申报第二轮土地承包到期后再延长三十年试点。2020年5月，组织试点地区稳妥开展二轮延包试点，通过试点先行，审慎稳妥推进，深入贯彻落实“长久不变”政策意义，维护亿万农民群众切身利益。

三、土地经营权流转管理与服务进一步加强

2014年中办、国办印发《关于引导农村土地经营权有序流转发展农业适度规模经营的意见》，明确了引导土地有序流转、发展适度规模经营的基本原则和重大举措。贯彻落实中央要求，农业农村部指导地方着力做好土地经营权流转管理与服务。2015年，

农业部、中央农村工作领导小组办公室（以下简称中央农办）、国土资源部、国家工商总局联合印发《关于加强对工商资本租赁农地监管和风险防范的意见》，明确提出引导工商资本到农村发展适合企业化经营的现代种养业，加强工商资本租赁农地规范管理、健全风险防范机制、强化事中事后监管。2016年，农业部印发《农村土地经营权流转交易市场运行规范（试行）》，进一步明确了在流转交易市场进行交易的相关规程，指导各地规范农村土地流转市场运行。2019年，针对一些地方整村流转土地经营权存在的风险隐患，中央农办、农业农村部印发《关于做好整村流转农户承包地风险防范工作的通知》，强调引导土地经营权规范有序流转。同时，中央农办、农业农村部积极组织修改完善农村土地经营权流转管理办法。2019年，全国农村土地经营权流转总体规范有序，承包耕地流转面积超过5.55亿亩，流转面积比例达到35.9%。全国1 200多个县（市、区）、18 000多个乡镇建立农村土地经营权流转服务中心。多种形式适度规模经营稳步推进，家庭农场、农民合作社等新型经营主体超过320万家。

四、农村土地承包经营纠纷调解仲裁进一步规范

2016年，农业部会同国家林业局印发《农村土地承包经营纠纷仲裁法律文书示范文本》，进一步规范各地农村土地承包经营纠纷仲裁活动。同年，农业部印发《关于加强基层农村土地承包调解体系建设的意见》，明确了基层调解体系的总体要求、基本原则，对健全调解机构、明确调解范围、规范调解程序等提出了具体要求。2018年，农业部制定了《农村土地承包仲裁员农业行业职业技能标准（试行）》，对仲裁员职业的工作内容、技能要求和知识水平做出了规定，指导各地加强对仲裁员的规范管理和培训，提升仲裁能力水平。截至2019年年底，全国成立农村土地承包经营纠纷仲裁委员会2 600多个，聘任仲裁员5万多人。2016—2019年，各地县乡村三级调处土地承包经营纠纷累计100余万件，纠纷调处率超过90%；其中有90%的矛盾纠纷化解在乡村，有10%的矛盾纠纷案件由县级仲裁机构受理，有效维护了当事人合法的土地承包经营权益。

下一步，继续深化农村承包地改革，释放改革活力。**一是进一步完善“三权”分置制度体系。**落实集体所有权，重点是依法维护农民集体对承包地发包、调整、监督、收回等权利，健全集体经济组织民主议事机制，确保集体权利不被虚置。稳定农户承包权，坚持稳定农村土地承包关系，切实保护好承包户对集体所有土地依法享有的占有、使用、收益权利。同时顺应进城落户农民意愿，探索建立农户承包地依法、自愿、有偿转让和退出制度。平等保护经营权，不断健全土地经营权流转管理服务制

度，完善其在抵押、入股等方面的权利，鼓励新型经营主体改良土壤、提升地力、建设农田基础设施，促进农地资源优化配置。**二是稳妥推进“长久不变”政策落实落地，逐步扩大二轮到期延包试点。**严格按照中央政策要求，坚持“两不变，一稳定”，坚持延包原则，充分尊重农民主体地位，确保农村土地承包关系稳定、农村社会和谐。边试点、边总结，形成可复制、可推广的延包模式，研究制定配套政策，指导各地稳步展开二轮到期延包工作。**三是规范引导土地经营权有序流转。**按照《农村土地承包法》要求，修订农村土地经营权流转管理办法，指导各地依法建立健全工商企业等社会资本通过流转取得土地经营权资格审查、项目审核和风险防范制度，引导土地经营权有序流转，发展多种形式农业适度规模经营。**四是不断提升土地承包经营纠纷调解仲裁公信力。**认真贯彻中办、国办印发的《关于完善仲裁制度提高仲裁公信力的若干意见》，根据实践发展要求不断完善承包经营纠纷仲裁制度、提高仲裁公信力，妥善化解矛盾纠纷，提高农民依法维权意识，增强基层干部依法办事能力，从源头预防和减少农村矛盾纠纷。

（农业农村部政策与改革司）

社会化服务助推农业现代化

大国小农是我国的基本国情农情。“人均一亩三分地，户均不过十亩田”，是许多地方农业的真实写照。习近平总书记指出，“我们不可能各地都像欧美那样搞大规模农业、大机械作业，多数地区要通过健全农业社会化服务体系，实现小规模农户和现代农业发展的有机衔接”“要加快构建以农户家庭经营为基础、合作和联合为纽带、社会化服务为支撑的立体式复合型现代农业经营体系”。大力发展农业社会化服务有利于促进农业节本增效，提高农民种粮积极性，保障国家粮食安全和重要农产品有效供给；有利于稳定土地承包关系，巩固完善农村基本经营制度；有利于推进多种形式的适度规模经营，对带领小农户发展现代农业具有深远意义。中央高度重视发展农业社会化服务，2019年，中办、国办印发《关于促进小农户与现代农业发展有机衔接的意见》，明确提出要健全面向小农户的社会化服务体系，发展农业生产性服务业，加快推进农业生产托管服务，实施小农户生产托管服务促进工程。“十三五”以来，农业社会化服务政策支持力度不断加大，服务主体加快培育，多元化、多层次服务体系逐步建立，农业生产性服务业蓬勃发展，对现代农业建设的支撑能力不断增强。

一、服务组织蓬勃发展

按照主体多元、形式多样、服务专业、竞争充分的原则，农业服务专业户、农民专业合作社、农村集体经济组织和服务型企业等各类社会化服务组织呈现蓬勃发展势头。截至2019年年底，全国各类服务组织总量达到89.3万个，其中农业生产托管组织超过44万个，服务小农户超过6 000万户。各类服务组织各有所长，优势互补。农业服务专业户数量最多，占全国服务主体总量的1/2，虽然单体服务规模不大，但最贴近农民，主要为周边小农户服务；服务型农民合作社服务规模最大，带动小农户数量最多，达到

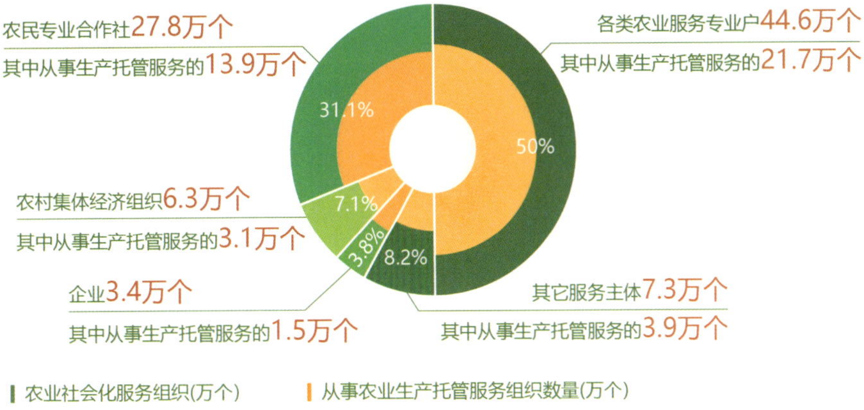

全国农业社会化服务组织情况

5 034.1万户；村集体经济组织以开展“居间”服务为主，组织小农户接受服务，发挥桥梁和纽带作用；服务型企业数量少但服务带动能力最强，单个企业平均服务对象达530个（户），且服务的专业化、集约化和标准化程度较高，呈现强劲的发展势头。疫情期间，农业农村部印发《发挥农业社会化服务组织优势全力做好抗疫保春耕工作的通知》，各地积极响应组织各类服务主体复工复产、发挥优势、化危为机，为农民提供“一站式”“保姆式”生产托管服务，为抗疫保春耕做出了重要贡献。

二、农业生产托管加快发展

农业生产托管是农户等经营主体在不流转土地经营权的条件下，将农业生产中的耕、种、防、收等部分或全部作业环节委托给社会化服务组织完成的农业经营方式，是推进农业生产性服务业发展、带动小农户发展适度规模经营的主推服务方式和重要抓手。2017年，农业部、发展改革委、财政部联合印发《关于加快发展农业生产性服务业的指导意见》，就推进农业生产性服务业发展进行了全面部署，要求着眼于满足小农户和新型经营主体的实际需求，围绕产前、产中、产后全过程，加快发展多元化多层次多类型农业生产性服务，大力推广农业生产托管。为加强面向小农户的社会化服务，2017年，中央在农业生产发展资金这个大专项中设立农业生产社会化服务项目，重点支持生产托管。为加强项目管理，2019年，农业农村部、财政部两部联合印发《关于进一步做好农业生产社会化服务工作的通知》，进一步明确项目实施重点，完善管理制度，规范项目实施。2017—2020年，中央财政累计投入155亿元支持农业生产托管为主的社会化服务。2020年，中央财政扶持资金增加到45亿，实施托管项目的省份达到29个，示范带动全国农业生产托管面积超过15亿亩次，其中，河北、山西、安徽、山东、河南的生产托管面积分别超1亿亩次以上，内蒙古、吉林、湖北、湖南等省生产托管面积分别达5 000万亩次以上。

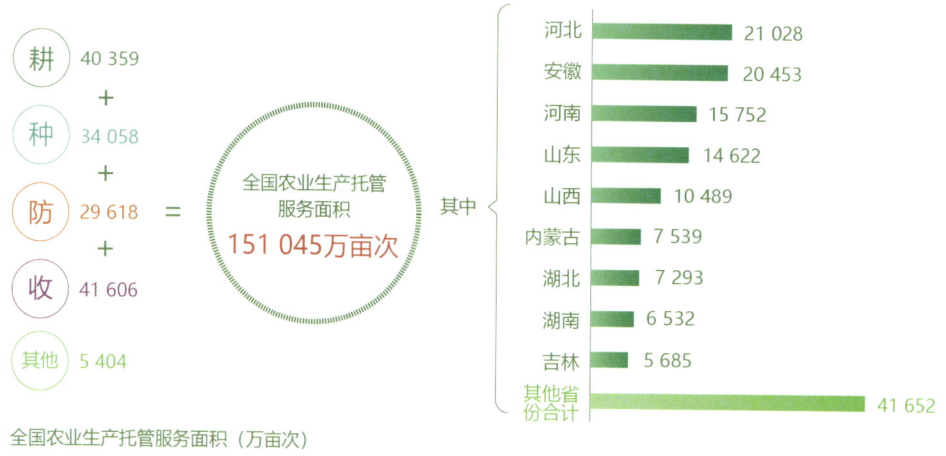

全国农业生产托管服务面积情况（2019年）

通过项目示范引领，生产托管的综合效益突显，受到基层农民群众和地方政府的普遍欢迎。**一是促进了农业生产节本增效**。对19个省份共875个托管案例的定量分析显示，农户采取全程托管，小麦每亩节本增效356.05元，玉米每亩节本增效388.84元。**二是推进了绿色发展**。据辽宁、江苏、浙江、山东4省抽样调查显示，通过农业生产托管，采用测土配方施肥、统防统治、绿色防控等先进生产技术，化肥施用量可以降低40%左右，农药施用量可以降低50%以上。**三是助推脱贫攻坚**。通过土地入股、产业带动、集体参与等多种形式，带动贫困户脱贫增收。比如，陕西白水县开展贫困户果园托管，每亩可节约生产资料投入600元，增产约400千克，仅在果园种植上，每个贫困户每亩增收800 ～ 1 200元。

三、服务方式不断创新

组织开展政府向经营性服务组织购买农业公益性服务机制创新试点，按照县域试点、省级统筹、行业指导、稳步推进的思路，选择粮食、棉花、畜牧、水产主产区以及改革基础条件较好的省份开展，主要支持统防统治、农机作业、集中育秧、粮食烘干、农业废弃物回收和处置、土壤重金属污染治理试验等环节，重点探索政府购买社会化服务的范围、流程、评价体系和经营性服务组织的承担资质。根据不同地区不同产业的生产需求和农户意愿，鼓励各地积极探索创新多元化服务方式，各种新机制、新业态、新模式加速涌现，单环节托管、多环节托管、关键环节综合托管和全程托管等多种托管模式快速发展，探索出“服务组织＋村集体经济组织＋小农户”“公司＋合作社＋村级组织＋小农户”“生产托管+金融保险+粮食银行”以及供销社“为农服务中心”等有效模式。2019年，农业农村部总结推介了首批20个全国农业社会化服务典型案例，这些案例围绕服务小农户，针对生猪粮茶果等大宗农产品生产，涉及企业经营、合作经营、集体经营、家庭经营四类服务型规模主体，贯穿产前、产中、产后各领域和供、耕、种、管、保、收、储、运、销各环节，在补齐农业发展短板、创新农业经营方式、构建利益联结机制等方面总结形成了一批好经验、好做法，对于各地发展服务规模经营、转变农业经营方式、增强农业综合竞争力具有典型示范作用。

河南安阳无人机统防统治社会化服务作业

四、规范管理全面启动

紧紧围绕服务规范化管理这个核心，启动社会化服务标准和行业管理制度的分类研究和制定，加强服务价格指导，坚持市场定价原则，防止价格欺诈和垄断。强化服务合同监管，2020年，农业农村部办公厅印发《农业生产托管服务合同示范文本》《农业生产托管服务指引》，指导各地推广应用示范合同文本，推动规范服务行为，确保服务质量，保障农户权益。推动地方建立社会化服务组织名录库，加强服务组织动态监测。各地结合实际出台地方服务标准和规范，因地制宜开展示范单位和示范县创建，推进服务规范化建设。针对农业社会化服务供需对接不畅、服务资源缺乏有效整合、信息化程度不高等问题，2019年组织开发了中国农业社会化服务平台，2020年在山西、安徽、山

河南兰考三义寨乡开展农业生产社会化服务项目培训

东开展整省试运行，其他省份选择项目县开展整县试运行。截至目前，中国农服平台的公共服务对接、项目管理、名录库建设、作业管理等功能运行良好，有效发挥了促进服务信息对接、推动服务资源合理流动、提高服务效率、降低项目监管成本的作用。

当前，我国农业社会化服务还处在发展的初级阶段，起步晚、整体实力较弱，还没有形成有规模有竞争力的产业，与现代农业发展要求不相适应。主要体现在：**一是服务实力薄弱**。产业规模小、份额低，对农业的支撑不够坚实。按现行统计口径，2019年农业服务业产值还不到7 000亿元，在12万亿农业总产值中占比仍然较低。**二是服务质量不高**。市场化的经营性服务缺标准、缺规范，总体还处在粗放式增长、低水平竞争的阶段，服务质量整体不高。**三是行业管理滞后**。除技术服务类有基本健全的体系和历史积累外，对经营性服务组织的行业管理刚起步，制度缺乏、政策缺乏、经验缺乏，与农民群众多元化、多层次的服务需求不相适应。下一步，围绕深入推动农业社会化服务高质量发展，**一是加快培育多元化服务主体**。充分发挥不同服务组织各自的优势和功能，鼓励各类服务组织加强联合合作。**二是加强行业规范化管理**。全面推动服务行业管理制度建设，建立服务组织信用评价机制，加强行业自律，强化服务品牌引领。**三是加快发展农业生产托管服务**。加大宣传推广力度，鼓励探索创新，加强项目监管。**四是发挥典型示范引领作用**。发布典型案例，组织开展典型模式交流和社会化服务示范创建活动。**五是推进服务资源整合**。完善中国农服平台功能，继续做好试运行和推广应用，抓紧试点和建库。

（农业农村部农村合作经济指导司）

以现代农业产业园为核心载体推进乡村产业振兴和农业现代化

建设现代农业产业园，是推进农业供给侧结构性改革、加快农业农村现代化的重大举措，是培育农业农村经济发展新动能和推进乡村产业兴旺的重要载体。党中央、国务院对此高度重视，2016年年底中央农村工作会议提出建设现代农业产业园，打造农业供给侧结构性改革的平台载体。2017年中央1号文件提出建设现代农业产业园，以规模种养为基础，依托农业产业化龙头企业带动，聚集现代生产要素，建设“生产+加工+科技”的现代农业产业园，发挥技术集成、产业融合、创业平台、核心辐射等功能作用。2020年中央1号文件提出，加快建设国家、省、市、县现代农业产业园。

四川邛崃产业园核心区

2017年以来，农业农村部、财政部认真贯彻落实党中央、国务院决策部署，聚焦姓农、务农、为农、兴农宗旨，大力推进现代农业产业园建设，已取得明显成效。中央财政累计安排92亿元，支持创建了151个国家现代农业产业园，带动各地创建了3 189个省、市、县产业园，基本形成了国家、省、市、县联动推进的工作局面，构建了上下联动、以点带面、梯次推进的建设格局，建成了一批产业特色鲜明、要素高度聚集、生产方式绿色、一二三产深度融合的现代农业产业高地，成为乡村产业振兴的"领头羊"、农民就业增收的"动力源"、县域经济增长的"新引擎"、乡村建设的"助推器"。

一、壮大主导产业，促进了产业振兴

各地按照"生产+加工+科技"一体化发展要求，加快建设大基地、发展大加工、创新大科技、开展大服务、培育大品牌，培育了一批集中度高、规模大、效益好的优势产业。许多产业园已经成为区域或全国产业发展的风向标和行业排头兵，其中国家产业园涵盖了东坡泡菜、正阳花生、新会陈皮、金乡大蒜、五常大米、平和蜜柚等80多个产业，在全国具有显著影响力和带动力，151个国家产业园平均产值达75亿元，其中15个超百亿。产业效益明显提高，全产业链推进、全价值链开发成为主基调，质量兴农、绿色兴农、品牌强农成为主旋律，产业园精深加工农产品比率、优质农产品比率都显著提高。比如，盘锦大洼产业园大力发展稻蟹种养，近三年优质稻米价格翻了一番以上。重庆涪陵产业园把榨菜"吃干榨尽"，农产品加工业产值与农业总产值比达到12 ∶ 1，"小榨菜"做成了"大产业"。

重庆涪陵榨菜产业基地

二、创新联农带农机制，增加了农民收入

建立产业园宗旨是带动农民增收。各地紧紧围绕这一宗旨，着力开辟渠道，创新机制，农户通过土地入股合作社，合作社再兴办或入股农产品加工流通企业，构建了“农户+合作社+加工营销”的利益联合体，把产业链的就业岗位更多地留在农村、增值收益更多地留给农民，显著带动了农民就业增收。比如，贵州水城产业园通过“三变”改革，资源变资产、资金变股金、农民变股东，全园90%的农户入股发展猕猴桃产业，户均股权增收近2 000元。151个国家产业园近70%的农户已与各类新型经营主体建立了利益联结机制，农村二三产业对农民经营性收入的贡献率达到58%，比全国平均水平高10个百分点；农民人均可支配收入达到2.1万元，比全国平均水平高31%左右。

农户丰收场景

三、培育增长动能，壮大了县域经济

产业园建设需要现代要素，需要创新赋能。各地大力推动人才、土地、资本、科技、信息等现代要素向产业园聚集，引导先进生产力“出城进园入农”，促进了产业集中、企业集聚、要素集约，形成了一批上下游紧密协作的产业集群，成为县域经济发展的新动能、新引擎。比如，浙江慈溪市现代农业产业园设立了5亿元的公共基础设施建设基金、1亿元的产业孵化基金、首期5亿元产业投资基金和1亿元的涉农贷款担保资金，2018年以来，已累计实现投入60亿元，吸引51家大中型企业入驻。目前，国家产业园共聚集了900家省级以上农业产业化龙头企业，年纳税总额近200亿元，实现了企业增效、政府增税。

四、促进产村融合，带动了乡村建设

各地产业园建设以产业兴、农村美、生态优为导向，与休闲观光、民俗风情有机

美丽乡村建设

结合，将产业发展与村庄空间布局、基础设施配套、公共服务配置、美丽新村建设同步规划，培育了一批生产生活生态相融相促的乡土小村、特色小镇，形成了产业围绕新村转、新村围绕产业建的乡村建设布局，促进了乡村功能提升和农村人居环境改善。比如，河北省坚持产业园区、农村新型社区、乡村生态功能区“三区”同建，同步推进产业发展、社区建设、环境改善。四川省坚持把产业发展和乡村休闲旅游结合起来，以产兴村、以村促产，打造了一批园村一体、产村相融的美丽乡村。

总体看，目前国家现代农业产业园发展水平高、建设成效好、辐射带动能力明显，但市、县级产业园处于起步阶段，还需要加强政策支持、梯次推进。党的十九届五中全会对推进农业现代化作出了全面部署，下一步，农业农村部、财政部将继续把产业园建设作为推进乡村产业振兴和农业农村现代化的重要抓手，进一步提升产业园建设水平。**一是分级分类建设产业园。**合理规划产业园布局，指导地方在抓好国家和省级产业园建设基础上，全面启动市、县级产业园建设，尽快建立“四级联动”的建设体系。分产业区别推进，因产业而宜、分类型建设粮食类、都市现代类和重要农产品、果菜茶等特色农产品及养殖类产业园。**二是推动产业园管理创新。**引导资金、人才、科技、土地等要素集约配置，激活发展新动能，走集中、集聚、集约发展的新路子。大力推进产业园设立管委会，推行党委或政府负责同志任“园长”。**三是拓展产业园投入渠道。**在政府债券使用上实现突破，争取更多的政府专项债用于现代农业产业园建设。在加大金融支持上实现突破，调动金融机构积极性，解决贷款难、贷款贵问题。**四是强化现代要素支撑。**鼓励地方将年度新增建设用地、城乡建设用地增减挂钩等指标优先保障产业园需求，引导科研院所到产业园设立试验站、中试基地，吸引返乡农民工、退伍军人、大中专毕业生入园创业。

（农业农村部发展规划司）

第三篇

协调惠农
农业均衡发展水平显著提升

协调是农业现代化的内在要求。“十三五”以来，各级各部门遵循全面统筹、系统协同的理念，围绕产业融合、区域统筹、主体协同，着力促进农业均衡发展，农村产业融合发展总体水平明显提升，农业区域发展更加协调，融合主体多元化协同发展，与经济社会发展水平和资源环境承载力相适应的农业均衡发展格局进一步优化，农业现代化水平整体跃升一个台阶。

“四链”结合　农产品加工业高质量发展

农产品加工业从种养业延伸而来，是国民经济的重要产业，是农业现代化的重要标志。“十三五”期间，我国农产品加工业总体规模保持稳定，行业发展质量效益明显提升，行业结构和布局持续优化，转型升级不断加快。2020年，农产品加工业营业收入约23.5万亿元，规模以上农产品加工企业超过8.1万家；加工转化率提升到68%，比2015年提升3个百分点；农产品加工业与农业总产值比提升到2.4 ∶ 1，比2015年提高11.1%。农产品加工业的发展，延长了农业产业链、提升了农业价值链、保障了农业供应链、完善了农业利益链，在促进农业提质增效、农民就业增收、提高人民群众生活质量和健康水平等方面发挥了重要作用。

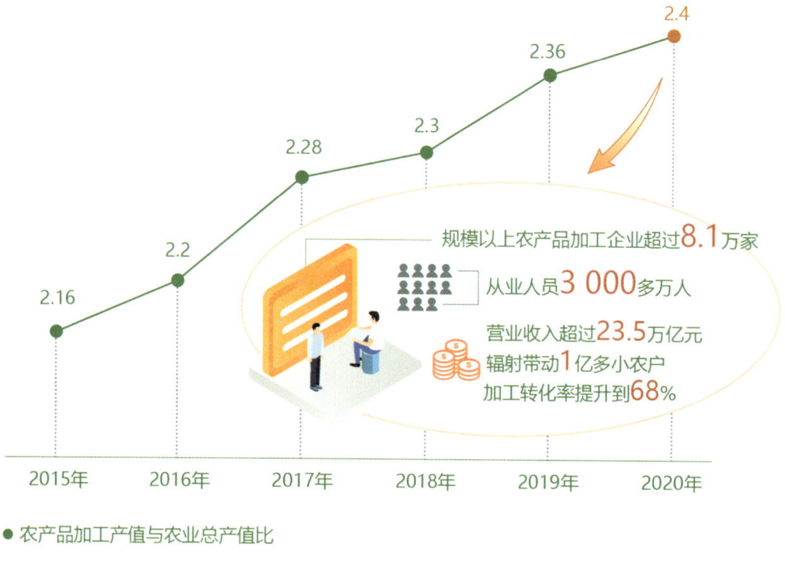

全国农产品加工业发展情况

一、农业产业链进一步延长

农产品加工业一头连着农业、农村和农民，一头连着工业、城市和市民，向前端延伸可带动农户建设原料基地，向后端延伸可建设物流营销和服务网络，是构建农业全产业链的核心。**农产品加工业进一步向产地下沉**。根据粮食生产功能区、重要农产品生产保护区、特色农产品优势区的布局，引导加工企业重心下沉，建设农产品加工专业原料基地，布局加工产能。**农产品加工业进一步向园区集中**。通过集聚要素、集合功能、集中企业，建设农产品加工园，促进农产品就地加工转化、增值增效，发展主食、休闲食品、方便食品等多种加工产品。目前，全国已建成不同规模的农产品加工园区1 600多个、产值超3.5万亿元，成为农村产业融合发展的重要平台载体，带动农产品加工业高质量发展。**农产品加工业与销区进一步对接**。近年来，农产品加工业向电子商务新销售模式延伸，天猫平台基地直供、快手等社交平台网红直播带货、拼多多“新品牌”计划等蓬勃发展。2019年“双十一”期间，天猫平台农产品销售额突破70亿元，同比增长53%。2020年受疫情影响，我国居民的消费方式由线下转向线上趋势明显，以直播带货、电商为代表的新销售模式与超市、专卖店等线下销售融合的农产品加工新零售格局正在形成。

二、农业价值链进一步提升

充分挖掘农产品价值，推进农产品多元化开发、多层次利用、多环节增值。**加强技术装备提升了价值链**。“十三五”期间，建成24个农产品加工技术集成基地，逐步完善国家农产品加工技术研发体系建设，不断提升农产品加工科技创新能力，为提升农业价值链奠定基础。**完善产业结构提升了价值链**。统筹发展农产品初加工、精深加工和综合利用加工。发展预冷保鲜、清洗分级、烘干储藏等农产品初加工，延长供应时间，提高

泰州兴化现代化面粉生产线

上海金山鑫博海中央厨房

质量效益。发展农产品有效组分高效分离、活性成分提取、功能食品开发等精深加工，提升加工潜力。推进稻壳、米糠、麦麸、油料饼粕、果蔬皮渣、畜禽皮毛骨血等副产物综合利用加工，开发膳食纤维、多肽等功能活性物质等新产品，白炭黑、活性炭等新材料，生物乙醇等新能源。**增加营业收入提升了价值链。**“十三五”以来，农产品加工业营业收入稳步增长，除饲料加工、棉麻加工、皮毛羽丝加工、木竹藤棕草加工和橡胶制品制造等子行业营业收入呈下降趋势外，多数子行业营业收入均保持增长，增长率达72.2%。其中，肉类加工业、乳品加工业、制糖业增长较快，同比增速超过10%。规模以上农产品加工业实现利润总额超过1万亿元，同比增长约1.5%。2020年受新冠疫情影响，上半年规模以上农产品加工业实现营业收入65 744亿元，同比下降了4.9%，但利润总额实现4 680亿元，同比增长1.1%。

三、农业供应链有效保障

促进农产品加工，有效减少产后损失、丰富加工产品类型、生产水平的不断提高提升了农产品供应保障能力。**建设初加工设施保供应。**截至2020年年底，已建成17万座贮藏、保鲜及烘干等初加工设施，初加工能力达到1 700万吨。通过初加工设施的使用，果蔬等农产品产后损失率从15%降至6%以下，实现农产品错峰销售，促进农业保供增效。**丰富加工产品类型保供应。**随着消费者对营养、健康、美味、个性化加工产品需求的提升，加工企业积极调整经营策略，大力推广适度精炼、恒温灌装、充氮保鲜及抗紫外线包装等新技术装备，开发系列中高端产品和精深加工产品满足消费需求，保障农产品供应，如为满足西式、中式面制品

重庆江津区花椒标准化加工生产线

广东湛江坡头对虾智能化工厂生产车间

加工及家庭、餐馆、食品企业等不同消费终端需要，面粉行业龙头企业开发出140余种面粉品种。**提高企业生产水平保供应**。近年来，农产品加工行业企业集中度进一步提高，规模化集约化水平大幅提升。2019年，年营业收入100亿元以上的72家。大型龙头加工企业产能快速扩充，如面粉加工领域，排名前三的企业加工量已占全国面粉总加工量的30%。同时，推进农产品加工技术标准规程、产品质量标准的制修订，加工产品质量安全水平大幅提高，更好保障加工产品供应。

四、农业利益链逐步完善

农产品加工业带动农民增收作用突出，吸纳3 000多万人就业，辐射带动1亿多小农户增收。农业产业化龙头企业加工原辅材料、自建基地及订单基地采购量保持平稳，对于调动农民生产积极性和增加农民收入具有重要推动作用。2017年以来，建设811个农业产业强镇、2个国际农产品加工产业园、151个国家级现代农业产业园和50个优势特色产业集群，大幅提升了农产品加工技术装备水平，引导农产品加工企业与小农户建立契约型、分红型、股权型等合作方式，推广“订单收购+分红”“土地流转+优先雇用+社会保障”“农民入股+保底收益+按股分红”等多种利益联结方式，促进利益分配重点向产业链上游倾斜，促进农民持续增收，让农民更多更好地分享加工业发展红利。

当前，我国农产品加工业发展呈现稳中有进的较好局面，但创新能力总体不强、开发层次较浅、质量效益不高等问题仍然存在。农产品加工产值与农业总产值比仍低于发达国家3.5 ：1的水平，农产品加工转化率比发达国家低近18个百分点，深度开发和转型升级任务繁重。展望“十四五”，农业农村部将重点做好以下几项工作：一**是聚焦精深加工**。鼓励和支持农民合作社、家庭农场和中小微企业等发展农产品产地初加工，促进农产品顺利进入市场和后续加工环节。引导大型农业企业发展精深加工，开发类别多样、营养健康、方便快捷的系列化产品。推进深度开发，发展系列化的加工制品。实现农产品加工业发展宜初则初、宜精则精、宜深则深，能加工尽加工。二**是着力优化布局**。针对种养在农村、加工在城市的二元格局，进一步优化空间布局，统筹谋划产区、销区和园区。推进农产品加工向产地下沉，向优势区域聚集，向中心镇（乡）和物流节点聚集，向重点专业村聚集。推进农产品加工与销区对接，丰富加工产品，培育加工业态。推进农产品加工向园区集中，提升农产品加工园，建设国际农产品加工产业园。三**是加快集成创新**。推进加工技术创新，以农产品加工关键环节和瓶颈制约为重点，组织科研院所、大专院校与企业联合开展技术攻关。推进加工装备创制，扶持一批农产品加工装备研发机构和生产创制企业，开展加工技术与信息化、智能化、工程化装备研发。

（农业农村部乡村产业发展司）

“五多”协同　农村新产业新业态蓬勃发展

“十三五”期间，各地以产业融合发展为路径，充分依托乡村资源，发掘农业新功能新价值，逐步构建多主体参与、多业态打造、多要素集聚、多利益联结、多模式创新“五多协同”发展格局，农村新产业新业态蓬勃发展。**乡村特色产业快速发展**。形成了一批特色鲜明的小宗类、多样化乡土产业，建成了一批产值超10亿元的特色产业镇（乡）和超1亿元的特色产业村。创响“乡字号”“土字号”乡土特色品牌约10万余个，认定“一村一品”示范村镇2 851个，推介880个乡村特色产品和220个能工巧匠。实施休闲农业和乡村旅游精品工程，建成了一批休闲观光、乡村民宿、健康养生等园区景点，2019年接待游客32亿人次，比2015年增加10亿人次、增幅45.5%，营业收入超过8 500亿元，比2015年增长93.2%，基本上翻一番。**乡村新型服务业加快发展**。2019年，农林牧渔业专业及辅助性活动产值6 500亿元，各类涉农电商超过3万家，农村网络销售1.7万元，其中农产品网络销售额3 975亿元。

全国休闲农业与乡村旅游收入情况

一、多主体参与融合

发展新产业、新业态，重点发展类型多样、功能互补的融合主体。“十三五”期间，引领示范好、服务能力强、利益联结紧的融合主体大量涌现，形成龙头企业引领、新型经营主体为主、农民广泛参与的“雁阵”格局。截至2020年6月，县级以上产业化龙头企业达到9万家，其中国家重点龙头企业1 542家，年销售收入超过1亿元的突破8 000家，超过100亿元的达到72家；全国家庭农场名录系统填报数量超过100万家，依法登记的农民合作社达到218.7万家。各类融合主体通过构建分工协作、优势互补、联系紧密的利益共同体，实现抱团发展，促进特色种养、特色食品、特色手工等乡村特色产业发展，成为乡村产业发展的驱动力量。

二、多业态打造融合

跨界配置农业与工业、商贸、文旅、物流、信息等现代产业要素，推进产业深度融合，“农业+”融合业态更加多元、丰富。**以加工流通带动业态融合。**支持各地发展中央厨房、直供直销、会员农业等业态。**以功能拓展带动业态融合。**重点发展农业与文化、旅游、教育、康养等现代产业高位嫁接、交叉重组、渗透融合，积极发展创意农业、亲子体验、教育农园、功能农业等业态。**以信息技术带动业态融合。**促进互联网、物联网、区块链、人工智能、5G、生物技术等新一代信息技术与农业融合，发展智慧农业、认养农业、可视农业等业态。

安徽阜阳颍泉区泉北现代农业产业园葡萄采摘

广西横县茉莉花节

三、多要素集聚融合

浙江余杭采茶体验

激活农业农村资源要素，吸引资金、人才、技术等要素向乡村集聚，创造优势融合条件。“十三五”期间，安排中央财政资金230多亿元，建设优势特色产业集群50个、国家现代农业产业园151个、农业产业强镇811个、农村产业融合发展示范园258个，带动省、市、县建立各类农业产业园1 000多个，推动原料生产、精深加工、体验展示、物流销售有机衔接，打造乡村产业发展高地。吸引农民工、中高等院校毕业生、退役军人、科技人员等多类型人才到乡村创新创业，截至2019年，各类返乡入乡创新创业人员累计达850万，有80%开展创办农村产业融合项目，“田秀才”“土专家”“乡创客”等本土创新创业人员达3 100多万，平均年龄45岁左右，高中和大中专以上学历的占到40%。2020年，返乡入乡创新创业人员达到1 010万人。产业融合由种养向纵向延伸、横向拓展，采用的技术范围更广，创办的实体87%在乡镇以下，80%以上发展产业融合项目，返乡入乡人员50%以上利用信息技术创新创业，技术层次不断提升。

四、多利益联结融合

将增加农民收入作为发展农村新产业新业态的重要目标，创新利益联结机制，带动农户参与乡村产业发展。**发展企农契约型合作模式。**与农户签订订单的龙头企业占比达到55%，1亿农户与农业产业化龙头企业签订订单，签约农户经营收入超过未签约农户50%以上。**推广利益分红型模式。**通过“订单收购+分红”“保底收益+按股分红”“土地租金+务工工资+返利分红”等方式，促进农民持续增收。**采用股份合作型模式。**形成了分工明确、优势互补、风险共担、利益共享的农业产业化联合体。企业的资金、设备、技术与农户的土地经营权、劳动力等要素结合在一起，实现资源变资产、资金变股

浙江余杭大径山旅游集散中心

金、农民变股东。通过建立多种形式的利益联结机制，让农民更多分享产业链条增值收益。据不完全统计，产业融合发展使农户经营收入增加了67%，采取订单方式带动农户的占55%，融合主体年平均向农户返还或分配利润500多元。

五、多模式创新融合

发展农村产业多种融合模式，推进政策集成、要素集聚、功能集合和企业集中。**农业“内向”融合。**推动种植业与农牧渔业内部交叉重组，催生“林下养鸡”“稻田养鱼（虾、蟹）”“稻鸭共生”等业态，稻渔综合种养超过3 000万亩，形成以绿色循环为特征的融合类型。**产业“顺向”融合**，将全产业链、全价值链等现代产业运营方式引入农业，推动农业与加工流通融合，催生主食工厂化、中央厨房、农商直供、直供直销、个人定制等业态，形成以产业链条延伸为特征的融合类型。**功能“横向”融合**，促进农业与文化教育、旅游餐饮等产业融合，让农业有文化说头、休闲玩头、景观看头，实现空气变人气、田园变公园、农产品变商品，形成拓展农业功能、以休闲体验为特征的融合类型。**新技术“逆向”融合**，促进农业与信息产业融合，利用互联网催生智慧农业、直播农业、农村电子商务等，形成以信息化为引领的融合类型。**与城镇“万向”融合**，在农业产业园、加工产业园、物流配送园和特色村镇等引入社区和城镇元素，促进乡村（镇）融合，催生出特色小镇、美丽乡村、产城园区等融合类型。

目前，农村新产业新业态的发展仍存在产业链条短、融合层次较浅、要素活力不足等问题，下一步农业农村部将从“五动、五新”入手，进一步明晰农村新产业新业态发展路径。**一是延伸链条带动，拓展发展新空间。**以延长产业链、打造供应链、提升价值链为主线，拓宽乡村特色产业、乡村休闲旅游业、乡村新兴服务业等产业的发展空间。**二是融合发展促动，形成发展新模式。**进一步培育多元融合主体，发展多类型融合业态，建立健全融合机制，促进农村一二三产业融合发展。**三是集聚发展推动，打造发展新高地。**推进政策集成、要素集聚、企业集中、功能集合，支持发展一批“一村一品”、农产品加工园、农业产业强镇、现代农业产业园、优势特色产业集群，构建乡村产业“圈”状发展格局。**四是培育主体拉动，构建发展“新雁阵”。**以深入推进农业产业发展为主线，重点培育乡村企业，壮大农业产业化龙头企业队伍，形成国家、省、市、县级梯队。**五是创新创业驱动，培育发展新动能。**培育返乡创业、入乡创业、在乡创业三支创业大军，形成以创新带创业、以创业带就业、以就业促增收的格局。

（农业农村部乡村产业发展司）

农村电商架起农产品出村进城的桥梁

党中央、国务院高度重视农业农村电子商务工作，“十三五”期间出台了发展农村电子商务、跨境电商等系列文件，同时多次在中央1号文件、相关规划及双新双创、“互联网+”、信息消费等文件中都把农村电商作为重要内容，作出部署。农业农村部积极贯彻落实党中央、国务院部署安排，会同各部门、各地区出台配套措施，组织实施系列重大工程、重大行动，健全完善政策体系，营造良好发展环境，有效推动了农村电商的快速发展，为推动农业农村现代化提供新动能。

一、政策体系逐渐完善，发展环境不断优化

2015年以来，农业农村部会同国家发展改革委、财政部、商务部等部门，先后印发了《农业电子商务试点方案》《推进农业电子商务发展行动计划》《关于深化农商协作大力发展农产品电子商务的通知》等文件，不断探索农村电商发展模式，构建支持农村电商发展的政策体系。在总结前期经验基础上，按照国务院部署要求，2020年组织实施“互联网+”农产品出村进城工程，针对农产品上行的瓶颈制约，建立健全适应农产品网络销售的供应链体系、运营服务体系和支撑保障体系。组织开展农业电子商务“平台对接”专项行动、苹果电商销售月行动、丰收购物节、丰收消费季等农产品产销对接专项活动，在农交会、双新双创博览会上，组织电商企业展区，举办系列电商企业论坛，营造农村电商发展的良好环境。

二、农村电商稳步发展，农产品网络零售额快速增长

“十三五”期间，各大综合性电商平台稳步发展，社交电商爆发式增长，各具特色

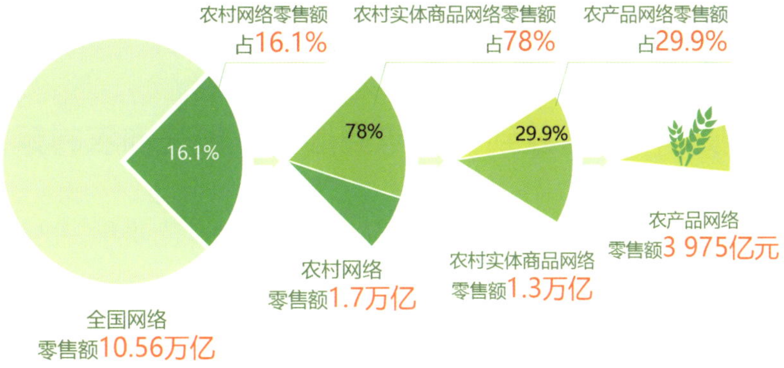

全国农产品网络零售额情况（2019年）

的地方性电商平台蓬勃发展，新型农业经营主体的自建平台也渐成规模，涉农电商平台不断壮大，“互联网+”农产品出村进城渠道逐渐拓宽，电子商务带动农产品出村、促进农民增收的作用不断增强，农产品网络零售额快速增长。2019年，全国农村网络零售额达到1.7万亿，占全国网络零售总额的16.1%。农村实物商品网络零售额1.33万亿，占全国农村网络零售额的78%；全国农产品网络零售额3 975亿元，占农村实物商品零售额的29.9%，是2016年的2.5倍。2020年新冠肺炎疫情期间，“互联网+”在农产品出村进城中的优势更充分体现，仅上半年农产品网络零售额达到1 937.7亿元，同比增长39.7%。

三、农村物流配送体系显著改善，冷链设施建设步入新阶段

全国基本形成了覆盖县、乡、村的三级物流配送体系，搭建起“工业品下乡”与“农产品出村进城”双向流通渠道。全国冷链物流行业交易规模由2016年的1 800亿元增至2019年的3 786亿元；全国冷库容量连续5年保持10%以上增速发展，截至2019年年底，达到7 000万吨。2020年，农业农村部启动农产品仓储保鲜冷链物流设施建设工程，从产地贮藏保鲜设施入手，建立健全农产品仓储保鲜冷链体系，完善县乡村各级冷

福建古田中国·古田食用菌电商园

链集散中心基础设施建设，与农产品物流骨干网络连接形成完整体系，构建稳定高效的农产品出村进城平台。

四、电商服务网点覆盖到村，电商服务业加快向农村延伸

农村电商服务网点数量和覆盖率显著提高。截至2020年上半年，已有18个省份开展信息进村入户工程整省推进，全国共建成运营42.4万个益农信息社，累计培训村级信息员106.3万人次，初步形成了纵向联结省、市、村，横向覆盖政府、农民、企业的信息服务网络体系，构建了有效带动农民脱贫增收的电商服务通道和农产品上行渠道。在电子商务进农村综合示范和“互联网＋”农产品出村进城工程推动下，各地积极构建和完善农村电商孵化体系、农产品网络营销体系和电商服务体系，初步形成了政策完善、资源集聚、生态优化的电商发展环境，农村地区加快发展的内生动力和市场活力逐渐被激活。

五、电商新模式不断创新，农产品出村方式灵活多样

新零售、社交电商、直播带货等营销模式不断创新迭代，极大丰富了农产品出村进城的方式，优质农产品销售渠道从传统营销渠道扩展到新业态新模式的电商平台。线上线下融合的新零售模式，通过订单式农业、基地直采，打造生鲜农产品新型供应链，提升物流配送效率，推动新农业与新零售结合，凸显出优质农产品的竞争力。社交电商、社群营销、社区团购等模式，让分散的农产品和消费者通过“云端”短链对接，帮助“小农户”对接“大市场”。社交电商、直播带货降低了电商进入门槛，许多农民通过微信或直播销售自家农产品，让手机成为“新农具”、直播成为“新农活”。2018年以来，直播带货、短视频营销掀起农产品电商新的热点，田间地头都变成直播间，消费场景进一步延伸，许多知名农产品“网红”涌现，农产品购买转化率提升明显。

陕西洛川直播卖苹果

六、农产品供应链进一步优化，推动农业加快数字化转型

河南泌阳县电子商务运营中心

农产品网络化流通推动优质特色农产品供应链向一体化、超短链和数字化方向加快发展。依托网络化营销和流通模式，农产品供应逐渐从以产定销的传统模式转变成以销定产的供需模式，各类农村经营服务主体更密切整合，产、供、销更趋于一体化，供应链条进一步缩短和优化。随着数字乡村战略的实施，运用大数据、人工智能、物联网等先进技术，精准预测市场需求、把控产品质量、重塑高效供应链、最终提高智能化服务水平，正成为农业电商竞争的热点。依托电商大数据，深挖消费需求，实现智慧备货、智慧物流，将加快驱动农业生产端向数字化、智慧型转变，推动我国现代农业的转型升级。截至2019年年底，全国农村网商数量达到1 384万家，许多传统农业企业、农产品批发市场通过与主流电商平台合作或自建平台的方式进军农产品电商，农业专业合作社、种养大户等新型农业生产经营主体的触网比例也显著提高。

总体看，我国农村电商发展迅速，在促进农产品产销对接、推动农业转型升级、促进农民脱贫增收、发展农村经济等方面成效显著，但制约农村电商高质量发展的问题和挑战也逐步显现：一是农村电商发展不均衡，中东西部之间、城乡之间数字鸿沟仍然较大；二是农产品上行电商发展缓慢，网销农产品生产组织化标准化程度较低，市场主体的综合运营能力普遍较弱；三是农村电商支撑服务体系不健全，农产品产后分级、包装营销和冷链仓储物流等亟待加强；四是农村人才匮乏，吸引电商人才的软硬件环境还需进一步优化。

按照党中央、国务院部署要求，农业农村部下一步将以“互联网＋”农产品出村进城工程为抓手，加快推进信息技术在农业生产经营中的广泛应用，充分发挥网络、数据、技术和知识等要素作用，进一步完善适应农产品网络销售的供应链体系、运营服务体系和支撑保障体系，促进农产品产销顺畅衔接、优质优价，带动农业转型升级、提质增效，拓宽农民就业增收渠道。重点做好以下几方面工作：**一是以特色产业为依托，打**

造优质特色农产品供应链体系。建立健全县级农产品产业化运营主体，打造优质特色农产品供应链，统筹组织开展生产、加工、仓储、物流、品牌、认证等服务，生产、开发适销对路的优质特色农产品及其加工品。二是**以益农信息社为基础，建立健全农产品网络销售服务体系。**充分利用益农信息社以及农村电商、邮政、供销等村级站点的网点优势，统筹建立县乡村三级农产品网络销售服务体系。以低成本、简便易懂的方式，针对性地为农户提供电商培训、加工包装、物流仓储、网店运营、商标注册、营销推广、小额信贷等全流程服务。三是**以现有工程项目为手段，加强产地基础设施建设。**充分利用现有标准化种植基地、规模化养殖场、数字农业农村等项目，推进优质特色农产品规模化、标准化、智能化生产，切实提升优质特色农产品持续供给能力、商品化处理能力。结合农产品仓储保鲜冷链物流设施建设工程，构建全程冷链物流体系，推动整合县域内物流资源，完善县乡村三级物流体系。**四是以农产品出村进城为引领，带动数字农业农村建设和农村创业创新。**推进优质特色农业全产业链数字化转型，打通信息流通节点，形成从田间地头到餐桌的信息流通闭环，提高生产智能化、经营网络化、管理数字化水平。围绕乡村振兴和数字乡村发展战略布局，拓展“互联网＋”农产品出村进城工程服务功能，带动发展农村互联网新业态新模式。

（农业农村部市场与信息化司）

高素质农民　农业现代化主力军

乡村振兴，关键在人。人才培养，基础在教育培训。“十三五”期间，农业农村部按照《规划》谋划的蓝图，始终把提高农民素质作为发展现代农业的基础性战略性工作，加快构建有文化、懂技术、善经营、会管理的高素质现代农民队伍。五年间，中央财政累计投入91.9亿元，累计培育高素质农民500万人，以现代青年农场主、产业扶贫带头人、新型经营主体带头人和返乡回乡农民为重点，支持各地分类开展农民教育培训，坚持理论与实践相结合，集中培训与现场实训相结合，线上培训与线下培训相结合，采取“一点两线、全程分段”的培育模式，以产业发展为立足点，以生产技能和经营管理能力提升为两条主线，在不少于一个产业周期内，分阶段组织集中培训、实训实习、参观考察和生产实践。大批高素质农民活跃在农业生产经营一线，在提升农业综合生产能力和竞争力，保障国家粮食安全和重要农产品生产，带动农民增收致富等方面发挥重要作用，成为发展现代农业和振兴乡村的主力军。

一、农民教育培训体系不断健全

农民获得新型职业农民资格证书

“十三五”以来，各地各级党委政府坚持高位推动，加快建设具有中国特色的农民教育培训体系，基本形成农业农村部门牵头，公益性培训机构为主体，市场力量和多方资源共同参与的教育培训体系。各级农广校的支撑作用更加突出，涉农院校投入农业农村人才培养力度更加有力，科研院所、农民合作社、农业企业、农业园区等多元力量参与农民培训更加广泛。五年间，农业农村部积极发动社会力量，联合全国妇联开展高素质女性农民培养，联合中国科学技术协会开展乡村振兴农民科学素质提升行动，联合共青团中央评选“全国农村青年致富带头人”，联合国家农担开展金融担保服务支持农民发展，吸引大批企业积极参与培育工作，为农民发展注入强劲市场动能。

二、农民成才途径不断拓宽

技能培训是提高农民产业发展能力的有效手段。“十三五”以来，农业农村部大力实施高素质农民培育计划，推动农民技能培训，每年培训农民100万人。以种养大户、家庭农场主、农民合作社和农业社会化服务组织骨干以及返乡下乡创新创业者为重点，以提高生产经营能力和专业技能为目标，开展农业全产业链培训，提高农民产业技能水平。农业职业教育是培养高素质农民和农村实用人才的重要载体，具有系统性培养优势。2019年，农业农村部、教育部启动高素质农民学历提升行动计划，着力构建短期农民培训与中长期农业职业教育相互衔接、互融互促的新型农民教育格局。联合教育部推动高职扩招培养高素质农民工作，针对招生宣传、身份界定、落实政策、院校指导等进行部署，引导农民培训学员积极报考，2019年高职扩招2.6万名高素质农民，圆了不少农民的“大学梦”。

三、新型农业经营和服务主体实力不断壮大

“十三五”期间，紧紧围绕促进产业兴旺目标任务，以家庭农场经营者、农民合作社负责人等为重点，培育各类新型经营服务主体带头人超过200万，培养现代青年农场主、创新创业青年等年轻力量5万人，培育农业经理人等经营管理人才1.6万人。例如，山东省每年培育的高素质农民领办兴办新型经营主体超过1万家。陕西省认定的高素质农民有近70%来自新型农业经营主体或创办了新型农业经营主体，有近40%常年从事或投身于农业先进科技知识传播，有近

全国“科普惠农兴村计划”带头人郭跃

15%从事农业社会化服务工作，有近5%担任村两委骨干。河南省参加培训的学员自主创业率增加20%以上。湖南省创业培训学员带动普通农民户均增收5 000元。

四、农业产业精准扶贫支撑力度不断提升

"十三五"以来，农民培育项目经费进一步向贫困地区倾斜，中央财政累计在国家级贫困县投入农民培训资金18.3亿元，大规模开展产业精准扶贫培训，基本实现国家级贫困县扶贫培训全覆盖，累计培训脱贫带头人和贫困户83.3万人。实施环京津扶贫带头人培育行动，每年培训环京津28个贫困县贫困农民1万人以上，广泛普及实用技术技能，有效提高了贫困地区农民科技素质、种养水平和就业能力。甘肃省分三年组织全省建档立卡贫困户开展一户一个"科技明白人"培训实现全覆盖。新疆在深度贫困地区开展村级农业技术服务站试点建设，将高素质农民培训优秀学员吸收为特聘农技员。

五、农民创业兴业能力不断增强

以"学得好、干得好、带得好"为标准，选树一批优秀高素质农民代表，引导高素质农民发挥示范引领、扶贫带富的作用，在农民中倡导争学比优的精神风貌，在社会中营造爱农助农的良好氛围。2016年以来，连续开展农民教育培训"百名优秀学员"等资助活动，涌现出一大批高素质农民典型。各地以培训为纽带，不断引导参训农民交流合作，依托协会、联盟等组织协作发展，持续跟踪农民训后产业发展，开展政策宣讲、项目推介、技术指导等延伸服务，帮助农民对接金融信贷和农村电商，加大产业支持力度。通过举办论坛、展销会、专业技能大赛等活动，为农民搭建交流平台，展示新时代农民风采。例如，陕西省共成立了37个职业农民协会，其中省级职业农民协会1个，市级职业农民协会7个、县级职业农民协会29个，共吸纳会员1万余名。湖北等省积极举办农民创新创业大赛，展示高素质农民素质能

全国农村杰出实用人才袁起
（江苏徐薯薯业科技有限公司总经理）

力和双创成果。据不完全统计，河南省农民教育培训的学员中，有906人担任农村两委干部，326人担任各级人大代表、政协委员，45人被评为“全国青年致富带头人”，36人获得全省创业创新大赛奖项，4人获得省“五一劳动奖章”等。

农民教育培训是一项基础性、长期性工作，经过近几年探索实践取得了长足发展，但与乡村振兴对农业农村人才的迫切需求相比，与务农农民的实际需求相比，农民教育培训体系还不完善，市场化力量参与不足；国家层面的农民培育缺少机制、制度还不健全；高素质农民队伍发展不够充分，辐射带动潜力未完全发挥。

下一步，农业农村部将继续推动农民教育培训工作，为乡村振兴和农业农村现代化培养更多高素质农民。**一是健全高素质农民教育培训体系**。构建农民短期培训、职业技能培训和中高等学历教育“N+X+1”相互衔接的高素质农民培育发展格局，充分发挥农业广播电视学校、农技推广机构、农业职业院校各类教育培训资源优势，强化公益性涉农培训机构建设，吸引多种资源和市场主体共同参与。推进教育培训供给侧改革，围绕产业链、打造教育链，贯通各层次教育培训“立交桥”，建设“学分银行”，促进不同阶段学习成果互认互通。**二是完善高素质农民培育政策体系**。建立健全教育培训、发展扶持、引导激励和社会保障等衔接配套的高素质农民培育政策，加快农民现代化进程。加大农民教育培训投入，支持农民接受免费技能培训。采取学费减免、学制灵活弹性等形式增强吸引力。建立高素质农民精准扶持制度，引导激励农民互相协作，互补发展，带动小农户与现代农业有机衔接。**三是加快建设高素质农民队伍**。面向优势特色主导产业，以保障粮食安全和重要农产品供给为目标，培训提高一批农民，打造新型农业经营主体带头人和创业者队伍。面向农业生产性服务新需求，以推进农业农村创新创业和一二三产业融合为目标，通过吸引发展一批返乡回乡农民，打造农业创新创业和社会化服务组织带头人队伍。面向乡村社会事业发展，以促进乡村全面振兴为目标，通过培养储备一批农村“两后”生、农科毕业生，打造引领社会事业发展的带头人队伍。

（农业农村部科技教育司）

家庭农场加快培育

党中央、国务院高度重视家庭农场培育发展，习近平总书记多次作出重要指示，强调要突出抓好家庭农场和农民合作社两类农业经营主体发展。农业农村部深入贯彻党中央、国务院精神，加快培育家庭农场，“十三五”以来，家庭农场政策体系和管理体制度进一步完善，数量稳步增长，产业经营更加多元，发展模式更加多样，生产经营规模化、标准化、集约化程度不断提高，经营效益稳步提升，经营管理更加规范，在巩固和完善农村基本经营制度、提高农业综合效益和竞争力、推动乡村振兴等方面发挥着重要作用。

一、家庭农场政策体系逐步完善

2013年以来，历年中央1号文件都对家庭农场培育发展作出部署。2019年9月，在河北邢台召开促进家庭农场和农民合作社高质量发展工作推进会，胡春华副总理出席会议并讲话，对培育发展家庭农场提出了明确要求，作出了明确部署。2020年5月，全国家庭农场高质量发展工作推进视频会议召开，对家庭农场培育发展重点工作进行再部署、再安排、再推进。同时，一系列家庭农场扶持政策措施相继出台。中办、国办印发《关于加快构建政策体系培育新型农业经营主体的意见》《关于促进小农户和现代农业发展有机衔接的意见》；中央农办、农业农村部等11部门和单位联合印发《关于实施家庭农场培育计划的指导意见》；农业农村部印发《新型农业经营主体和服务主体高质量发展规划（2020—2022年）》。这些文件对家庭农场培育发展作出了全面部署，是今后一个时期家庭农场工作的重要指导和遵循。各地纷纷出台相关政策，全国31个省（自治区、直辖市）全部下发了支持家庭农场发展的相关政策文件，对名录管理、指导扶持等都作出了制度安排。

二、家庭农场发展势头良好

“十三五”期间，家庭农场呈现良好发展势头。**一是整体数量快速增长。**截至2019年年底，全国家庭农场由34.3万个增加到85.3万个，与2015年相比，增长了约1.5倍；县级及以上示范家庭农场数量由3.9万个增加到11.7万个，增长了2倍。截至2020年6月底，全国家庭农场数量已经突破100万个。**二是适度规模经营稳步发展。**2015—2019年，全国家庭农场经营土地面积由0.52亿亩增长到1.85亿亩，约增长2.6倍，其中，家庭农场经营耕地由4 310.9万亩增长到9 524.1万亩，约增长1.2倍。在推进家庭农场发展过程中，各地引导家庭农场根据产业特点和自身经营管理能力，实现最佳规模效益，杜绝片面追求土地等生产资料过度集中，防止“垒大户”。**三是经营水平不断提升。**家庭农场的经营范围逐步多元化，从粮经结合，到种养结合，再到种养加一体化、一二三产业融合发展，经济实力不断增强。2019年，种植业、畜牧业、渔业、种养结合、其他类家庭农场分别为53.3万个、14.8万个、3.8万个、10万个、3.4万个，其中种养结合类家庭农场占比较2015年提升2.7个百分点。2019年，拥有注册商标和通过农产品质量认证的家庭农场分别为32 645个和21 002个，分别比2015年增长1.9倍和3倍；各类家庭农场年销售农产品总值2 243.9亿元，较2015年增长78.1％，平均每个家庭农场26.3万元。

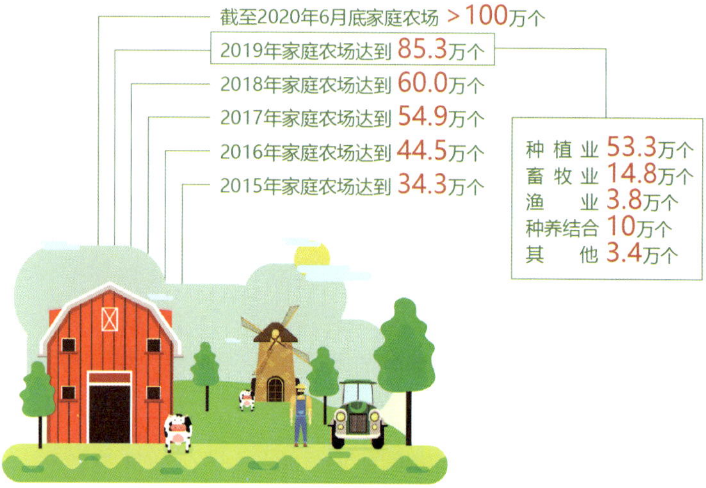

全国家庭农场情况

三、家庭农场工作进一步加强

一是完善指导服务机制。积极指导各地分级建立家庭农场名录管理制度，加快把符合条件的种养大户、专业大户等规模农业经营户纳入家庭农场范围。开展家庭农场调查统计，分析家庭农场发展态势，有针对性地提出工作措施，解决家庭农场发展中面临的一些问题。各省、各地不断创新举措，加大家庭农场指导服务力度。如山东省把培育家庭农场纳入全省“改革攻坚年”农业农村“十大”攻坚行动的重要内容，安徽省郎溪县成立了县委书记为组长的促进家庭农场持续健康发展工作领导组。二是**强化示范引领**。指导各地开展家庭农场示范创建，以先进带后进、以示范带普通，初步形成了推进家庭农场高质量发展的良好局面。目前，全国31个省（自治区、直辖市）全部开展省级示范家庭农场创建，形成了省、市、县三级示范创建体系。有条件的地方积极开展家庭农场示范县创建，以点带面，探索整县提升家庭农场发展质量的路径方式。组织征集推介两批全国家庭农场典型案例76个，树立了一批可看可学的发展标杆和榜样。三是**加强政策支持**。支持家庭农场开展农产品产地初加工、精深加工、主食加工和综合利用加工，自建或与其他农业经营主体共建集中育秧、仓储、烘干、晾晒以及保鲜库、冷链运输、农机库棚、畜禽养殖等农业设施。鼓励各地通过多种方式加大对家庭农场建设仓储、晾晒场、保鲜库、农机库棚等设施用地支持。鼓励有条件的地方通过现有渠道安排资金，采取以奖代补等方式，积极扶持家庭农场发展，扩大家庭农场收益面。支持符合条件的家庭农场作为项目申报和实施主体参与涉农项目建设。鼓励金融机构开展家庭农场信用等级评价工作，对资信良好、资金周转量大的家庭农场发放信用贷款。支持家庭农场参与农业大灾保险、三大粮食作物完全成本保险、收入保险试点和中央财政对地方特色优势农产品保险以奖代补政策试点，探索满足家庭农场风险保障需求的路径。

吉林省永吉县万昌镇家庭农场使用植保无人机进行稻田病虫害防治

“十三五”期间，我国家庭农场发展取得了初步成效，但总体仍处于起步阶段，还存在数量偏少、质量不高、带动能力不强、风险防范能力不足等问题。下一步，农业农村部将继续深入贯彻落实党中央、国务院决策部署，按照促进家庭农场和农民合作社高质量发展工作推进会以及中央农办、农业农村部等11部门和单位印发《关于实施家庭农场培育计划的指导意见》要求，进一步提高思想认识，强化指导服务，健全支持体系，促进全国家庭农场高质量发展。**一是继续完善名录管理制度**。以县（市、区）为单位，综合考虑当地资源条件、行业特征、农产品品种特点等，引导家庭农场适度规模经营，取得最佳规模效益。加快把符合条件的规模农业经营户纳入家庭农场范围。健全全国家庭农场名录系统，把各类家庭农场纳入名录并动态更新。**二是继续强化示范创建引领**。按照“自愿申报、择优推荐、逐级审核、动态管理”的原则，健全工作机制，加强示范家庭农场创建。支持有条件的地方积极开展家庭农场示范县创建。继续推介家庭农场典型案例，强化典型引领带动。鼓励各类人才创办家庭农场。**三是推动支持家庭农场的各类政策落实落地**。依法保障家庭农场用地和土地经营权，加强基础设施建设，强化面向家庭农场的社会化服务供给，健全家庭农场经营者培训制度，进一步完善和落实财政税收政策，加强金融保险服务，支持发展“互联网+”家庭农场，运用信息化手段推动家庭农场发展。

（农业农村部政策与改革司）

农民合作社实现规范提升

农民合作社是广大农民群众在家庭承包经营基础上自愿联合、民主管理的互助性经济组织。“十三五”期间，农业农村部深入贯彻落实《规划》的有关要求，落实推进农民合作社质量提升各项任务措施，着力加强农民合作社规范建设，鼓励发展农民合作社联合社。经过多年不懈努力，全国农民合作社蓬勃发展，服务能力持续增强，合作内容不断丰富，发展质量进一步提高，已成为引领农民参与国内外市场竞争的现代农业经营组织，在建设现代农业、推动乡村振兴、引领小农户发展以及决战决胜脱贫攻坚战中发挥了重要作用。

一、带动能力显著提升

截至2020年6月底，全国依法登记的农民合作社达221.8万家，约是2015年年底的1.45倍。农民合作社成员以农民为主体，辐射带动全国近一半的农户，普通农户成员占比达95.4%。农民合作社加强社际联合合作，通过共同出资、共创品牌等方式依法自愿组建联合社1.3万家，是2015年的2.9倍，平均每

全国农民专业合作社情况

个联合社带动12个成员社。农民合作社联合社经营收入116亿元、社均收入113万元，是单体农民合作社的3.7倍。

二、服务能力明显增强

河南安阳广源合作社在万亩示范田组织社员参观学习

农民合作社业务范围拓宽，覆盖农林牧渔各业，并向休闲农业、观光旅游、民间工艺制作和服务业延伸，有1.3万家农民合作社进军休闲农业和乡村旅游，2 000多家从事民间工艺制品等乡土特色产业。产业链条延伸，已经从种养业向产前农资供应、技术信息和产后流通、加工等环节全面拓展，有超半数的农民合作社提供产加销一体化服务，27.8万家农民合作社面向小农户开展农业社会化服务，6.8万家农民合作社创办加工、流通和销售等实体，4万家农民合作社发展农村电子商务。10.6万家农民合作社拥有注册商标，5万家农民合作社通过农产品质量认证，分别比2015年年底增长41.4%和24.3%。

三、利益联结更加紧密

在稳定农户家庭承包经营的基础上，农民合作社为成员提供经营服务总值9 601.8亿元，其中统一销售农产品总值6 945.1亿元，平均为每个成员销售农产品1万元；统一购买农业生产投入品总值2 656.7亿元，平均为每个成员购买生产投入品0.4万元。农民合作社通过优质优价、就地加工等，提升农业经营综合效益，增加成员家庭经营收入；通过促进劳动力转移就业，提高了农民工资性收入；通过引导成员多种形式出资和获取分红，增加了农民财产性收入。贫困地区依托农民合作社开展产业扶贫，全国贫困地区培育发展农民合作社72万家，直接吸纳带动51.2万个未脱贫的建档立卡贫困户入社发展乡村产业。

四、规范化水平不断提升

“十三五”期间，农民合作社法律制度体系进一步完善。新修订的《农民专业合作社法》自2018年7月1日起施行，突出规范农民合作社组织行为的立法导向，依法维护农民合作社及其成员的合法权益。农业农村部制订修订了《农民专业合作社示范章程》《农民专业合作社联合社示范章程》，会同财政部制定印发《农民专业合作社解散、破产清算时国家财政直接补助形成的财产处置暂行办法》，为农民合作社依法依规办社提供了制度遵循。经国务院同意，中央农办、农业农村部等11个部门制定印发《关于开展农民合作社规范提升行动的若干意见》，召开了促进农民合作社和家庭农场高质量发展工作现场会议，就提升农民合作社规范化水平、增强服务带动能力、加大政策支持力度等，做出总体部署。各级农业农村部门会同有关部门加大指导服务力度，引导农民合作社完善章程制度、健全组织机构、规范财务管理、合理分配收益、加强登记管理，探索农民合作社简易注销便民措施，农民合作社发展质量稳步提升（表1）。

表1　近年来印发的农民合作社相关法律文件

2018年07月	《农民专业合作社法》
2018年12月	《农民专业合作社示范章程》
	《农民专业合作社联合示范社章程》
2019年06月	《农民专业合作社解散、破产清算时国家财政直接补助形成的财产处置暂行办法》
2019年09月	《关于开展农民合作社规范提升行动的若干意见》
2019年11月	《国家农民合作社示范社评定及监测办法》

五、典型引领作用进一步发挥

深入推进示范社创建，全国农民合作社发展部际联席会议修订印发了《国家农民合作社示范社评定及监测办法》，开展国家、省、市、县级农民合作社示范社四级联创，截至2019年年底，全国县级及以上示范社达15.7万家，占农民合作社总数的8%，其中国家级示范社0.8万家，社均带动成员数远高于全国平均水平，入社成员年收入比非成员农户高出31.7%。扎实开展农民合作社质量提升整县推进试点，试点范围扩大到全国158个县（区、市），聚焦发展壮大单体农民合作社、培育农民合作社联合社、提升县域指导服务水平等多个方面，打造了一批农民合作社质量提升整县推进的县域样板。总结推介典型案例，围绕农民合作社民主管理、联合合作、创新机制、产业振兴、带贫增收等9个主题，择优选编了24个全国农民合作社典型案例，为农民合作社提供可比可学的鲜活教材。

六、与社会力量对接不断深入

吉林梨树县卢伟农民专业合作社

农业农村部与中国邮政、中国中化集团有限公司、中粮集团有限公司等大型国企签署了共同促进农民合作社质量提升合作协议，细化实施方案，指导基层多部门有效对接，发挥各自行业优势，为农民合作社提供金融、电商、寄递、绿色种植养殖技术等现代农业服务。截至2019年年底，邮政系统直接服务8 000家农民合作社示范社，提供惠农合作社贷款25.4亿元，为近千名农民合作社成员提供2 620万元风险保障支持。中化农业服务带动6 198家农民合作社，发放农民合作社助农贷款1.58亿元，580家农民合作社已经成长为中化MAP现代农业技术服务平台的乡村服务站，79家农民合作社的产品荣登“熊猫指南”优质农产品公益榜单，占上榜品牌的35%；中粮集团重点支持甜菜、乳业、粮食生产的农民合作社质量提升，“我买网”开设农民合作社扶贫专区，农特产品合作区域覆盖全国12省份的19个县。

发展农民合作社是全面深化农村改革的重要任务，也是实施乡村振兴战略的重要抓手。当前，农民合作社仍处于发展的初级阶段，呈现“大群体、小规模”特征，部分农民合作社还存在章程制度不健全、内部治理不规范、服务带动能力不强等问题，需要继续提升农民合作社发展质量。要以习近平新时代中国特色社会主义思想为指导，深入学习贯彻习近平总书记重要指示精神，按照党中央、国务院决策部署，坚持以农民为主体，以农民合作社质量提升为目标，加强工作指导，强化示范引领，规范行业管理，优化政策扶持，引导农民合作社内强素质、外强能力，努力激发合作经济的潜力、活力与竞争力，为“十四五”农业农村发展和实现乡村全面振兴提供有力支撑。**一是因地制宜探索农民合作社多种发展模式。**在创新内部合作机制、拓展合作要素、选择产业业态、丰富联合合作方式等方面，鼓励农民合作社探索符合本地实际、符合发展需要、反映农民需求的发展模式和路径。二是**增强服务带动能力**。鼓励农民合作社壮大优势特色产业，推行绿色生产方式，延伸产业链条，发展新产业新业态，培育自有品牌，强化服务功能。积极扶持农民合作社，发挥政策引导作用，推进生产要素向农民合作社优化配置、扶优扶强。三是**加强试点示范**。以农民合作社规范提升行动为重要抓手，深入开展农民合作社质量提升整县推进，培育一大批制度健全、管理规范、带动力强的示范社，不断总结推广农民合作社发展优秀案例，让农民合作社学有榜样、干有参照。**四是规范行业管理**。建立健全基层辅导员队伍，大力开展农民合作社辅导员培训。加快培养农民合作社带头人，开展集中培训和普法宣传，支持农民合作社聘用职业经理人，引导农民合作社加强行业自律。推动健全完善农民合作社登记管理、财务会计等基础性制度，开展农民合作社普法宣传和政策宣讲，为农民合作社高质量发展营造良好环境。

（农业农村部农村合作经济指导司）

返乡创业热　农民增收多

“十三五”期间，农村创业创新环境持续改善，一二三产业加快融合，新产业新业态层出不穷，吸引一大批农民工、中高等院校毕业生、退役军人和科技人员等各类人才返乡入乡创业，扶持一批“田秀才”“土专家”“乡创客”等乡土人才以及乡村工匠、文化能人、手工艺人等在乡创业，形成农村创新创业热潮，吸引更多资金、技术和人才要素向乡村汇聚，成为乡村产业发展强大动能。2019年在乡创新创业人员超过3 150万。逐渐形成以创新带创业、以创业带就业、以就业促增收的良好格局。2020年，全国返乡入乡创业创新人员达1 010万人左右，比2019年增长了160万人，增长18.8%，首次突破1 000万人。

一、完善政策创设

为支持农民工等群体返乡创业，农业农村部推动出台了一系列重大政策措施，在财政补助、融资服务、税收优惠、用地用电等方面予以支持。会同人力资源社会保障部、财政部出台《关于进一步做好返乡创业工作的意见》，提出“对首次创业、正常经营1年以上的返乡入乡创业人员，可给予一次性创业补贴”；联合国家发展改革委等18部委出台《关于进一步支持农民工等人员返乡创业打造返乡创业升级版的意见》，鼓励引导更多农民工返乡创业，带动农民就地就近就业创业；会同国家发展改革委等8部门联合出台《关于深入实施农村创新创业带头人培育行动的意见》，强化政策扶持，集聚资源力量，要求到2025年，培育农村创业创新带头人100万以上，基本实现农业重点县的行政村全覆盖；联合人力资源社会保障部等15部门出台《关于做好当前农民工就业创业工作的意见》，进一步做好受新冠肺炎疫情、经济下行压力等多重因素叠加影响下的农民工就业创业工作；会同科学技术部等6部门印发《关于推进返乡入乡创业园建设提升农村创业创新水平的意见》，进一步明确返乡入乡创业园建设重点，完善了返乡入乡创业政策，优化了返乡入乡创业环境。

二、搭建创业平台

按照“政府搭建平台、平台聚集资源、资源服务创业”的要求，建设农村创业创新园区、孵化实训基地、现代农业产业园、农业产业强镇、农村一二三产业融合发展示范园等，为各类返乡入乡人员和在乡能人等提供创业创新的平台。目前，农业农村部已认定1 096个具有区域特色的农村创业创新园区和孵化实训基地，并向社会推介了200个全国农村创业创新典型县范例，连续举办五次全国新农民新业态创业创新大会，全面展示新农民、新技术、新业态、新农业、新农村发展成就，推动农村大众创业万众创新；连续举办四届全国农村创业创新项目创意大赛，选拔了一批优秀创新项目和创业人才，促进农村创业创新创业高质量发展。

全国新农民新业态创业创新大会

三、加强创业培训

农业农村部联合有关部门采取一系列举措，稳步提升农民工等返乡入乡创业创新能力。**加大培训力度**。实施高素质农民培育计划，重点面向新型农业经营主体骨干开展系统培训，每年培育农民超过100万人，增强创业和就业能力。实施返乡入乡创业培训行动计划，使每位有意愿的创业者都能接受一次创业培训。实施农村创新创业带头人培育行动，为农村创业者提供全方位指导服务。**创新培训方式**。开设农村创业创新云讲堂，充分利用门户网站、远程视频、云互动平台、微课堂、融媒体等现代信息技术手段，提供灵活便捷的在线培训，创新开设产品研发、工艺改造、新型业态、风险防控等前沿课程。**提升培训质量**。探索“创业培训＋技能培训”模式，推动创业培训与区域产业相结合，开发一批特色专业和示范培训课程。加强就业见习实习、创业孵化实训基地建设，组建创业导师队伍和专家顾问团。

四、提升创业层次

各类农村创业创新主体注重发掘农业多种功能和乡村多重价值，引入科创、智创、文创，开发农产品初加工、农村电商、乡村休闲旅游、乡土特色手工等新产业新业态，带动乡村产业链条纵向延伸、功能横向拓展、价值多向提升，实现农业与现代产业要素跨界配置。目前，新增创业项目的65%以上具有创新因素，80%以上属于产业融合类型，55%左右广泛运用互联网、智慧农业、共享经济等模式，促进了视频农业、直播直销、云乡游、云赏花等快速发展，形成城乡关联、产业梯度格局。

五、带动农民增收

返乡创业青年吴松青正在查看桑枝木耳长势

返乡入乡创业人员创办的项目小农户参与度高、受益面广，如到贫困地区建立农产品原料基地，带动贫困户增收致富和脱贫攻坚。一般采取“订单收购”“分红”“农民入股”“保底收益”“按股分红”等模式与农民合作创业。据监测，返乡入乡创业创新项目的经营场所87%设置在乡镇及以下，90%是多人联合、合作创业，70%具有带动农民就业增收效果，40%的项目带动农户脱贫，一个返乡创业创新项目平均可吸纳6.3人稳定就业、17.3人灵活就业。

目前，返乡入乡创业创新还面临不少困难问题：**一是创业项目不好选**。有的缺信息、缺技术，有的缺储藏保鲜、加工等创业设施，有的缺服务机构，均成为制约瓶颈。**二是创业资金不好筹**。仅有8%的创业者得到信贷支持，约80%的返乡创业者靠自筹资金，创业捉襟见肘。**三是创业用地不好拿**。约30%的农民工返乡创业项目，陷入建设用地成本高、各类园区难进、流转土地难拿的用地困境。**四是创业人才不好聘**。返乡入乡创办大多需要专业人才。但农村存量人才不多，城里人才不愿去农村。**五是创业风险不可控**。返乡入乡创业者只参加了养老保险和新农合，缺救助措施，抵御创业风险难度大。

下一步，农业农村部将继续推进农村创业创新。一**是培育创业主体**。深入实施农村创新创业带头人培育行动，加大创业补贴、相关金融及各类基金支持力度，保障创业用地需求，培育返乡、入乡和在乡三类创业主体，丰富乡村产业发展类型，引领乡村新兴产业发展。二**是搭建创业平台**。选树农村创业创新典型县，建设农村创业创新园区、孵化实训基地等平台载体，集聚资源要素、配套基础设施、完善服务功能，帮助返乡入乡在乡人员顺畅创业。三**是强化创业指导**。遴选一批懂农业、爱农村、爱农民的专家、企业家和创业带头人组建农村创业导师队伍，开展点对点指导。支持县乡政府设立农村创业创新服务窗口，开通网页专栏，提供一站式服务，依托普通高校、职业院校、培训机构等多种培训平台，强化创业服务和培训，创新指导服务方式。

（农业农村部乡村产业发展司）

第四篇

绿色兴农
农业可持续发展水平稳步提升

绿色是农业现代化的重要标志，推进农业绿色发展是农业发展的一场深刻革命，也是农业供给侧结构性改革的主攻方向。“十三五”以来，各级各部门深入实施质量兴农、绿色兴农、品牌强农战略，以绿色发展为导向，以提质增效为目标，转变农业发展方式，在补齐生态建设和质量安全短板等方面取得重大成效，资源利用更加高效，生态系统、产地环境和产品质量均得到明显提升。

大力推进农业节水　保障国家粮食安全

我国自然地理和气候条件复杂，南方和北方气候差异大，水资源时空分布不均，洪旱灾害频繁发生，水土资源不相匹配。人均、亩均占有水资源量少，人均占有水资源量不足世界人均占有量的1/4；耕地亩均占有水资源量约为世界平均水平的1/2左右。特殊的自然条件及水资源条件，决定了必须依靠全面兴修水利、大力发展灌溉排水来保障我国农业生产。党中央、国务院历来高度重视农田水利建设，把开展农田水利建设作为治国安邦的重要方略，不断加强大中型灌排工程改造与建设，大力发展节水灌溉，加快推进农业节水，不断提高农业用水效率和效益。截至2019年年底，我国农田有效灌溉面积达到10.3亿亩，农田灌溉水有效利用系数达到0.559，在约占全国耕地面积一半的土地上生产了全国75%的粮食和90%的经济作物，灌溉对保障粮食安全作出了重大贡献。

一、“十三五”农业节水工作成效显著

“十三五”以来，继续实施大中型灌区续建配套与节水改造项目，灌区严重病险、“卡脖子”工程基本得到改造，骨干工程配套率和设施完好率明显提高，灌区灌排基础设施薄弱、灌溉效益衰减的状况得到改善，管理体制改革深入推进，灌区管理能力和服务水平逐步提升，有力促进了农业节水增产和农民增收，取得了显著的经济效益、社会效益和生态效益。

（一）**加强大中型灌区续建配套与节水改造。**2017年，国家发展改革委、水利部联合印发了《全国大中型灌区续建配套节水改造实施方案（2016—2020年）》，涉及全国341处大型灌区及南疆63处中型灌区，方案总投资589.5亿元。2016—2020年，累计下达329处大型灌区、52处中型灌区投资计划564.8亿元，其中中央投资426.8亿元。累计完成渠道整修3.4万多公里，输配水建筑物除险加固13万多处，新增恢复有效灌溉面积

670多万亩，改善灌溉面积9 000多万亩，新增粮食生产能力近500万吨，新增节水能力近100亿米^3，有力促进了粮食增产、农业增效和农民增收。到2020年年底，基本完成方案中大型灌区续建配套节水改造规划任务。2018年机构改革后，水利部联合财政部印发《全国重点中型灌区节水配套改造实施方案（2019—2020年）》，明确重点中型灌区改造的范围和建设内容。2019—2020年，共安排水利发展资金116.79亿元支持687个灌区开展节水改造，到2020年年底，687个灌区基本完成节水配套改造任务，影响灌区运行的“卡脖子”问题初步得到解决。

（二）**大力实施高效节水灌溉工程建设。**2017年，水利部、国家发展改革委、财政部等五部委联合印发《“十三五”新增1亿亩高效节水灌溉面积实施方案》，分解任务，部署工作。水利部、财政部将高效节水灌溉建设任务作为分配中央财政农田水利建设资金的重要依据，明确要求重点保证高效节水灌溉投入。“十三五”期间。每年发展高效节水灌溉2 000万亩以上，均超额完成年度目标任务，其中2016年、2017年和2018年分别完成高效节水灌溉面积2 182万亩、2 165万亩和2 158万亩，包括喷灌950万亩、微灌2 119万亩、管灌3 436万亩，新增节水能力近60亿米^3。截至2019年年底，全国高效节水灌溉面积达到3.39亿亩。2018年机构改革后，农田水利建设项目管理职责划转农业农村部。

河北正定马铃薯节水工程项目区

（三）**推进农业水价综合改革。**指导各地开展大中型灌区供水成本核算，明确工程运行成本，为水价形成奠定基础。组织实施大中型灌区改造时，将计量设施建设作为重点内容，在灌区重要引水口、分水口、用水管理分界界面等处健全量水设施，其中2019

年新建供水计量设施约3.78万处，灌区骨干工程计量水平进一步提高。推进农业用水总量控制和定额管理制度的落实，将农业用水总量指标分解到村集体、用水户等用水主体。指导13个省区开展了农业灌溉用水定额修订工作，7个省区已于2019年颁布实施新的灌溉用水定额。2018—2020年通过水利发展资金共安排45亿元，支持各地探索建立农业用水精准补贴和节水奖励机制。截至2019年年底，全国累计实施农业水价综合改革面积2.9亿亩。

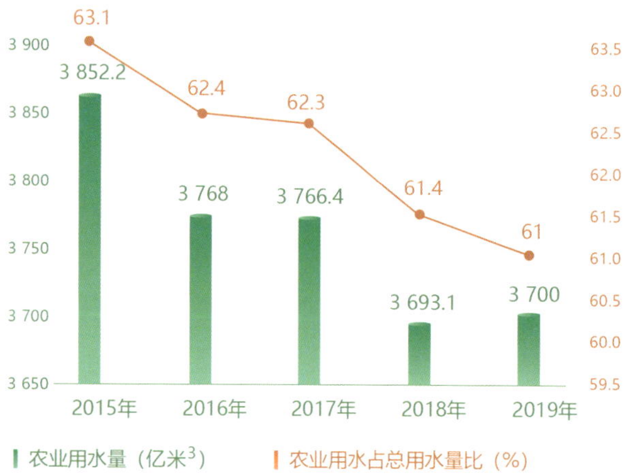

全国农业用水情况（2015—2019年）

在灌溉面积扩大、灌溉保证率提高、粮食总产量稳步增加的情况下，我国农业用水总量持续下降，农业灌溉用水效率和效益逐步提高。2019年降到3 700亿米^3，占总用水量的比重降到61%。我国农田灌溉排水事业的发展，特别是大中型灌区改造建设为保障我国粮食安全、农民持续增收、促进现代农业发展和缓解水资源供需矛盾，实现水资源可持续利用作出了重大贡献。

二、我国农田水利在保障国家粮食安全面临的主要问题

我国农田水利在取得巨大成绩的同时，在保障农业用水方面还面临着一些问题，存在着一些亟须解决的短板。

（一）**农田水利基础设施依然薄弱**。工程缺乏与老化失修问题并存，农田水利的防灾、减灾、兴利的能力和标准与现代农业发展和美丽乡村建设要求相比，还有很大差距。全国小型农田水利工程完好率平均不到50%，大型灌排泵站设备完好率不足60%，大中型灌区中有60%工程设施不配套。

（二）**农田水利工程管护不到位**。大中型灌区维养经费落实率只有35%，80%的灌区年度维养缺乏计划性，50%的灌区管理制度和标准体系不健全。基层水利服务机构人员数量严重不足、年龄老化、专业技术人员所占比例普遍偏低，难以为农田水利建设运行提供有效保障。

（三）**改革推进不平衡**。超过半数的小型农田水利工程存在产权不清晰、管护主体

和责任不明确等问题。农业用水计量设施不配套、精准补贴和节水奖励资金落实难，南方等丰水地区农业水价综合改革推进难度大，难以将农业用水总量指标细化分解到村组、用水合作组织等用水主体。

三、“十四五”推进农业节水有关工作打算

粮食安全问题始终是治国安邦的头等大事，加强农田水利建设、推进农业节水是实施“藏粮于地　藏粮于技”战略的重要举措。“十四五”时期，重点推进六方面工作。

（一）**持续推进大中型灌区续建配套与现代化改造**。按照近年来中央1号文件和乡村振兴战略规划关于“推进大中型灌区续建配套与现代化建设”要求，做好大中型灌区续建配套与现代化改造。重点开展影响灌区效益发挥、病险严重的骨干灌排工程设施除险加固、配套达标，更新改造大中型灌排泵站，健全完善量测水设施，推进灌区信息化建设，建立健全良性运行管理体制机制。

（二）**严格农业用水管理**。把水资源作为最大刚性约束，坚持以水定地、以水定产，推行农业用水总量控制和定额管理，指导地方以县级行政区域用水总量控制指标为基础，按照灌溉用水定额，逐步把指标细化分解到用水主体，明确水权，严格用水计量，实行总量控制。以各省区为单位尽快修订完善地方用水定额，建立覆盖主要农作物的用水定额体系。调整农业种植结构与产业布局，推进农业用水集约、节约利用。

（三）**深入推进灌排工程标准化规范化管理**。持续深化灌区管理体制改革，严格定编定岗定员管理，健全灌区各项管理制度，完善工程管理标准，加强安全生产管理体系建设，建立完善科学的灌区供用水管理体系，全额落实灌区“两费”。积极推行事企分开、管养分离，压实各级管理主体责任，强化工程日常运行管护，积极推行社会化、专业化管护，加强灌区人员培训，不断提升灌排工程管理能力和服务水平。

河南许昌建安区万亩高效节水示范区内喷灌机正在作业

（四）**加快推进农业水价综合改革**。结合相关项目建设，不断完善工程体系和计量设施，加

强用水管理，强化总量控制。推动有关地区开展大中型灌区成本监审和水价调整。探索实行分类水价，逐步推行分档水价。建立农业用水精准补贴机制、节水奖励机制，多渠道筹集精准补贴和节水奖励资金。依托最严格水资源管理制度考核和粮食安全省长责任制考核，压实地方政府主体责任。

（五）**强化农田水利工程运行维护监管。**根据国家机构改革方案及国务院有关协调会议精神，水利部主要负责农田水利设施运行维护监管。水利部门将积极探索建立农田水利设施运行维护情况评估办法和考核机制，研究制定科学的评价指标体系，争取将农田水利评估考核结果纳入乡村振兴和粮食安全省长责任制考核内容，压实地方在农田水利建设管护方面的主体责任。

（水利部农村水利水电司）

全国草原生态环境持续改善

“十三五”以来，草原生态质量明显提高。2019年全国草原综合植被盖度达到56%，较2015年提高2个百分点，提前一年完成《规划》目标，2020年达到56.1%。天然草原鲜草总产量突破11亿吨，重点天然草原平均牲畜超载率降至10.1%，较2015年下降3.4个百分点。草原防风固沙、涵养水源、保持水土、固碳释氧、调节气候、美化环境、维护生物多样性等生态功能得到恢复和增强，局部地区生态环境明显改善，全国草原生态环境持续恶化势头得到有效遏制。

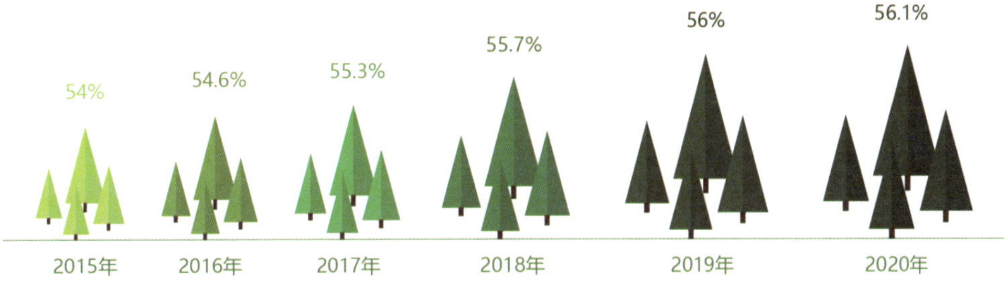

全国草原综合植被盖度情况（2015—2020年）

一、草原保护制度得到扎实落实

各地深入落实草原承包经营制度，积极推进草原承包经营权确权登记颁证试点，全国累计落实草原承包经营制度面积43亿亩。开展基本草原划定，全国共划定基本草原面积近38亿亩。实行草原禁牧和草畜平衡制度，全国草原禁牧面积12亿亩、草畜平衡面积26亿亩。严格草原用途管控，按照《草原征占用审核审批管理办法》，严控建设项目征用占用基本草原。加大草原执法监督力度，依法严厉查处非法开垦草原、征占用草原、滥采乱挖野生植物等违法行为，对违反禁牧和草畜平衡行为进行处罚。2016—2019年，全国累计查处破坏草原案件4万起，向司法机关移送涉嫌犯罪案件1 562起，有力打击了违法犯罪行为的嚣张气焰。在全国范围内组织开展了“绿卫2019”森林草原执法专项行动，重点摸排和打击非法开垦草原、非法占用使用草原、非法采集草原野生植物，特别是因矿产开发等工程建设造成草原生态环境严重破坏等各种草原违法行为，对涉嫌犯罪的违法行为，及时移送司法机关追究刑事责任。专项行动期间，共依法查处各种草原违法案件1 025起，其中移送公安机关167起。

二、草原保护修复工程项目成效显著

内蒙古草原围栏封育

“十三五”以来，继续在内蒙古等省、自治区实施退牧还草、退耕还林还草、农牧交错带已垦草原治理工程，到2020年年底完成退化草原修复治理面积19 491.8万亩。其中，实施围栏封育14 401万亩、退化草原改良2 305.6万亩、人工种草2 117万亩，治理黑土滩446.2万亩、石漠化草地222万亩。加强工程顶层设计，优化草原围栏、种草改良等任务布局和任务量，增加了黑土滩、毒害草治理等建设内容；全面提高工程建设标准，工程建设质量显著提高；稳步扩大退牧还草工程范围，将草原面积大于500万亩的27个牧区县全部纳入工程实施范围。通过对100多个草原生态保护修复工程县的地面监测结果表明，工程区内植被逐步恢复，生态环境明显改善。与非工程区相比，工程区内植草原被盖度平均提高15个百分点，植被高度平均增加48.1%，单位面积鲜草产量平均提高85%，草原生态改善效果十分明显。2019年，在河北等8省、自治区开展了退化草原人工种草生态修复试点，安排中央资金10.2亿元，落实人工种草修复119.3万亩，草种基地3.4万亩，草原改良67.8万亩，有害生物防治2 146万亩。

三、草原生物灾害防治工作卓有成效

2019年，全国草原生物灾害防治工作投入经费2.34亿元，较2015年增加77%。草原鼠害防治面积7 980万亩，绿色防治面积7 027.8万亩，绿色防治比例达到88.1%，比2016年提高7个百分点；草原虫害防治面积5 341万亩，绿色防治面积4 467万亩，绿色防治比例达到83.6%，比2016年提高25个百分点。成立了国家林业和草原局草原蝗虫防治指挥部，组建了专家指导组，起草制定草原蝗灾防控应急预案。组织召开草原生物灾害防控形势会商及工作部署会，科学研判草原生物灾害发生趋势，及时安排部署防控工作。深入重点省区开展督导调研，指导各地加强治蝗物资储备、技术培训和监测防控工作。

草原围栏放牧

四、草原监测预警启动开展

组织23个省、自治区草原部门开展地面监测和牧户调查等工作。2016—2019年，累计收集非工程样地近2万个，样方数据近5万个，工程效益样方数据近0.4万条，入户调查数据近2.5万条。组织开展草原返青期趋势预测，草原返青期、生长期、枯黄期等物候期动态监测评价和预警。每年发布《全国草原监测报告》，科学评价我国草原生态状况和生产力水平。重构草原调查监测评价体系，初步形成以国家队伍为主导、地方队伍为骨干、市场队伍为补充、高校院所为技术支撑的草原调查监测评价组织体系。研究建立多维度的草原分类、分级、分区体系。推进草原定位观测站等科研平台建设，组织中国林业科学院牵头开展10项草原保护修复关键技术研究。

五、草原科技支撑能力不断提高

组织开展草原专家库建设。在全国范围内征集草原专家434名，覆盖草原行政、科研、高校、企业，涉及草原保护、修复、科技、政策、法治等领域。成立国家林业和草原局草原标准化委员会，南志标院士担任标委会主任委员，33位草原专家学者担任委员。**草原学科建设加快推进**。全国已有31所农林院校、研究机构或综合性大学设立草业科学本科专业，其中9所高校设有独立的草业与草原学院，草原科技支撑水平逐步提高。

全国草原生态环境治理还存在一些问题。**一是全国草原生态形势依然十分严峻**。中度和重度退化草原面积仍占1/3以上，已恢复的草原生态系统较为脆弱。非法开垦草原、非法征占用草原、破坏草原植被、过度放牧等各类违法违规行为屡禁不止，草原生态空间不断被蚕食、侵占，草原生态环境承载压力仍然较大，草原保护修复任务十分繁重。**二是草原生态修复资金与繁重的草原保护修复任务极不匹配**。我国每年投入草原保护修复资金仅有60多亿元，专门用于草原保护修复的重点生态工程仅有退牧还草工程一项，每年仅有20亿元中央投入资金，与繁重的生态修复任务极不匹配。我国草原鼠虫害高发态势仍然没有得到有效防控，内防扩散、外防输入的压力依然较大，保护和修复投入力度不足。**三是草原科技支撑能力亟待加强**。我国草原科研和技术推广力量不强，草原院校、科研和技术推广单位相对较少，人才短缺，力量较弱，基层草原部门严重缺乏草原专业人才。缺少草原重大科研平台专项支持，草原科技支撑平台建设滞后，国家级草原野外观测试验站仅有4个，与森林、湿地、荒漠生态系统站所数量差距较大。已有的科研项目大多与草原开发利用、发展畜牧业相关，对草原生态保护、治理、修复等方面理论研究不足，技术研发能力较低。草原生态修复的草种70%依赖进口，草种质资源保存利用工作滞后，生态修复选种用种难，严重制约了我国草原保护修复工作。

下一步，**一是科学谋划布局草原生态保护修复工程**。统筹考虑草原生态系统完整性，坚持目标引领和问题导向，保持现有工程延续性，创设草原自然公园、国有草场、草原生态质量精准提升、乡村种草绿化、河湖堤岸草带建设等工程项目，着力保护和修复草原生态系统，加快提升草原生态质量。**二是加强草原生态保护修复重大支撑体系建设**。完善草原生态调查监测体系，推动退化草原分级分类标准体系和草原生态保护修复通用规范研编与修订，完善草原种质资源保护和繁育推广体系，加强草原生物灾害测报预警防控与应急处置能力建设，全面推动草原生态保护修复治理体系和治理能力的现代化，服务新时期草原生态保护修复工作。**三是推动建立复合投入机制**。完善工程生态保护补偿机制，在草原生态保护修复工程中配套中央财政资金，用于工程区草原禁牧、休牧补助，妥善解决工程实施与农牧民生产生活保障的矛盾。明确“谁建设、谁受益”的基本方针，积极完善草原生态保护修复工程市场化投入机制，在金融、信贷、税费等方面予以优惠，积极吸引公司、合作社和大户等社会力量参与草原生态保护修复，扩大投资渠道。

（国家林业和草原局草原管理司）

落实十年禁渔重大决策 坚决保护和修复长江水域生态环境

长江是中华民族的母亲河、生命河，是维护我国水域生态安全的重要屏障。长期以来，受各种高强度人类活动的影响，长江水域生态功能显著退化，珍稀特有鱼类全面衰退，经济鱼类接近枯竭，生物多样性到了最差的“无鱼”等级，保护形势十分严峻。为贯彻落实习近平总书记“共抓大保护、不搞大开发”重要指示精神，扭转长江生态环境持续恶化趋势，党中央、国务院从中华民族长远利益出发，作出了长江流域重点水域实行十年禁渔的重大决策。农业农村部坚决履行牵头抓总职责，把修复长江生态环境摆在压倒性位置，在“十三五”期间大力推进以长江禁渔为重点的水生生物养护工作，取得积极成效。

一、率先实施赤水河流域禁渔试点

长江禁捕是为全局计、为子孙谋的重要决策，也是人类历史上前所未有、全世界无借鉴经验的生态保护行动。2016年，农业农村部进一步调整了长江流域禁渔期制度，扩大了禁渔范围，统一了长江上中下游禁渔时间，并在赤水河流域开展了捕捞渔民退捕转产试点，自2017年1月1日起率先实施了为期10年的全面禁渔。监测表明，赤水河流域全面禁渔三年来，鱼类

捕捞渔民退捕

资源明显恢复，多样性水平逐步提升。**一是鱼类物种多样性增加。**在监测江段消失多年的细鳞鲴、异鳔鳅鮀和鲈鲤等土著鱼类重现，年均采集到的鱼类种类数逐渐增多。**二是珍稀鱼类资源逐步恢复。**调查到的长江鲟和胭脂鱼年均数量分别由禁渔前的0.1尾和34尾上升为3.0尾和57尾。**三是鱼类资源量明显增加。**主要渔具的单船（监测船）捕捞量较禁渔前增加1倍左右，中华倒刺鲃的鱼卵和仔稚鱼数量也明显增加。**四是鱼类种群低龄化和小型化现象逐渐扭转。**主要经济鱼类中华倒刺鲃和白甲鱼的平均体重相比禁渔前有明显增加。**五是鱼类栖息繁殖状况显著改善。**调查到在赤水河自然繁殖的鱼类种类由禁捕前的32种上升至37种，草鱼也于2018年首次被监测到在赤水河自然繁殖。

二、加快落实退捕渔民安置保障措施

习近平总书记高度关注退捕渔民生计，在不同场合反复强调，沿江各省（市）和有关部门要加强统筹协调，细化政策措施，压实主体责任，妥善解决好退捕渔民基本生计。农业农村部会同人力资源社会保障部、财政部借鉴脱贫攻坚有关经验做法，组织各地开展建档立卡“回头看”，逐船逐人登记造册、村乡公开公示、市县逐级审查上报、省级汇总复核，摸清了退捕渔船渔民底数。多部门联合制定加强退捕渔民就业帮扶的一系列政策措施，督促各地加强就业帮扶的针对性，开发和设置“护渔员”等公益性岗位，兜底安置就业困难退捕渔民；全面落实退捕渔民养老保险政策，提高补贴标准和保障水平，全力保障退捕渔民的就业和生活。

三、全力推进长江流域重点水域禁捕

在广泛征求意见、深入研究论证的基础上，农业农村部进一步调整长江流域专项捕捞管理制度，取消了刀鲚、凤鲚、河蟹等天然渔业资源的专项特许捕捞许可证，推动332个水生生物自然保护区和水产种质资源保护区自2020年1月1日起，率先全面禁止一切生产性捕捞。2021年1月1日起，长江流域“一江两湖七河”重点水域，全面实行为期10年的常年禁捕。2020年7月，国办出台《关于切实做好长江流域禁捕有关工作的通知》，明确将长江流域重点水域禁捕和退捕渔民安置保障工作作为当前重大政治任务，就禁捕和退捕渔民安置保障、打击长江流域非法捕捞、打击市场销售长江流域非法捕捞渔获物三项内容作出了详细部署。农业农村部健全部级协调机制，组建跨部门工作专班，坚持每周调度、每月会商，会同有关部门担当作为、协同攻坚、连续奋战，全力打响长江禁捕退捕攻坚战。沿江省（市）都成立了书记或省（市）长任组长的领导小组，“一江两湖七河”重点县全部成立主要负责人任组长的工作组，形成了中央统筹、部门协同、省负总责、市县抓落实的工作机制。

四、努力修复长江流域渔业天然“基因库”

长江生态环境逐渐恢复

以水生生物为主体的水生态系统，在维系自然界物质循环、净化水域生态环境等方面发挥着重要作用，是保障国家生态安全的重要基础。国办出台《关于加强长江水生生物保护工作的意见》，是当前和今后一段时期指导长江生物资源保护和水域生态修复工作的纲领性文件。农业农村部大力实施珍稀物种拯救行动，组织人工环境下的中华鲟生活史接力繁育技术攻关，实施长江鲟野外种群重建放流，开展长江江豚生态科学考察，推动就地保护和迁地保种繁育等，取得了良好效果。推动成立了由政府、研究机构、高校、社会团体和企业等多方力量共同参与的中华鲟、长江江豚、长江鲟保护联盟，凝聚社会力量共同保护珍稀濒危物种。根据2017年长江江豚生态科学考察的结果，长江江豚种群数量为1 012头，其种群数量迅速下降的趋势得到初步遏制。2020年，鄱阳湖发现了近10年来最大规模的刀鱼群体，长江渔业资源开始逐渐恢复。

五、建立健全跨部门跨区域的联合执法机制

长江十年禁渔是一项长期系统复杂的工程，加强日常执法监管是保障禁捕成效的关键所在。为不断完善跨部门、跨区域执法协作联动机制，凝聚长江流域渔政执法监管合力，各地渔政、公安、海事、水政船艇和执法人员组建了长江渔政特编执法船队，共同开展了流域禁渔期管理、打击电鱼专项执法行动、长江流域水生生物保护区禁捕交叉执法检查、长江口非法捕捞清理整治等重大专项执法任务，严厉打击了各类涉渔违法犯罪行为，有力维护长江流域重点水域禁捕秩序，形成了齐抓共管大保护的良好局面。2020年6月底以来，农业农村部会同公安部、市场监管总局建立多部门协同执法机制，开展

专项整治行动，严厉打击“电毒炸”“三无船”“绝户网”等非法捕捞、运输、销售地下产业链，破获了一批违法案件，通报了一批典型案例，各地渔政机构累计查处违规违法案件6 256起，清理取缔“三无”船舶30 226艘，查获涉案人员7 130人，形成了强力震慑，非法捕捞多发态势得到遏制。

六、按照“共抓大保护”理念完善生态补偿制度

根据《环境影响评价法》等法律法规，严格开展涉渔工程对水生生物影响专题审查，科学评价涉渔工程建设项目对水生生物及水域生态功能影响，努力预防工程项目实施后对生态造成严重不良影响，着力保护水生生物资源和水域生态环境。据不完全统计，2016年至今共审查环评项目488个，涉及生态补偿资金16.16亿元。同时，组织开展涉保护区违规工程查处专项行动，对长江水生生物保护区内未进行专题影响评价擅自开工建设或虽经专题影响评价但补偿资金不到位等情况，及时督促整改、立案查处，坚决打击保护区内各类违法行为，督促落实生态补偿措施和经费。大力开展生态环境保护项目，与三峡集团公司签署《修复向家坝库区渔业资源及保护长江珍稀特有物种合作框架协议》，共同推进实施水生生物科学研究、种质保护、资源恢复项目。

在保护和修复长江水域生态环境工作中，还面临一些困难和问题。**一是长江禁捕退捕工作面临实际困难。**目前各地资金投入力度不平衡，“三无”船舶清理整治难度大，退捕渔民社保水平总体偏低，转产就业质量不高。渔政执法力量薄弱，难以适应保护长江水生生物资源、维护流域禁捕管理秩序的日常监管需求。**二是保护长江水生生物的舆论引导需进一步加强。**目前，社会公众对长江水生生物的认知不足，对水域生态修复思想认识不到位。

以十年禁渔为重点的长江水生生物保护行动，是永葆长江生机活力的关键举措。下一步，农业农村部将积极构建长江十年禁渔长效机制，跟踪帮扶退捕渔民生产生活，持续提升渔政执法能力，常态化开展禁捕执法管理，坚决打赢长江禁捕退捕这场硬仗。同时，我们将围绕长江的流域性系统性特点，进一步强化完善生态调度、江湖连通、灌江纳苗、增殖放流等保护修复措施，有针对性地实施一批重要生态系统保护和修复工程，坚决清理取缔各种非法利用和破坏濒危物种资源及其生态、生境行为，全面加强长江水生生物保护工作，助力长江经济带高质量发展，为建设鱼水相亲、绿色发展、人与自然和谐相处的美好环境而努力。

（农业农村部长江流域渔政监督管理办公室）

化肥农药使用量零增长行动取得明显成效

2015年2月，农业农村部印发《到2020年化肥农药使用量零增长行动方案》，聚合力量，强化措施，全力推进化肥农药减量增效。经过5年的实施，到2020年年底，我国化肥农药减量增效已顺利实现预期目标，化肥农药使用量显著减少，利用率明显提升，促进种植业高质量发展效果明显。

一、绿色发展理念入心落地

一是科学施肥用药理念深入人心。几年来，化肥农药减量增效已成为各级政府推进绿色发展的重要内容，减量增效理念深入人心，得到了社会各界普遍认同。**二是绿色**

河北衡水优质小麦生产基地开展统防统治

生产方式加快形成。各地坚持问题导向，加快集成推广化肥农药减量增效的绿色高效技术模式，测土配方施肥、水肥一体化、机械深施、有机肥替代等节肥技术，以及生态调控、物理防治、生物防治和精准施药等节药技术得到大面积推广应用。三是**高效服务模式初步构建**。化肥农药使用量零增长行动，带动社会化服务组织配置专业施肥施药机械，统配统施、统防统治等专业化服务快速发展。专业化服务组织超过9.9万个，高效植保机械超过63.4万台套，测土配方施肥智能化配肥服务网点3 000余个。

二、减量增效技术遍地开花

一是**施肥施药结构进一步优化**。通过测土配方施肥项目，大力推广测土配方施肥、有机肥替代化肥、水肥一体化等减肥增效技术合理运用，推进农机农艺融合，推广机械施肥、种肥同播、水肥一体化等技术，化肥利用效率得到提高。2019年，测土配方施肥技术覆盖率达到89.3%，机械施肥面积超过7亿亩次，水肥一体化面积1亿亩以上。推进秸秆养分还田、畜禽粪便资源化利用，种植绿肥，用有机肥替代部分化肥。2020年，全国有机肥施用面积超过5.5亿亩次，比2015年增加约50%；绿肥种植面积超过4 600万亩；配方肥已占三大粮食作物施用总量的60%以上，缓释肥、水溶肥等新型肥料的推广面积达到2.45亿亩次。二是**施肥施药方式进一步改进**。在农药减量增效技术推广方面，集成推广了一批生物防治与化学防治相结合、农机与农艺相配套、农药与药械相适应的综合技术模式。赤眼蜂、捕食螨、丽蚜小蜂等天敌生物控制，苏云金杆菌、蜡质芽孢杆菌、枯草芽孢杆菌、白僵菌、绿僵菌、寡雄腐霉、核型多角体病毒等生物制剂应用面积逐年增加，减少了化学农药使用量。据统计，2019年，生物农药的应用比例达到12.1%，比2015年提高0.8个百分点。三是**肥料农药利用率稳步提高**。近年来随着科学施肥用药理念的发展，节肥节药技术大面积推广，绿色高效产品加快应用，专业化服务快速发展，农药化肥利用率稳步提高。2020年，农药利用率达到40.6%，比2015年提高4个百分点；化肥利用率达到40.2%，比2015年提高5个百分点。

三、施用总量连年下降

近年来，我国农药和化肥的施用量连年减少。据2019年监测统计，农药使用量（折百量）26.29万吨，比2015年减少3.7万吨，连续4年实现负增长；农用化肥施用量5 403.6万吨（折纯），比2015年减少619万吨，连续4年实现负增长。同时，绿色防控引领，农药减量取得新进展。通过积极推行生物防控、生态调控、理化诱控等绿色防控技术，大力推广高效低毒低残留农药和新型高效植保机械，加强配方选药、对症用药、精准施药技术宣传培训，加快推进农作物病虫害统防统治，农药减量控害成效显著。在果菜茶优势产区开展全程绿色防控试点，集成推广“生态调控＋理化诱控＋天敌＋生物防治＋抗性治理＋替代用药”等150多套绿色高效技术模式，探索组织方式和服务机制，鼓励种植大户、龙头企业等新型经营主体大面积推广应用绿色防控技术，示范带动周边农户推广绿色技术。据专家分析，一般大田作物使用绿色防控技术每季可减少用药1～2次，园艺作物每季可减少用药3～4次，农药用量减少15%～30%。2020年，绿色防控面积近10亿亩，主要农作物病虫绿色防控覆盖率超过41.5%，比2015年提高18.5个百分点。

总体来看，全国化肥农药减量的趋势已经形成，但是减量的主要因素还是播种面积的减少，减量增效的长效发展压力存在。农民认识、技术瓶颈、政府重视程度、支持力度和市场机制等因素仍是深入推进化肥农药减量增效面临的主要困难。“十四五”时期，将围绕质量兴农、绿色兴农，深入推进化肥农药减量行动，努力实现三个转变：目标上要由“减总量”向“降强度”转变，路径上要由“控增量”向“去存量”转变，减肥减药主要对象要从经济作物向大田作物转变。**一是加力推进集成创新**。以粮食主产区、园艺作物优势产区和设施蔬菜集中产区为重点，集成组装一批化肥农药减量增效技术模式。重点推广侧深施肥、种肥同播、机械深施、适期施肥、水肥一体化等技术；应用农业防治、生物防治、物理防治等绿色防控技术，推进统防统治与绿色防控融合。**二是加力推广新产品、新机具**。重点研发高效缓释肥料、高效低毒低残留农药、生物肥料、生物农药等新型产品；积极推广先进施肥施药机械，加快替代落后机械。**三是加力推进机制创新**。加快培育一批有技术、有实力的社会化服务组织，开展统配统施、统防统治服务。引导大型农资企业开展农化服务，共建化肥农药减量增效示范基地。探索农村合作金融、农业租赁金融、农业信贷保险等服务创新，支持农民、企业和新型经营主体开展化肥农药减量等社会化服务，助力化肥农药使用量零增长行动顺利开展。

（农业农村部种植业管理司）

耕地轮作休耕制度试点取得阶段性成效

耕地轮作休耕制度试点是党中央、国务院着眼于生态文明建设提出的一项重大改革任务。2016年以来，农业农村部会同财政部等有关部门，认真贯彻党中央、国务院的决策部署，扎实推进耕地轮作休耕制度试点工作，在农业生产制度创新上先行先试，集成示范综合配套的技术体系，探索构建绿色种植方式、农产品供给动态调节机制、农业生态治理模式，形成了较完善的政策框架和工作机制，耕地轮作休耕制度试点取得了阶段性成效。从试点规模看，试点面积由616万亩扩大到3 000多万亩，试点省份由9个增加到17个；从实施范围看，在东北冷凉区、北方农牧交错区、河北地下水漏斗区、湖南重金属污染区、西南西北生态严重退化地区5个试点区域的基础上，逐步增加了黑龙江寒地井灌稻区、长江流域稻谷小麦低质低效区、黄淮海玉米大豆轮作区、新疆塔里木河流域地下水超采区等区域。经过4年多的持续推进，为轮作休耕常态化、制度化实施奠定了坚实基础。

一、构建绿色耕作制度

轮作休耕是增产导向转为提质导向的种植方式变革，践行了绿色发展理念，升级了传统耕作制度。各试点省立足资源禀赋，将各具特色、务实管用的绿色种植方式，组装集成为符合当地实际的轮作休耕模式。**形成耕地用养结合的种植制度。**实行玉米与大豆轮作，改善土壤理化性状，提高耕地地力水平，实现用地养地相结合。黑龙江在轮作试点中形成较为成熟的“三三制”“二二制”种植模式，以玉米与大豆轮作为主，与杂粮、薯类等轮作为辅的“一主多辅”模式已为广大农民所接受。河北推行冬休春（夏）种模式，将需抽取地下水灌溉的冬小麦休耕，春夏种植雨热同季的玉米、杂粮、杂豆等作物，既减少地下水开采，又优化了农业供给结构。**采用资源高效利用的技术措施。**吉林敦化、抚松等试点县推广轮作免耕技术，进一步减少作业环节，降低燃油、化肥等生产成本。湖南采取“春季深翻耕＋淹水管理+秋冬季旋耕+绿肥”的技术路线，4年来休耕区耕地质量平均提高0.8个等级，土壤微生物群系开始恢复。**实现农业投入品减量。**轮作休耕中科学安排作物茬口，改善了试点区域土壤结构，降低了病虫草害发生概率，减少了农药、化肥等投入品的施用次数、施用量。江苏省在稻麦两熟种植地区实行小麦一季休耕，每年每亩平均可减施纯氮15千克、磷钾肥10千克、农药200克；再替代种植紫云英、苕子等绿肥作物进行压青还田，后茬水稻在同样单产水平下，可减少施用氮肥3～5千克和磷钾肥2～3千克，减少20%～40%，病虫危害率降低10%～15%。

二、探索动态调节机制

轮作休耕试点统筹当前与长远、兼顾数量与质量，在作物品种确定和任务布局安排上实现了科学动态调整。**轮作目标作物选择与市场供需关系有效衔接。**充分考虑主要农产品均衡供应、库存现状、结构调整等因素，合理确定轮作改种作物和休耕的重点品种，实现“多的减下来、缺的补上来、优的增起来”。针对国内大豆及油料作物缺口较大的情况，重点在东北、黄淮海地区开展玉米与大豆及油料作物轮作，近年来带动大豆面积增加3 000多万亩、花生面积增加300多万亩。**区域布局更加合理。**黑龙江、内蒙古东部立足资源禀赋、坚持适区种植，主动调减第四、第五积温带品质较差的籽粒玉米，发展高蛋白食用大豆、优质强筋小麦、特色杂粮等，改变了玉米“一粮独大”局面，作物类型更加丰富。**任务布局体现“问题导向、结果导向”。**聚焦水消耗、土污染、地退化等问题区域，根据轻重缓急确定轮耕休耕区域的优先序，在河北地下水漏斗区、黑龙江寒地井灌稻地下水超采区、新疆塔里木河流域地下水超采区，实施小麦、水稻休耕，减少地下水开采。在湖南重金属污染区、甘肃和云南生态严重退化地区，实行季节性或全年性休耕，休耕季种植绿肥等作物，减少农事活动，在防风固沙、涵养水分、保护耕作层等方面起到了积极作用。

三、创新农业治理方式

轮作休耕是顺应自然、接近天然的保护性生产方式，在农业生态治理中发挥了重要作用，形成了一系列成熟有效的模式。**在生态修复方面，**湖南集成推广“生物移除”重金属模式，选择富集能力强的高粱、蚕桑等作物，移除土壤中的重金属。专家选育推广镉吸附能力强的生物质高粱，经过连年种植可有效降低试点地块土壤重金属含量。**在培**

肥地力方面，江苏在沿江丘陵岗坡地、沿海土壤盐渍化严重地区，推广稻肥、稻油轮作模式，保护改善地力，提升耕地质量等级。通过连续3年实施，试点区域耕地土壤有机质含量平均提高1%左右。**在促进耕地休养生息方面**，内蒙古轮作试点农户普遍认识到，“轮作倒茬如上粪，省肥省水长势好”。新疆在果麦套种区休耕小麦，探索创新了以果树漫灌改沟灌为主的栽培模式，灌水量减少近40%，降低了生产成本。

四、促进了农业高质量发展

通过实施轮作休耕，实行用地养地相结合，提升了农业发展质量和综合效益。**经济效益方面**，东北地区实行轮作后，农产品产地环境得到改善，提升了稻米等农产品市场竞争力。黑龙江参与轮作休耕试点的区域，主打绿色牌、有机牌，做大做强“庆安”“五常”“佳木斯”等稻米品牌，提升了品牌效益和农民收益。四川省完善油菜产加销运营机制，探索应用“大园区+公司+农户”“龙头企业+基地+农民”等新模式，将科研、生产、加工、销售有机串联，有力支撑了油菜市场价格和种植收益稳定。多年来，四川省油菜籽价格稳定在每千克1.25元以上，远高于周边其他油菜主产区。**社会效益方面**，内蒙古阿荣旗探索“轮作+扶贫农场”模式，将试点内贫困户的耕地纳入轮作试点，由扶贫农场统一经营，贫困户人均收入从2 200元增加到3 700多元，增幅达68%，为脱贫做出贡献。江苏、江西、贵州、甘肃将轮作休耕与有机农业生产、生态旅游观光结合，带动地方特色产业发展。

下一步，农业农村部将继续推进耕地轮作休耕制度试点并进行适当调整，以保障国家粮食安全为前提，坚持轮作为主，休耕为辅，重点推广粮油、粮豆、粮肥轮作。**在实施区域上**，聚焦资源约束紧、生态保护压力大的地区，重点解决水消耗、土污染、地退化、供求失衡等问题，根据问题的轻重缓急确定实施区域的优先序。**在作物品种上**，以调节粮食供求余缺、保障粮食等主要农产品均衡供应为目标，充分考虑市场供给、库存现状、结构调整等因素，合理确定轮作模式和休耕的重点品种。**在工作机制上**，进一步完善政策框架，熟化技术模式，加快构建有中国特色的绿色种植制度、农产品供给动态调节机制、农业生态治理模式，推进轮作休耕制度化常态化实施，促进农业可持续发展和资源永续利用。

（农业农村部种植业管理司）

推进质量兴农　确保“舌尖上的安全”

民以食为天、食以安为先，农产品质量安全是食品安全的重要源头，事关人民群众身体健康和生命安全，事关农业农村经济可持续发展。要用最严谨的标准、最严格的监管、最严厉的处罚、最严肃的问责，确保广大人民群众“舌尖上的安全”。“十三五”以来，农业农村部认真贯彻落实习近平总书记关于农产品“四个最严”“产出来”“管出来”等重要指示精神，牢固树立绿色发展理念，坚持底线思维、问题导向、精准施策，深入推进质量兴农、绿色兴农、品牌强农，农产品质量安全水平总体保持稳中向好的发展态势，全国农产品例行监测总体合格率持续5年稳定在97%以上，2020年达到97.8%。

贵州黔南州龙里县湾滩河西红柿标准化种植基地

一、监管监测能力不断提升

全国农产品质量安全监管体系不断完善，全国100%的省（自治区、直辖市）、88%的地级市及所有“菜篮子”产品大县及其乡镇设立了农产品质量安全监管机构。全国农产品质量安全监管及执法人员近15万人。71.1%的地级市、56.6%的县和21.9%的乡镇安排了专项监管经费。农产品质量安全检验检测条件不断改善、能力稳步提升，现有部、省、市、县四级农产品质量安全检测机构2 732个，检测人员3.5万人。农产品质量安全监测计划不断优化，涵盖5大类110个产品种类、130项检测参数，部省两级监测网络基本覆盖全国主要大中城市和农产品产区、城乡居民主要消费品种。

二、标准化生产全面推进

农产品生产基本实现有标可依，标准化生产基地大幅增加，截至2019年年底，我国农药残留限量7 107项、兽药残留限量2 191项，农兽药残留限量及配套检测方法食品安全国家标准总数达到10 068项，比2015年增加4 109项，基本覆盖我国常用农兽药品种和主要食用农产品。现行有效的农业行业标准达到5 342项。全国共创建农业标准化示范区（县、场）1 800多个、“三园两场”（果菜茶标准化示范园、畜禽养殖标准化示范场、水产健康养殖示范场）近1.8万个，规模种养主体标准化生产意识和质量控制能力明显提高。绿色优质农产品质量认证稳步推进，全国绿色、有机和地理标志农产品数量快速增长，获证产品总数达到4.35万个，较2015年增加48.7%。

表2　全国绿色、有机和地理标志农产品

产品类别	统计指标	2015年	2016年	2017年	2018年	2019年	年均增幅（%）
绿色食品	获证单位（家）	9 579	10 116	10 895	13 203	15 984	13.66
	获证产品（个）	23 386	24 027	25 746	30 932	36 345	11.65
有机农产品	获证单位（家）	883	951	1 059	1 114	1 184	7.61
	获证产品（个）	4 069	3 844	4 006	4 310	4 381	1.86
农产品地理标志	获证单位（家）	1 792	2 004	2 242	2 523	2 778	11.58
	获证产品（个）	1 792	2 004	2 242	2 523	2 778	11.58
总计	获证单位（家）	12 254	13 071	14 196	16 840	19 946	12.95
	获证产品（个）	29 247	29 875	31 994	37 765	43 504	10.44

三、质量安全执法深入开展

开展农产品质量安全专项整治行动，出动执法人员1 833.5万人次，检查生产企业1 017.5万家（次），查处问题12.8万起，清理关闭生猪屠宰场4 471个，严厉打击农产品质量安全违法违规行为，确保不发生区域性、系统性、链条式质量安全问题。联合开展农资打假专项治理行动，严打制售假劣农资违法行为，为农民挽回经济损失38.3亿元。种子、肥料、农药、兽药、饲料和饲料添加剂等农资质量持续稳定在较高水平。

四、风险评估和应急处置水平显著提高

成立国家农产品质量安全风险评估专家委员会和农产品质量安全专家组，认定了部级风险评估实验室105家和风险评估实验站148家，分品种组织实施农产品质量安全风险评估，有效开展风险排查和分析评价等工作。建立全天候舆情信息监测和突发事件应急机制，构建了覆盖主要产区、重点农产品、关键危害因子的农产品质量安全预警网络体系。稳妥处置“大闸蟹二噁英超标”“鸡蛋氟虫腈”“速生鸡”等农产品质量安全舆情事件。

江苏邳州蔬菜标准化种植基地

五、追溯管理加快推进

国家农产品质量安全追溯平台上线运行，建立省级追溯平台28个、市县级追溯平台785个，在线注册生产经营主体近40万家，农产品质量安全监管、检测和执法机构8 000多家。农业农村部出台《关于加快推进农产

重庆合川钱塘大柱村蔬菜标准化种植基地

品质量安全追溯体系建设的意见》《关于农产品质量安全追溯与农业农村重大创建认定、农产品优质品牌推选、农产品认证、农业展会等工作挂钩的意见》等多个文件，制定相关配套制度6项、追溯技术规范11项，推动国家农产品质量安全追溯平台与所有省级追溯平台实现互联互通、信息共享。

六、质量安全县创建扎实开展

支持江苏、山东等5省（市）开展整省创建国家农产品质量安全省，认定国家农产品质量安全县（市）318个，基本覆盖“菜篮子”大县。山东等25省同步开展省级农产品质量安全县创建活动。通过示范创建，引领带动各地加强农产品质量安全监管力度，创新监管机制，打造了一批“产”“管”并举、全程控制的县域质量安全监管示范典型。

七、监管制度不断创新

《农产品质量安全法》加快修订，向国务院报送修订草案送审稿。2019年12月，农业农村部印发《全国试行食用农产品合格证制度实施方案》，部署全国试行工作。试行以来，全国18.7万个新型农业生产主体开具使用合格证，带证上市农产品3 012.6万吨。推动无公害农产品认证制度改革，加强与食用农产品合格证制度有机衔接。推动国家市场监督管理总局、农业农村部联合印发《关于加强农业农村标准化工作的指导意见》。

尽管“十三五”期间农产品质量安全水平显著提升，但与全面推进质量兴农的要求相比，我国农产品质量安全工作还存在一些薄弱环节。**一是生产经营主体责任难落实。**部分生产经营者质量安全意识还不强，禁用药物使用和非法添加问题、常规药物超剂量使用、违反农药安全间隔期和兽药休药期等问题仍然存在，产品质量安全问题和风险隐患在个别地区、品种和时段还比较突出。**二是基层监管能力相对偏弱。**农产品分散式生产、分散式上市，客观上要求加大监管巡查力度，加密抽检频次，但基层整体监管缺人手、缺手段的问题突出，难以满足日益增长的监管需求。产后贮运环节监管还较为薄弱，防腐剂、保鲜剂和添加剂违规使用问题仍然突出。**三是标准化生产水平有待提高。**安全监管类标准仍然不足、生产技术类标准交叉重复、制标用标“两张皮”等问题仍然突出，绿色优质的农产品比重有待进一步提高。

“十四五”是我国开启全面建设社会主义现代化国家新征程的关键时期。人民群众对农产品的要求已从吃得饱、吃得安全放心向吃得好、吃得营养健康转变，对我国农产品质量安全提出了更高的要求。下一步，农业农村部将从“产”“管”两端综合发力，全面提升农产品质量安全水平。**在产出端**，着力构建以安全、绿色、优质、营养标准为梯次的农业高质量发展标准体系，加快制定监管急需的安全标准，健全优化国际领先的绿色标准，支持制定带动产业升级的优质标准，推动研发引领健康消费的营养标准。实施农产品对标达标提质行动，加强相关农业标准化示范区创建，建立健全农业标准化示范推广体系。加强绿色、有机、地理标志农产品认证管理，深入实施地理标志农产品保护工程，增加绿色优质农产品供给。**在管出端**，按照习近平总书记“四个最严”指示要求，压实地方政府属地管理责任、监管部门监管责任和生产经营者主体责任。着力构建覆盖农业投入品管理、生产过程控制、产品质量管控等各环节的农产品质量安全监管体系，扩大风险监测覆盖面，到2025年监测数量达到2批次/千人。加强农资质量监管，落实安全间隔期、休药期制度。全面推行食用农产品合格证制度，加强农产品质量安全信用体系建设，健全农产品追溯制度，创新推动智慧监管。继续开展国家农产品质量安全县创建，加强农产品质量安全基层监管体系和执法监管能力建设，健全农产品质量安全风险评估、监测预警和应急处置机制，推动农产品质量安全监管能力和水平迈上新台阶。

（农业农村部农产品质量安全监管司）

走好“品牌强农”之路

“十三五”以来，党中央、国务院大力推动品牌强国战略，我国农业品牌建设力度空前，发展进程加速，受到全社会高度关注。在各级政府、行业协会和市场主体的积极探索与共同推动下，加强农业品牌建设已形成广泛共识，农业品牌政策体系逐步完善，发展基础日益夯实，推进机制不断发展，营销推介创新有力，农业品牌溢价效应逐步显现，区域公用品牌、企业品牌、产品品牌“新三品”协同发展，形成了全国推进、多点突破、全面开花的发展格局，洛川苹果、五常大米、潜江龙虾、大通牦牛、长白山人参等一批特色鲜明、质量过硬、信誉可靠的农业品牌深入人心。

一、健全工作机制，政策体系逐步完善

2016年，国务院印发《关于发挥品牌引领作用推动供需结构升级的意见》，明确提出农业品牌建设路径。农业农村部不断强化顶层设计，建立健全工作机制，加强政策创设，将2017年确定为“农业品牌推进年”，组织召开全国农业品牌推进大会，总结农业品牌建设经验，部署新时期工作重点，为农业品牌建设指明了方向。2018年，农业农村部印发《关于加快推进品牌强农的意见》，明确了品牌强农的主攻方向、目标任务和政策措施。2019年，启动中国农业品牌目录制度建设，指导发布《中国农业品牌目录制度实施办法》《中国农产品区域公用品牌建设指南》等文件，旨在构建现代农业品牌管理体系，引导规范农业品牌建设。

二、突出规划引领，带动特色产业发展

农业农村部实施品牌强农战略，以推进农业供给侧结构性改革为主线，以提质增

效为目标，坚持品质与效益结合、特色与标准结合，重点培育了一批全国影响力大、辐射带动范围广、国际竞争力强、文化底蕴深厚的中国农业品牌。2017年，启动实施特色农产品优势区创建认定，强调“一个特优区塑强一个区域公用品牌”，鼓励各地打造一批地域特色鲜明、市场竞争力强的特色农业品牌。现代农业产业园、农业产业强镇、特色产业集群等政策，均将品牌建设作为重要任务，强化品牌培育，推进农业绿色化、优质化、特色化、品牌化，有力夯实农业品牌基础。各地按照“打造一个品牌、带活一个产业、富裕一方农民”的思路，依托资源优势，突出规划引领，统筹推进品牌工作，带动特色产业快速发展。甘肃省积极打造“甘味”知名农产品、实施牦牛青稞产业，湖南省推出“一县一特一品牌”，黑龙江省实施品牌强稻战略，云南省打造十大“云系”等，有力带动了特色产业快速发展。

三、打造行业品牌，整体实力不断提升

注重品牌建设，截至2019年年底，全国农产品注册商标数量达481.25万件。种植业品牌培育有力，尤其是粮油品牌建设，推出一批具有较高市场知名度、美誉度和竞争力的粮油名牌产品。畜牧业品牌影响力不断提升，培育出一大批具有影响力的乳业和特色畜产品品牌。渔业品牌加强国际化营销，积极开拓国内国际市场，渔业品牌影响力不断提升。种业品牌创建持续推进，着力推进行业诚信体系建设，引导创建行业优秀品牌。乡村特色品牌加快发展，创响一批“土字号”“乡字号”特色产品品牌。农垦品牌彰显实力，以“良品生活源自农垦”为核心的中国农垦品牌价值体系基本形式，全方位宣传中国农垦品牌。合作社品牌蓬勃发展，鼓励农民合作社培育自有品牌，掀起了合作社品牌创建的热潮。

四、创新营销推介，营造良好发展氛围

农业农村部以市场需求为导向，支持鼓励各方积极参与，不断创新营销模式和手段，营造了全社会“宣传品牌、支持品牌、发展品牌、保护品牌”的良好氛围。充分发挥农业展会在品牌营销推介、产销对接等方面的积极作用，利用中国国际农产品交易会、中国国际茶叶博览会等国内知名农业展会，以“品牌强农”为主题，举办推介专场、高峰论坛、品牌大会等一系列高端品牌活动，其中省部长推介农产品专场、“我为品牌农产品代言”名人公益推介、“乡人乡味”农民推介、“稻花香里说丰年”市县长推介等一系列高端品牌推介活动开创了我国农业品牌营销新模式。充分发挥农产品批发

市场主渠道作用，加大农业品牌营销，提高品牌农产品市场占有率，依托批发市场树品牌。积极借助物联网、大数据、人工智能、区块链等现代信息技术，创新品牌营销方式，搭建营销平台，拓宽营销渠道，实施精准营销服务，让品牌从单向传播转为互动传播，借助信息技术传品牌。组织动员农民日报社、中国农业电影电视中心、中国农村杂志社、农业农村部信息中心、中国农业出版社等单位，大力开展农业品牌宣传推介，利用新闻媒体讲品牌，相继出版《中国特色农产品精粹》《百强品牌故事：中国百强农产品区域公用品牌故事汇》等。2019年，共刊发相关报道1 000余篇，制作的短视频、公益宣传片累计投放300余次，在新媒体平台宣推信息700余条，累计点击量近50万次。

五、推进品牌扶贫，决战决胜脱贫攻坚

在社会各界的积极支持下，品牌扶贫取得显著成效。各类产销对接、营销推介活动丰富了品牌推介模式，如“三区三州”等贫困地区品牌专场推介活动，让南疆大枣、临夏牛羊肉等一批品牌农产品受到各界高度关注，有力助推贫困地区农业品牌建设。贫困地区农业品牌培育在提升农产品知名度、美誉度，提高农产品品牌溢价的同时，也将新理念、新技术、新模式等引入农村，加速农业产业升级。2017年以来，11个国家级贫困县创建国家现代农业产业园，43个贫困县被认定为中国特色农产品优势区。引导贫困地区进行品牌打造，对推动产业扶贫、促进脱贫攻坚发挥了积极作用。贫困地区农业品牌的培育创建成为产品出村、产业兴旺、助力脱贫的有力手段。

尽管我国农业品牌发展取得了长足进步，但从整体发展水平来看，我国农业品牌尚处在初级发展阶段，在思想认识、发展基础、建设主体、监管保护、影响力等方面仍存在突出问题。**一是品牌建设认识存在误区**。农业品牌建设基本理论和方法研究不够，实践经验不足，导致一些地区的农业品牌建设陷入了困境和误区。**二是品牌建设基础尚待加强**。基础设施尚不完善，农业生产组织化程度不高，各项标准衔接尚不紧密，农产品品质稳定性不强，难以建立稳固的品牌形象与声誉。**三是品牌建设主体力量薄弱**。新型农业生产经营主体自身品牌建设能力不足，带动小农户参与农业品牌建设的作用发挥得还不够。**四是品牌保护意识和能力不强**。存在“重创建、轻保护”“重营销、轻管理”的现象。**五是品牌影响力有待提升**。我国农业品牌仍处于产品多、品牌少，普通品牌多、知名品牌少，区域品牌多、国际品牌少的状态。

下一步，农业农村部将重点开展以下五个方面的工作。**一是建立健全农业品牌政策扶持体系**。鼓励将农业品牌培育作为涉农项目和重大工程中的重点内容，深入推进中国农业品牌目录制度建设。**二是加快农业品牌标准建设**。围绕区域公用品牌、企业品牌和

产品品牌，构建农业品牌评价标准体系。三是**创新开展农业品牌营销**。深入挖掘农耕文化价值，充分利用中国品牌日、中国农民丰收节等平台，推动“文化+技术+平台”与品牌营销深度融合，提升中国农业品牌知名度、美誉度和影响力。**四是加强专业人才培养**。依托科研院所、行业协会等培育一批农业品牌理论研究人才，培训一批农业品牌经营管理人才，培养一批农业品牌营销推广人才。**五是实施农业品牌海外营销计划**。优先支持国内优秀农业品牌参加国际知名展会，支持建立境外农业品牌展示展销中心，打造一批具有国际竞争力的知名农业品牌。

（农业农村部市场与信息化司）

第五篇

开放助农
农业对外开放合作不断深化

开放是农业现代化的必由之路。“十三五”以来，各级各部门坚持双向开放、合作共赢、共同发展的理念，统筹利用国内国际两个市场、两种资源，广泛开展农业对外的双边、多边合作，基本形成全方位、多层次、宽领域的农业对外开放新格局。对外合作机制日益完善，“引进来、走出去”渐入佳境，对外开放水平显著提升，有效服务于我国农业现代化建设、服务于我国外交战略大局。

农业对外投资步伐更加坚实

农业对外投资是充分利用国内国外两个市场、两种资源的重要途径。“十三五”期间，在农业对外合作部际联席会议机制下，农业农村部联合国家发展改革委、商务部、外交部等成员单位印发《农业对外合作规划（2016—2020）》《共同推进“一带一路”建设农业合作的愿景与行动》等文件，通过开展农业对外合作境外示范区和境内试验区建设、打造农业对外合作服务体系等，推动农业对外投资合作大幅增长，在丰富我国农产品来源、推动企业增强国际竞争力的同时，也为东道国增加就业岗位，贡献税收和外汇，带动当地粮食、经作、畜牧、农产品加工等产业发展，为改善当地农民生活、保障粮食安全作出重要贡献。

一、投资规模持续加大，全产业链发展趋势明显

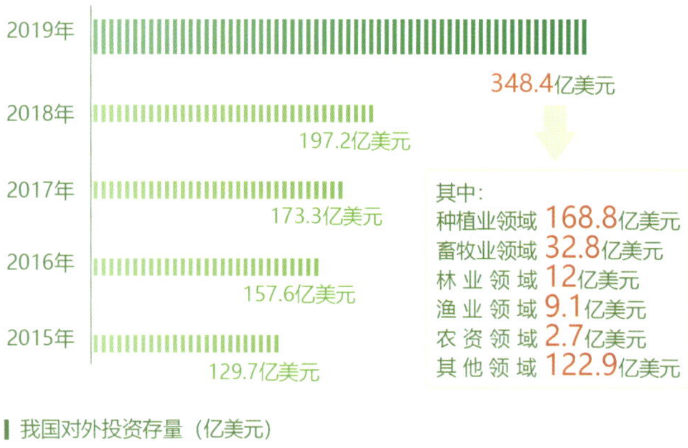

2015—2019年我国对外投资存量情况

“十三五”时期，我国农业对外投资持续增长，截至2019年年底，对外投资存量达到348.4亿美元，是“十二五”末（2015年年底）的1.68倍。产业类别不断丰富，对外投资已涵盖粮、棉、油、糖、胶、畜、渔、农资农机8大领域。截至2019年年底，种植业、畜牧业、林业、渔业、农资、其他领域投资存量分别为168.8

亿美元、32.8亿美元、12.0亿美元、9.1亿美元、2.7亿美元、122.9亿美元，分别占投资总量的48.45%、9.42%、3.45%、2.62%、0.77%和35.29%。我国农业走出去已经向全产业链构建阶段迈进，分别向前端、后端延长，从事良种培育、农资生产、加工仓储、物流销售等环节的企业明显增多。截至2019年年底，我国在境外设立的983家企业中，有440家企业同时经营两种以及两种以上业务活动，占比44.8%，仅从事加工环节的企业440家，其中从事加工的企业39家，从事科研和品牌经营的企业分别为21家和24家。

二、农业对外合作“两区”建设见实效，推动企业抱团出海

2017年，农业农村部印发《农业对外合作“两区”建设方案》，组织开展境外农业合作示范区和农业对外开放合作试验区建设试点，首批认定了塔吉克斯坦-中国农业合作示范园等10个境外农业合作示范区以及山东省潍坊市等10个农业对外开放合作试验区，各省也相应开展了省级农业对外合作“两区”建设工作。农业对外合作“两区”建设为企业走出去搭建境外、境内两类平台，以外带内、以内促外，带动企业抱团出海、集群式发展。截至2019年年底，首批10个境外园区共吸引约70家涉农企业入驻，累计完成投资额约6亿美元，涵盖种植、养殖、加工、仓储和物流等领域，产业集聚效应逐渐发挥。农业对外开放合作试验区立足沿海、沿江、沿边区位条件，结合自身产业优势和对外合作优势，组织开展农业走出去的政策、项目、机制建设试点，为我国农业对外合作试验区建设积累可复制、可推广的经验。

三、大型跨国涉农企业积极参与国际竞争，实力不断增强

国内企业走出去步伐加快，立足于全球进行资源和产业链布局，涌现出一批具有较强国际竞争力的大型跨国涉农企业集团。截至2019年年底，195家省级以上农业龙头企业参与了境外投资，投资额超过94.7亿美元，涉及50多个国家和地区。隆平高科成功进入全球种业前10强，杂交水稻市场份额全球第一。大北农自主研发的转基因大豆品种获得阿根廷政府的种植许可。广垦橡胶集团收购全球第三大天然橡胶企业——泰国泰华树胶公司，成为全球最大的天然橡胶全产业链经营企业。首农集团联合中信农业100%收购英国种鸭繁育企业樱桃谷农场有限公司，提升国内肉鸭育种能力。中粮集团在全球主要农产品产区进行布局，已经成为资产第一、营收和利润第二的国际大粮商。中国化工集团成功并购先正达，提升了我国在种业和植保领域的竞争优势。

四、企业积极履行社会责任，带动当地产业发展和民生改善

农业走出去进程中，企业不但在投资经营中实现了自身发展，而且有力促进了当地经济社会发展，为东道国人民带来了福祉。2019年，我国境外设立的企业共雇佣员工15.97万人，其中雇佣当地员工15.71万人。2016—2019年，共向东道国缴纳税金15.08亿美元。同时，我国企业在东道国生产的农产品，为东道国带来了宝贵的外汇收入。中资农业企业在生产经营的同时，围绕品种选育、田间管理、药肥施用、农机具应用、加工贮藏等技术开展了大量的试验和示范推广工作，帮助当地提升农业技术水平、改变粗放的经营方式。中国企业在苏丹研发的棉花品种通过了苏丹国家审定，推广面积达到1 000多万亩，占苏丹棉花种植面积的93%，23万农户受益，苏丹皮棉产量由2009年的不足1万吨增长到2019年的13万吨。此外，中资企业积极履行社会责任，兴建学校、医院、水利设施、环保项目等公益工程，改善当地民生。

五、农业对外合作公共信息服务体系不断完善，服务水平显著提升

以农业对外合作公共信息服务平台、海外中心门户网站和农业对外合作微信公众号建议为主，为农业对外合作提供信息服务，全方位、立体式、多层次海外农业信息服务体系不断完善。截至2019年年底，平台共提供资讯类信息3万多条，内容覆盖100多个国家，37类主要农产品，已发布“一带一路”沿线65个国家农业合作国别研究报告和海外19种农产品市场研究报告，为海外农业大数据挖掘、深度分析及数据可视化等全系列产品线研发与运行提供支撑。强化农业对外合作人才培养，完成认定首批农业对外合作科技支撑与人才培训基地，组织实施“扬帆出海”培训工程，已举办40余期培训班，培训累计近3 000人次。

当今世界处于大发展、大变革、大调整时期，国际形势正发生着深刻复杂的变化，新兴市场国家和发展中国家快速崛起，民粹主义和逆全球化思潮抬头，保护主义和单边主义对世界经济的负面影响逐步显现。在这一形势和背景下，农业走出去仍然面临诸多挑战和困难。**从国际层面来看**，主要是新冠疫情给农业对外投资带来了沉重打击，部分东道国政局和政策不稳、自然风险及社会风险频发、美西方国家政治团体和媒体恶意炒作、国际保护主义提高投资壁垒等。**从国内层面来看**，主要是支持农业走出去的政策法规仍不完备，部门间协作有待进一步加强；农业走出去企业整体上规模较小、实力不强，在资本运营、盈利能力、对国际粮源和市场的控制力、话语权等方面，与国际先进

水平差距较大；农业对外合作人才、信息等服务不足。

下一步，推动农业对外投资合作将重点做好以下工作：**一是强化顶层设计与统筹规划**。加快制定“十四五”农业农村国际合作规划，明确对外投资合作的重点领域和重点环节，与目的国农业发展规划对接。二是**推动平台建设和业态创新**。出台“两区”管理办法，促进“两区”建设高质量发展，调整农业对外合作发展方式，培育海外数字农业、农业服务贸易等新业态。三是**强化政策创设和落地**。针对企业在走出去过程中遇到的困难，进一步优化营商环境，破解制约企业走出去的体制机制障碍。**四是强化人才、信息、中介机构等服务保障**。进一步加大国际化人才培养力度，健全海外信息采集网络并推动部门间信息共享，促进发挥智库、协会等中介性机构作用。

（农业农村部国际合作司）

农业科技国际合作持续推进

“十三五”以来，农业农村部不断完善合作机制，以联合实验室、海外农业研究中心、合作基地等为抓手，推动农业科技人才引进来和走出去，强化先进技术引进，为我国农业生产提供了强有力的科技支撑。主动参与涉农国际规则调整制定，以农业科技国际合作推动构建公正合理的全球农业治理秩序。向亚非国家派遣农业专家（教师）组，深入田间地头、学校课堂，开展百余项农业技术的示范和培训，稳定当地农业生产，提高农民收入，为服务“一带一路”倡议作出积极贡献。

一、夯实合作基础，对外合作机制不断完善

“十三五”时期，我国与52个国家和地区签署了农业科技合作、种质资源交换等协议109份，与150余个国家和地区建立农业科技合作关系，与美国、加拿大、德国、法国、日本等60多个国家建立了双边农业科技对话机制。与联合国粮食及农业组织、世界动物卫生组织、国际应用生物科学中心、国际农业研究磋商组织等国际组织机构的合作进一步加强，针对非洲猪瘟、草地贪夜蛾等重大动植物疫病，邀请国际知名专家会诊，探索农业国际交流合作新模式。积极参与二十国集团（G20）农业首席科学家会议、亚太经合组织（APEC）农业技术合作工作组等机制工作。中国农业科学院多次组织国际农业科学院院长高层研讨会，共商全球农业科技创新和发展大计，并实现机制化。

二、搭建合作平台，农业科技协同创新水平有效提升

截至2019年年底，支持共建联合实验室或联合研究中心100多个，世界卫生组织、

联合国粮食及农业组织、世界动物卫生组织等在我国认证了22个国际参考实验室（中心），共享农业科技经验和成果，促进国内农业科技自主创新，有效提升了我国与国际优势力量的协同创新水平。我国科研教学单位与国际农业研究磋商组织下属中心共同建立了25个联合实验室（中心）。其中，2016年中国农业科学院与国际水稻研究所共建的“基因促进水稻品质提升”联合实验室，联合开展3 000份水稻基因测序，相关结果在Nature上发表。中国水产科学研究院与国际科研机构合作，在重要水产养殖物种基因组解析方面实现重大突破，首次完成半滑舌鳎、鲤鱼全基因组序列精确解析和注释，绘制了首张全球鲤鱼基因组遗传变异图谱。

三、强化技术引进，农业现代化建设科技支撑有力

“十三五”时期，围绕保障国家粮食安全和产品供给，强化技术引进，仅中国农业科学院和中国热带农业科学院引进优异特色粮棉油作物、果蔬花卉、特色畜牧水产种质资源及优良品种有5万多份，极大地丰富了我国品种资源库，为农业生产和育种研究提供了多样化的材料来源。围绕服务现代农业发展，引进一批高新技术和装备，使我国农业科技研发时间缩短了10 ～ 15年，研发经费节约30%～ 50%。

四、注重人才交流，农业科技创新能力不断增强

“十三五”期间，依托国家外国专家局引智专项，在重大动物疾病防控、农产品质量安全、农业资源环境保护与污染治理、遗传育种等领域，引进370多位外国专家来华工作。同时，设立特聘专家、客座专家、特聘院士等岗位，全国农科院系统单位累计引进外国科学家超过600人次，其中有7名外国专家获得“中国政府友谊奖”。引进的国外知名专家，将国外先进遥感监测技术本土化，在农业资源大数据的高效管理与互操作技术、作物空间分布制图关键技术等方面取得了重大突破。选派骨干人才出国（境）培训和访学研修近900人次，选派育种杰出人才去国外学习，引进分子标记育种、转基因育种等新技术，对加快构建国家良种联合攻关新机制和分子育种大平台起到了重要推动作用。

五、参与规则制定，农业科技国际影响力大幅提升

充分利用国际食品法典农药残留委员会主席国平台，先后主导制定茶叶、水稻等重

要农产品农药残留限量国际标准11项，实现了我国农药残留国际标准零的突破，促进了茶叶等重要农产品出口贸易。积极履行《生物多样性公约》，发挥畜禽遗传资源大国优势，参与畜禽遗传资源保护与开发利用领域相关国际规则制定。主持参与泡菜、发酵肉制品、蜂王浆等农产品加工领域国际标准制定。推动农机标准互通和检测结果互认，积极引领亚太区域农机试验标准制定，已完成手扶拖拉机、喷雾喷粉机、水稻插秧机三个试验标准规则制定。

六、加强技术援助，农业国际合作环境持续优化

十八大以来，围绕发展中国家需要，我国共向埃塞俄比亚等37个国家派遣农业专家组78个、773人次。其中，农业农村部向13个亚非国家派遣的33个农业专家（教师）组，开展了百余项农业技术的示范和培训，受训人员超过4万人次，推动近150家农业企业、科研单位与受援国建立合作联系，获得各方好评。通过实施埃塞俄比亚农业职教项目，历时18年帮助埃塞俄比亚建立起现代农业职业教育体系。推动完善我国在24个亚非国家建立了25个农业技术示范中心，集中展示中国先进适用农业技术，将中国农艺与当地条件有机结合，起到良好的示范效应。捐资5 000万美元继续实施中国—FAO南南合作信托基金（二期），与联合国粮农组织在亚非“一带一路”参与国的60多个项目点，开展了300多项农业技术试验示范，传授实用农业技术近500项，引进试种作物品种300多个，约100万农民从中获益，受到当地政府和民众的欢迎，在国际社会赢得广泛赞誉。时任FAO总干事格拉齐亚诺多次公开赞赏中国是全球农业南南合作的“领军者”。乌干达总统穆塞韦尼于2017年5月致信习近平主席，盛赞中国—乌干达农业南南合作项目。

尽管成效突出，但与深度融入全球科技创新网络、从全球角度谋划配置资源、服务国家外交大局的要求相比，依然存在一些深层次困难问题。**一是顶层设计有待加强。**缺少全国统筹的农业科技国际合作纲领性文件，整体系统谋划力度有待加强。跨部门、跨地区、跨单位农业科技国际合作沟通协商、资源配置、对外联络等协同工作机制需要进一步完善，增强工作合力。**二是政策体系仍需完善。**学术交流的因公出国（境）审批手续有待进一步优化，审批权限有待进一步放开；联合研究项目、共建平台、共建基地的经费外拨困难，导致很多合作难以有效开展。科研物资跨境流动难，部分科研仪器设备和种质资源等出入境管控严格、审批烦琐、周期较长、不确定因素多。**三是农业科技创新合作不足。**部分联合实验室和科技研发中心的建设仍处于起步阶段，有些联合实验室的建设处于完成工作方案的拟定阶段，有些科研研发中心处于开展研究的初期，需加快

建设及开展科学研究。

下一步，农业科技国际合作将立足国内产业需求，以全球视野谋划和推动创新，提升全球农业科技创新资源整合能力，全面提高我国农业科技创新的全球化水平和国际影响力，为构建新发展格局提供科技支撑。一是**深度参与全球农业科技合作**。有效利用全球创新资源，积极主动参与粮食安全、气候变化、绿色发展等领域国际科技合作计划，推进农业基础科学、应用科学、新兴交叉学科研究短板领域的协同攻关。二是**积极推动农业科技走出去**。加强境外联合实验室等合作平台功能落地，聚焦中外优势互补、技术需求强烈、发展潜力巨大的领域，加强产学研协同创新，与企业联合构建“资源共享，优势互补，抱团出海”的合作模式，推动我国优势农业技术、产品在国外开展创新研发和示范推广，整合多渠道资源，带动全产业链协同发展。三是**强化优秀技术人才的外引内培**。吸引和聘用在国际上具有一定影响力的海外知名专家来华工作或担任顾问，遴选一批具有潜力的中青年科研人才到国外一流农业科研机构和国际组织培训学习。加强涉农国际组织人才选拔培养和推荐工作，加快驻外农业人才队伍建设，提高信息收集分析和磋商谈判能力，继续增派农业外交官。

（农业农村部国际合作司）

第六篇

共享富农
农民获得感、幸福感、安全感不断增强

共享是农业现代化的本质要求。“十三五”以来，各级各部门坚持发展为了人民、发展依靠人民的理念，着力推进产业精准脱贫、促进特殊区域农业发展和推动城乡基础设施和基本公共服务均等化，城乡居民机会公平、服务均等、成果普惠的新格局基本形成，农民收入提前实现倍增，生活更有尊严、更加体面，同步迈入全面小康社会。

加快补上农村发展短板 持续推进美丽宜居乡村建设

习近平总书记指出，现阶段，城乡差距大最直观的表现是基础设施和公共服务差距大。全面建成小康社会，必须在补短板上用全劲、使全力。“十三五”期间，各地各部门深入贯彻习近平新时代中国特色社会主义思想，全面落实党中央、国务院决策部署，瞄准全面建成小康社会目标，扎实推进农村人居环境整治，切实加强农村基础设施建设，加快农村公共服务发展，补短板、强弱项、提质量，美丽宜居乡村建设取得明显成效。

一、农村人居环境整治全面推开，村庄面貌发生明显变化

改善农村人居环境关系全面建成小康社会成色，是实施乡村振兴战略的重要任务。2018年，中办、国办印发《农村人居环境整治三年行动方案》（以下简称《方案》），中央农办、农业农村部认真发挥牵头部门作用，组织召开全国改善农村人居环境工作会议、深入学习浙江“千万工程”经验，全面扎实推进农村人居环境整治。中央农办、农业农村部会同有关部门，紧紧围绕《方案》目标任务，加强工作部署和督导推动，扎实推进村庄清洁行动、农村厕所革命、生活垃圾治理、生活污水治理等重点任务落实，农村人居环境整治全面推开，取得了明显成效，村庄面貌发生巨大变化，得到农民群众的普遍认可。**农村厕所革命取得积极进展。**农业农村部、卫生健康委会同有关部门，多次召开全国农村改厕工作推进现场会，印发《推进农村“厕所革命”专项行动的指导意见》《关于切实提高农村改厕工作质量的通知》《关于进一步提高农村改厕工作实效的通知》等文件；2019年落实中央财政资金70亿元支持农村厕所革命整村推进，落实中

我国农村基础设施和基本公共服务情况

央预算内投资30亿元支持农村厕所粪污治理等人居环境整治；组织开展线上线下技术服务、技术集成示范试点、技术产品展示、创新大赛、技术论坛等，总结推广农村厕所革命典型范例。建立健全改厕问题反映和督促整改机制，通过持续宣传培训调动农民改厕积极性、培养健康文明生活方式。截至2020年年底，全国农村卫生厕所普及率超过68%。**农村生活垃圾治理全面推进**。中央农办、农业农村部、住房城乡建设部组织召开全国农村生活垃圾治理工作推进现场会，住房城乡建设部印发《关于建立健全农村生活垃圾收集、转运和处置体系的指导意见》等文件，进一步加强工作部署。截至2020年年底，农村生活垃圾收运处置体系已覆盖全国90%以上的行政村，82%的非正规垃圾堆放点已完成整治。**农村生活污水治理有序推进**。中央农办、农业农村部、生态环境部组织召开全国农村生活污水治理工作推进现场会，会同有关部门印发《关于推进农村生活污水治理的指导意见》。生态环境部等部门印发《关于推进农村黑臭水体治理工作的指导意见》《农村生活污水处理设施水污染物排放控制规范编制工作指南（试行）》《县域农村生活污水治理专项规划编制指南（试行）》等，指导各地探索适宜的治理模式，积极推进农村生活污水治理，治理水平逐步提高。**村庄清洁行动广泛深入开展**。2018年12月，中央农办、农业农村部等18部门启动实施村庄清洁行动，重点发动群众开展“三清一改”（即清理农村生活垃圾、清理村内塘沟、清理畜禽养殖粪污等农业生产废弃物，改变影响农村人居环境的不良习惯），围绕关键时间节点，组织开展系列战役。截至2019年年底，全国95%以上的村庄都开展了清洁行动，一大批村庄村容、村貌明显改善。

二、农村基础设施加快提档升级，农民生产生活条件持续改善

“十三五”时期，各地各部门按照中央要求，坚持把基础设施建设的重点放在农村，

持续加大投入力度，加快补上农村基础设施短板，推动农村基础设施提档升级。**农村饮水安全加快解决。**“十三五”期间累计安排农村饮水安全巩固提升中央补助资金280亿元，带动地方投入1 600多亿元。截至2019年年底，共建成农村供水工程1 060多万处，可服务9.2亿农村人口，提高了2.42亿农村人口供水保障水平，农村集中供水率提高至87%，自来水普及率提高至82%。截至2020年6月，全国贫困人口饮水安全问题得到全面解决。**农村供电水平逐步提高。**农村用电条件得到明显改善，解决了“低电压”“卡脖子”等问题，农村供电可靠率超过99.77%，城乡电力差距明显缩小。**农村清洁取暖稳妥推进。**截至2019年9月，北方地区冬季清洁取暖率达到50.7%。**农村公路建设成效显著。**截至2019年年底，全国农村公路总里程超过420万千米，具备条件的乡镇、建制村通硬化路比例均达到100%、通客车率分别达到99.64%和99.45%，北京、天津、河北、吉林、河南等15个省份已实现所有具备条件的建制村通客车，基本打通了交通运输“最后一公里”。全国初步形成了以县城为中心、乡镇为节点、建制村为网点的农村公路网络，农村出行难问题得到有效解决。**农村信息化基础不断夯实。**深入实施电信普遍服务，城乡信息化鸿沟不断缩小，全国行政村已基本实现光纤到户，均具备百兆宽带接入能力，宽带资费水平明显下降。截至2019年年底，全国行政村通光纤和通4G比例均超过98%，提前完成“十三五”规划目标。农村电商快速发展，农民生活的便利化程度不断提高。

魅力黄华

三、农村公共服务稳步提标扩面，农民群众的获得感、幸福感、安全感不断增强

“十三五”以来，农村公共服务稳步提标扩面，农村教育、医疗、养老、社保等农

陆河县高潭村留守儿童补习班

村公共服务不断改善，城乡基本公共服务均等化水平不断提升。**农村教育事业加快发展。**农村教育财政投入逐年增加，近十年平均增长率保持在12%以上。2018年，中央财政教育转移支付高达3 076亿元，其中80%用于中西部农村和贫困地区；农村普通小学生生均公共财政预算教育事业费达到1.01万元，较2015年增加1 525.9元；农村普通初中生生均公共财政预算教育事业费达到1.39万元，较2015年增加2 563.35元。截至2020年，农村义务教育学校专任教师本科以上学历占比达65.7%。截至2019年，农村地区幼儿园数量达到98 688所，小学数量达到88 631所，初中数量达到14 477所；全国九年义务教育巩固率94.80%，较2015年提高1.8个百分点。**农村医疗卫生条件持续改善。**农村基层医疗卫生设施明显改善，农民健康水平不断提高。截至2019年，全国3.02万个乡镇共设3.6万个乡镇卫生院，床位137.0万张，卫生人员144.6万人（其中卫生技术人员123.2万人）；每千农村人口乡镇卫生院床位达1.48张，较2015年增加0.1张；每千农村人口乡镇卫生院人员达1.56人，较2015年增加0.09人。全国53.3万个行政村共设61.6万个村卫生室，村卫生室人员达144.6万人，平均每村卫生室人员2.35人，较2015年增加0.09人。**农村社会保障体系不断完善。**目前，我国已经基本建立起以农村社会保险、社会救助、社会福利等为主要内容的农村社会保障制度体系。截至2019年，城乡居民基本医疗保险参保人数达到10.25亿人，较2017年增长17.28%；城乡居民基本养老保险参保人数达到5.33亿人，较2015年增长5.54%；有3 456万人享受农村最低生活保障，低保平均标准达到5 335.5元/年，较2015年增长67.91%。**乡村公共文化服务不断改善。**“十三五”期间，农村公共文化服务和乡村传统文化保护取得显著成绩。截至2019年年底，全国共设有乡镇综合文化站33 530个。全国艺术表演团体共演出296.80万场，其中赴农村演出171.27万场，较2015年增加32.19万场；国内观众12.30亿人次，其中农村观众7.68亿人次，较2015年增加1.83亿人次。推进戏曲进乡村，全年为国家级贫困县的12 984个乡镇配送8万场戏曲演出。全国有494 747个行政村（社区）建成综合性文化服务中心。先后公布五批中国重要农业文化遗产名录，数量增加到118个。

总体上看，"十三五"以来，农村人居环境、基础设施和公共服务等农村社会事业发展实现重大进展，取得明显成效。同时，应当清醒地看到，农村基础设施建设仍然滞后，城乡基本公共服务差距仍然较大。下一步，锚定2035年基本实现社会主义现代化目标，按照中央要求，把乡村建设摆放在社会主义现代化建设的主要位置，继续把基础设施建设重点放到农村，按照先规划后建设原则，加大投入力度，创新投入方式，逐步建立全域覆盖、普惠共享、城乡一体的基础设施服务网络，重点抓好农村道路、农村安全供水、乡村物流、清洁能源替代、新一代智能网络等基础设施建设。加快建立健全城乡基本公共服务均等化的体制机制，推动优质服务资源延伸下沉，扩大农村公共服务有效供给。持续开展农村人居环境整治提升行动，加快推进美丽宜居乡村建设。

（农业农村部农村社会事业促进司）

产业扶贫取得决定性成就

“十三五”以来，我国贫困地区特色产业加快发展、联贫机制不断完善，产业扶贫已经成为覆盖面最广、带贫人口最多、可持续性最强的扶贫举措。全国832个贫困县累计实施产业扶贫项目超过100万个，建成各类产业基地超过30万个，每个贫困县基本都形成了2 ～ 3个特色鲜明、带贫面广的扶贫主导产业。在建档立卡的贫困人口中，90%以上得到了产业扶贫和就业扶贫支持，2/3以上主要靠外出务工和产业脱贫。2015—2019年贫困户人均纯收入由3 416元增加到9 808元、年均增长30.2%。产业扶贫既为打赢脱贫攻坚战提供了有力支撑，也为下一步接续推进乡村振兴奠定了坚实基础。

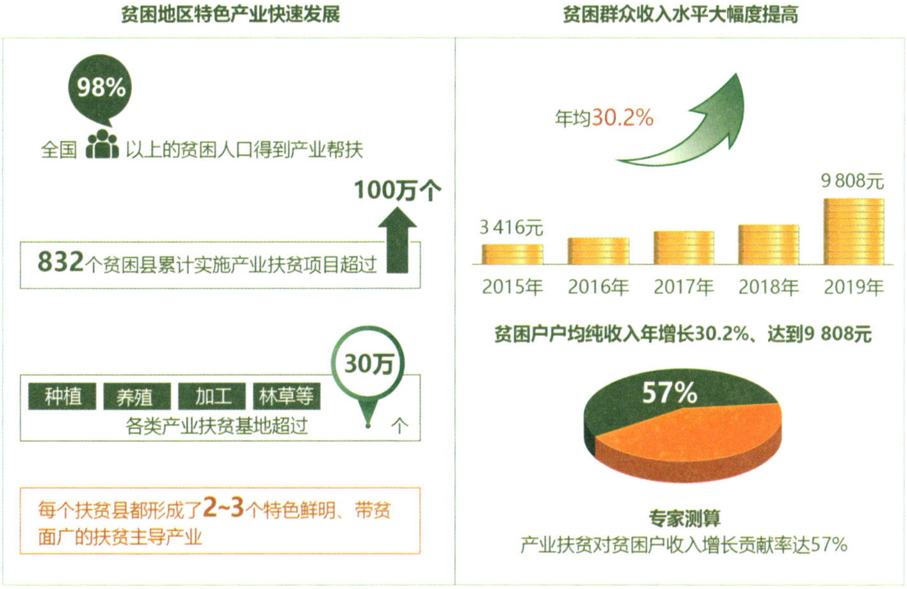

贫困地区特色产业及群众收入情况

一、贫困地区产业发展政策体系逐步完善，财政资金投入逐年加大

在贫困县开展涉农资金统筹整合，集中力量支持扶贫产业发展和基础设施建设，2016—2019年，中央财政累计安排专项扶贫资金3 850亿元，其中约40%投入产业扶贫，贫困县统筹整合财政涉农资金1.2万亿元，其中4 100多亿元用于产业发展，有效解决了贫困地区产业发展"缺资金"和投入"小而散"的问题。**金融信贷支持不断强化。**为贫困群众发展生产发放"5万元以下、3年期以内、免担保免抵押、基准利率房贷、财政资金贴息、县建风险补偿金"的扶贫小额信贷。截至2020年8月，已累计放贷6 747.2亿元，惠及贫困户1 702.8万户。加大对带贫成效突出的龙头企业、农民合作社、创业致富带头人等新型经营主体的贷款支持力度，农业信贷担保体系对贫困地区实现业务全覆盖。**农业保险加快扩面降费。**2019年农业保险承保农作物超过270种，基本覆盖贫困地区常见农作物，贫困户保费比一般户降低20%。在20个省开展地方优势特色农产品保险奖补试点，重点支持贫困县特色产业发展。例如，甘肃省对贫困县的80多个品种建立特色产业保险制度，贫困户发展特色产业实现保险全覆盖。

二、产业扶贫工作体系进一步健全，统筹指导力度不断加大

2016年以来，召开3次全国产业扶贫工作会议，国务院领导同志出席会议并对产业扶贫工作作出重要部署。出台《贫困地区发展特色产业促进精准脱贫意见》《关于实施产业扶贫三年攻坚行动的意见》等文件，明确产业扶贫目标任务和到村到户帮扶举措。**规划体系基本健全。**中西部22个省份和832个贫困县全部编制产业扶贫规划，因地制宜确定了主导产业。四川省制定了全省、四大片区、深度贫困地区、县、村五级产业扶贫规划，形成了长江中上游柑橘、龙门山脉猕猴桃、川南优势早茶等特色产业集群发展态势。**典型范例快速涌**

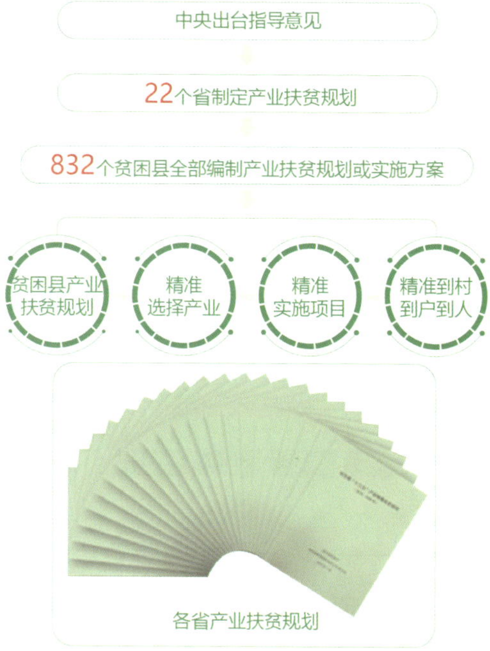

全国产业扶贫工作体系

现。总结各地在特色产业发展、新型主体培育、联贫机制创新等方面的经验做法，推介了2批35个全国产业扶贫范例，发布10大产业扶贫机制创新，打造出洛川苹果、赣南脐橙、定西马铃薯等一批可学可看可推广的产业扶贫典型，有效发挥了引领示范作用。**工作考核进一步完善**。将产业扶贫纳入地方党委政府脱贫攻坚成效考核，重点考核政策措施落实、扶贫产业覆盖、新型经营主体带动、服务体系建设等情况，树立注重产业长期培育、提升产业发展质量的工作导向，切实克服产业扶贫领域的形式主义、官僚主义问题。

三、带贫新型经营主体加快培育，培育引进了一批龙头企业

在项目安排、资金扶持、示范评定、融资贷款、保险保费、用地用电等方面加大对带贫龙头企业扶持力度，组织农业产业化龙头企业与贫困地区开展对接，将企业引进纳入东西部扶贫协作和对口支援政策框架，832个贫困县累计培育引进各类企业6.76万家、直接带动贫困人口近1 200万人。**农民合作社和家庭农场规范发展**。农民合作社示范社评定、质量提升整县推进项目等向贫困地区倾斜，开展贫困地区农民合作社带头人和家庭农场经营者专门培训，完善家庭农场名录管理制度，引导农民合作社、家庭农场通过流转土地、技术辐射、销售服务等方式，带动贫困户融入产业发展链条。目前，贫困地区已发展农民合作社71.9万家，带动贫困户626万户、贫困人口2 200万人；发展家庭农场超过15万家。**贫困村集体经济加快发展**。壮大集体经济试点向贫困村倾斜，总结推广陕西、甘肃、安徽、重庆等地“资源变资产、资金变股金、农民变股东”改革经验，鼓励贫困户、村集体、合作社、龙头企业组建产业发展联合体，为贫困户稳定分享产业收益提供更多保障。

贫困户与新型经营主题利益链接情况

四、贫困地区农产品销售渠道全面拓展，农产品产销平台不断完善

农业农村部举办20多场贫困地区农产品产销对接活动，帮助700多个贫困县销售

四川南江产业扶贫黄羊养殖模式（全球减贫优秀案例）

农产品金额达355亿元。在中国国际农产品交易会、农民丰收节等各类节庆活动、展销会、招商会上设立扶贫专区，组织各地广泛开展扶贫产品定向直供、直销学校、医院、机关食堂和交易市场活动，为贫困地区农产品销售搭建广阔平台。**电商扶贫深入推进。**电子商务进农村综合示范对国家级贫困县全覆盖，在贫困地区大力实施信息进村入户、“互联网+”农产品出村进城工程，完善全国贫困地区农产品产销对接公益服务平台，832个贫困县已建设各类电商服务点超过10万个，农产品上行、工业品下行通道进一步畅通。**消费扶贫广泛实施。**依托东西部扶贫协作、中央单位定点扶贫以及中国社会扶贫网平台开展消费扶贫，中西部22个省份已认定扶贫产品9.47万个、商品价值量达到9 418亿元，北京、广东等东部省市积极开设消费扶贫专柜、专区、专馆，帮助直销贫困地区农产品。**特色农产品品牌加快培育。**将贫困地区特色农产品优先纳入全国农产品品牌目录，对贫困地区申报绿色、有机、地理标志农产品优先办理并减免费用，目前832个贫困县注册商标超过12万个，登记地理标志农产品800多个，认证绿色、有机农产品1.1万个。

五、产业扶贫科技人才帮扶力量不断强化，全国农业科技力量投身产业扶贫

动员4 420个农业科技单位的15 000多名专家开展科技帮扶，为贫困县组建4 100多

个产业扶贫技术专家组，帮助贫困地区编制完善产业发展规划3 000多个、引进示范新品种新技术新模式2.3万余个、开展技术培训5.6万场次。**贫困地区全面实施农技推广特聘计划**。通过政府购买服务方式，从乡土专家、种养能手、科研教学单位一线服务人员中，招募4 000多名特聘农技员，有效解决了部分贫困地区农技推广服务人才不足的难题，也为创新农技服务供给方式探索了新路子。**贫困户产业发展指导员制度全面建立**。组织832个贫困县从驻村工作队队员和第一书记、结对帮扶干部、村组干部、致富带头人等乡村能人中选聘贫困户产业发展指导员，精准落实到村到户到人帮扶举措，目前各地已选聘产业发展指导员26万人，指导服务覆盖所有贫困村。**产业发展带头人加快涌现**。实施贫困村创业致富带头人培育工程，农村实用人才带头人和大学生村官示范培训全部面向贫困地区实施，高素质农民培育工程向贫困地区倾斜，2016年以来累计培养各类脱贫带头人131万人，为贫困地区发展产业提供了重要人才支撑。

虽然贫困地区产业扶贫工作取得了重要进展，但总体看，扶贫产业发展仍处在起步期、成长期，整体水平还不高，很多集中在种养环节，链条比较短，加工跟不上，一些地方产销衔接还不够顺畅。下一步，要按照中央推进脱贫攻坚与实施乡村振兴战略有机衔接的部署要求，以实施脱贫地区特色产业提升行动为抓手，组织编制“十四五”特色产业发展规划，出台特色产业可持续发展的意见，谋划实施一批重点工程项目，推动扶贫产业提质增效、提档升级；支持脱贫地区龙头企业、农民合作社、家庭农场等新型经营主体高质量发展，将扶持政策与联农带农效果紧密挂钩；继续开展农产品产销对接活动，支持品牌打造，加快仓储冷链设施建设；完善产业技术专家组和产业技术顾问制度，加大农技推广特聘计划实施力度，加快产业发展带头人、高素质农民和农村实用人才培育，为巩固脱贫攻坚成果、推进脱贫地区乡村全面振兴提供更加有力的支撑。

（农业农村部发展规划司）

第七篇

政策助农
农业支持保护力度不断加大

“十三五”以来，各级各部门贯彻落实农业农村优先发展总方针，农业支持保护力度不断加大、效能不断提高，财政支农成效卓著，金融保险助推农业现代化作出巨大贡献，强农惠农富农政策为农业现代化提供了强有力的支撑保障。

农业“三项补贴”改革取得显著成效

经国务院同意，2016年在全国范围内将农作物良种补贴、种粮农民直接补贴和农资综合补贴合并为农业支持保护补贴，政策目标调整为支持耕地地力保护和粮食适度规模经营。用于耕地地力保护补贴继续按原渠道将现金发放到农户，用于粮食适度规模经营的资金，来自农资综合补贴中调整20%资金加上原种粮大户补贴试点资金和“三项补贴”增量资金，重点用于建立全国农业信贷担保体系和支持粮食适度规模经营。这项政策改革实施范围广、给农民实惠多、政策反响好，既支持了小农户发展生产、增加收入，又为新型经营主体发展适度规模经营提供了重要支撑，在推进农业供给侧改革、巩固“三农”发展持续向好形势方面发挥了重要作用，成为现阶段中央强农惠农富农政策中具有标志意义的重要内容。

农业支持保护补贴“三合一”

一、政策指向性进一步提升

这项政策改革，理顺了过去“三项补贴”资金与种粮、良种使用之间的关系，将耕地地力保护补贴统一与承包耕地面积挂钩，政策效果与政策目标一致，并明确撂荒地、改变用途等耕地不纳入补贴范围，鼓励农民提升耕地地力，实现“藏粮于地”，提升了政策的指向性、精准性和实效性。据统计，耕地地力保护补贴覆盖2.2亿农户、近13亿亩承包地，亩均补贴约95元，户均补贴约564元，普惠性强，实实在在增加了农民收入，也促进了支农政策由“黄箱”转为“绿箱”，拓展了支持农业发展和农民增收的政策空间。

二、政策实施成本大幅降低

政策调整后，统一了原有“三项补贴”资金的审核和发放程序，标准清楚明确，减少了基层多口径、多次核实种植面积的工作，政策落实更加简便、快捷、有效，体现了中央强化清理整合规范专项转移支付项目、增强资金统筹的要求。地方反映，原来发放“三项补贴”前后共需发放20余次，合并后仅需一次，大大节约了时间和成本，提高了工作效率。

三、农业规模经营积极性进一步调动

支持粮食适度规模经营，这是中央财政第一次直接安排专门针对新型农业经营主体的扶持政策，惠及范围广，支持力度大，政策导向明确。在政策引导下，各地将支持粮食适度规模经营与新型经营主体培育相衔接，纷纷采取信贷担保、贷款贴息、现金直补、重大技术推广与服务等方式支持粮食适度规模经营，形式多样，机制灵活，土地托管服务、土地股份合作等模式遍地开花，社会化服务组织发展迅速，示范带动作用明显。比如，针对农业生产的关键环节和薄弱环节，围绕粮棉油糖等重要农产品为广大小农户提供农业生产托管等服务，支持小农户与现代农业有机衔接。截至2019年年底，全国农业生产托管服务面积超过15亿亩次，托管服务组织44万个，政策实施在发展服务型规模经营、促进农业增效农民增收、壮大集体经济等方面取得了明显成效。

四、财政金融协同支农实现重大创新

支持适度规模经营资金通过构建全国农业信贷担保体系，创新了财政支农机制，放大了补贴政策效应。2015年以来，中央财政共向国家农担公司和33家省级农担公司注入资本金584.8亿元，初步在全国建成上下联动、风险可控、运行有效的农担网络，累计担保项目65万个、金额2 203.04亿元，农担项目户均规模33.85万元，政策效能放大3.73倍。全国农担体系平均担保费率为1%左右，远低于担保行业2%～3%的平均水平。

总的来看，农业“三补合一”政策改革符合完善农业支持保护制度的大方向，符合世贸组织规则的要求，但政策的指向性、精准性仍需进一步提高。下一步，将按照中央关于调整优化补贴方式的总体要求，按照“大稳定、小调整”的思路，进一步提高补贴的针对性、有效性。一是按照建立绿色生态为导向的农业补贴制度要求，进一步完善耕地地力保护补贴与耕地保护挂钩的有效机制，并探索推广农业生产社会化服务技术补贴方式。二是用好农业适度规模经营补贴资金，采取先建后补、以奖代补的方式，着力支持管理规范的家庭农场和农民合作社建设仓储保鲜、清选包装、烘干等产地初加工设施，进一步增强家庭农场和农民合作社两类主体的服务能力和市场竞争力。同时，继续加大农业信贷担保的担保费补助和业务奖补力度，支持农业信贷担保机构扩大业务规模，降低农业贷款融资成本。三是强化政策考核督导。进一步完善绩效考评机制，将绩效考核结果与支持适度规模经营资金安排挂钩，加强政策督导检查，及时纠正、解决各地政策落实中的问题和困难，确保政策更好落实到位。

（农业农村部计划财务司）

创新中央财政支农项目管理方式
稳步推进“大专项+任务清单”管理

贯彻落实国务院印发的《关于探索建立涉农资金统筹整合长效机制的意见》要求，农业农村部会同财政部自2017年起对共同管理的专项转移支付项目全面实行“大专项+任务清单”管理方式。“大专项”指在中央层面将性质相同、内容相近的若干个财政支农专项转移支付项目，整合成为农业生产发展资金、农业资源及生态保护补助资金、动物防疫等补助经费、农田建设补助资金等“大专项”。“大专项”下设置支出方向，实行任务清单管理。农业农村部、财政部根据党中央、国务院确定的年度农业农村经济重点工作制定“任务清单”，分省细化年度任务指标，确定约束性任务和指导性任务。约束性任务主要包括党中央、国务院明确要求的涉及国计民生的事项、重大规划任务、新设试点任务以及农业生产救灾、对农牧民直接补贴等，其他任务为指导性任务。

这项改革是深化“放管服”改革、推动政府职能转变的重要体现，也是集中力量推进农业现代化的重要抓手，对进一步优化涉农资金供给机制，激发地方内生动力，解决涉农资金使用分散、“供需错配”等问题，切实提升财政资金使用效益发挥了重要作用。

一、地方积极性充分调动

通过实行“大专项+任务清单”管理方式，把“下项目”变为“下任务”，由中央分配资金变为地方结合实际细化资金，给地方自主使用资金的空间，做到“有所为有所不为”，有效解决了以往涉农资金“供需错配”的问题，地方可以将中央与地方的资金统筹起来，结合实际干大事。地方工作的自主性增强了，工作积极性也提高了。很多省份在完成清单任务的基础上，围绕重点产业、重点区域，统筹使用资金补短板、强弱项。2019年，贵州省在省级财政预算资金17亿元的基础上，额外从财政拨款12亿元支持蔬菜、茶叶等12大重点产业发展。还有部分省份围绕重点任务，将中央财政与地方财政资金统筹使用，实现“多个渠道进水、一个池子蓄水、一个龙头放水”。2019年，河南、青海分别利用省级财政资金27亿元和25.7亿元，对中央下达的清单任务进一步增加数量、提高标准，实现了集中财力办大事。

二、“放管服”改革有力推进

在涉农资金统筹整合改革中，坚持简政放权，积极推行“五到省、一挂钩”管理模式，即项目资金、目标任务、审批权限、管理责任、绩效管理到省，将绩效考核结果与资金安排挂钩，把项目的具体管理权限尽可能下放到省级，实现权责一致，明确中央层面“抓头管尾放中间”，就是前期抓好项目实施方案和任务清单的制定，后期抓好项目的绩效评价，将中间项目审批和资金使用管理的具体权限全部交给省里。同时，强化对地方工作的指导，严防资金失控、任务落空，推动各地加快转变政府职能，把工作重心从分钱批项目，转向统筹全局、优化决策、改进服务上来。2018年，在中央引导带动下，安徽省将省级安排的涉农资金也实施“大专项+任务清单”管理模式，资金不细分到具体项目，由县级在完成约束性任务后在同一大专项内统筹使用。

三、重点任务落实有效保障

近几年，各地除部分实施先建后补的项目外，约束性任务综合完成率都达到100%，指导性任务综合完成率在95%以上，高素质农民培育、秸秆综合利用试点、渔业增殖放流等任务完成率超过100%。甘肃省在完成中央下达的约束性任务基础上，还结合本地实际，统筹指导性任务资金支持河西地区30万亩戈壁农业等五大农业特色优势主导产业发展。一些地方称，涉农资金统筹改革，就像当年实行农村承包责任制时“交足国家的、留够集体的，剩下的都是自己的”，在保质保量完成中央重点任务基础上，地方自主统筹使用资金，实现了中央与地方“双赢”。

四、资金使用效率大幅提高

涉农资金统筹整合工作坚持从上至下推动，破除了体制机制性障碍，从源头解决了投入总量不足、结构不优、效率不高、融合不强等问题，地方也从以往“不敢统、不能统”到现在的“按单买菜做饭”，将有限的资金投向最重要的方向、最关键的环节、最精准的对象，政策的精准性、指向性、实效性进一步提升。一些地方还创新资金使用模式，利用财政资金撬动金融社会资本投入，发挥出更大的政策效益和资金效益。

改革推进中，个别地区还存在思想认识不到位、管理手段跟不上、行业间项目整合难度大、中央资金与省级资金不能有效整合等问题。下一步，农业农村部将继续深入贯彻落实中央关于涉农资金统筹整合的决策部署，按照国务院出台的《关于探索建立涉农资金统筹整合长效机制的意见》要求，持续推进涉农资金统筹整合有关工作，努力将中央财政各类支农资金用好、用出成效，促进乡村振兴战略顺利实施。**一是规划先行，有序推进。**面向“十四五”，以相关产业发展规划、重大项目投资规划为支撑，以省级、县级乡村振兴规划以及村庄整治建设规划为施工图，形成“总分总”的规划体系，一张蓝图绘到底，分清轻重缓急，考虑长短结合，避免一哄而上、盲目投资、重复建设。**二是统筹整合、协同高效。**根据农业生产领域中央与地方事权和支出责任，进一步完善财政供给机制。用足用活存量资金，用好增量资金，统筹实施一批农业农村重大项目，逐步“推磨转圈”“腾笼换鸟”，确保“干一件、成一件”。**三是政府引导、多元投入。**发挥财政投入“四两拨千斤”的杠杆作用，推动土地出让收入、地方专项债等资金加大对农业农村的支持力度，探索乡村振兴基金等新模式、新途径，引导农民群众、社会资本、金融资金加大投入力度，形成各方共建合力。

（农业农村部计划财务司）

建立农业信贷担保体系
引入金融活水　助力农业适度规模经营

为提升农业补贴效能，着力推动解决新型农业经营主体“融资难”“融资贵”问题，经国务院批准，财政部会同农业农村部于2016年启动农业“三项补贴”改革，并连续三年将集中的粮食适度规模经营补贴资金，重点用于建设具有政策性、专注性、独立性的全国农业信贷担保体系（简称“全国农担体系”）。5年来，各地认真贯彻落实党中央、国务院决策部署，积极推动全国农业信贷担保体系建设运营，全国农担机构网络基本建立，政策支持体系不断完善，业务规模加快发展，服务能力不断增强，风险总体平稳可控，成为财政撬动信贷资金、引导社会资本投向农业农村的重要工具，成为推动解决新型经营主体融资难题、激发其内生活力的重要手段，成为乡村振兴战略实施、农业农村现代化建设的重要助力。

一、农担机构网络基本形成

国家农业信贷担保联盟有限责任公司（以下简称国家农担公司）于2016年5月注册成立。除西藏、上海、深圳外，全国33个省（自治区、直辖市、计划单列市）均已成立农担公司；截至2019年年底，已经建成上下联动、紧密可控、运行高效的“国家－省－市（县）”

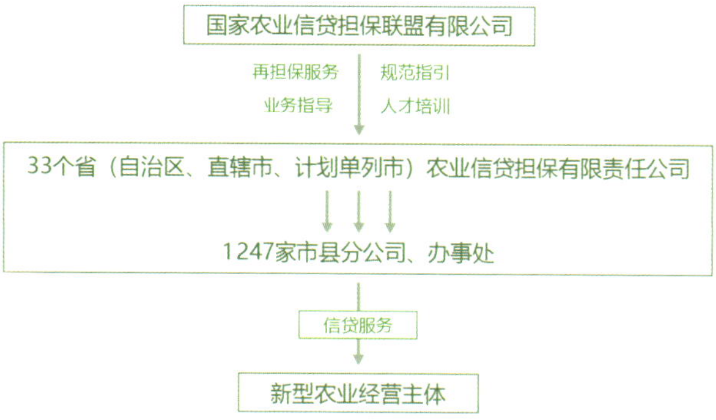

全国农业信贷担保机构网络体系图

三级服务体系。在国家层面，由国家农担公司提供再担保服务、业务指导、规范指引和人才培训；在省级层面，省级农业信贷担保公司直接为新型农业经营主体提供信贷担保服务；在市县级层面，各省级农担公司以分公司、办事处等形式设立了1 247家分支机构（有专职人员分支机构532家），共派驻1 748名专职业务人员，形成上下一体、紧密可控的政策性农业信贷担保体系，成为影响农村金融市场格局的重要力量。

二、农担政策体系日趋完善

自2015年全国农业信贷担保体系建设工作启动以来，财政部、农业农村部、中国银行保险监督管理委员会等相关部门相继下发《关于财政支持建立农业信贷担保体系的指导意见》《关于成立全国农业信贷担保工作指导委员会的通知》《关于做好全国农业信贷担保工作的通知》《关于进一步做好全国农业信贷担保工作的通知》等系列文件，从“双控”“一奖一补”、再担保等制度建设层面提出明确要求，为促进全国农担体系健康可持续发展从顶层设计层面保驾护航。

三、农担业务规模快速扩大

全国农担体系建立以来，资本金不断充实，业务规模迅速增长。全国农担体系2017—2019年的新增担保额年增长率分别为65%、120%、165%。截至2019年年底，全国农担体系在保余额达1 190.32亿元，占同期全行业涉农融资担保余额的31%以上。自全国农担体系组建至2019年年底，累计担保金额2 203.04亿元，政策效能放大3.73倍，惠及65万以上新型农业经营主体，户均担保额度33.85万元，10万～300万元的政策性贷款占比达86.52%，提高了政策普惠性和农民获得感。累计获得担保金额超过1亿元的县有558个，其中超过3亿元的县有138个。在担保业务方面，2019年，纳入再担保项目13.68万个，金额603.49亿元；累计纳入再担保项目22.18万个，金额1 044.93亿元；在保项目14.35万个，在保余额633.17亿元。2020年，全国农业信贷担保体系，在保项目达到69万个，在保金额2 060亿元，政策放能放大了3.21倍。

四、支持农业产业发展持续推进

全国农担体系建成以来，重点在支持新型农业经营主体和重点农业行业等方面发力，成效显著。支持新型农业经营主体方面，截至2019年年底，家庭经营户项目在保余额825.2亿元，家庭农场项目在保余额53.8亿元，农业专业合作社项目在保余额84.1亿元，农业企业项目在保余额227.2亿元。其中，家庭经营户和家庭农场两类经营主体占比合计超70%。支持行业方面，全国农担体系的业务主要集中在粮食种植、重要特色农产品种植、畜牧水产养殖及一二三产业融合项目等行业。其中，粮食种植项目在保余额222.2亿元、重要特色农产品种植324.5亿元、畜牧水产养殖270.8亿元、与农业生产直接相关的三产融合发展项目238.9亿元，四大行业在保余额占比合计89%。

五、助力产业扶贫成效明显

农担公司通过发挥政策性担保的作用，降低带贫企业的融资成本，鼓励其主动吸纳贫困户务工就业，或以生产要素出让、入股分红等形式带动贫困户获得收益，变“输血”为“造血”，持续巩固脱贫成果。截至2019年年底，全国农担体系担保业务已经覆盖了771个国家级、省级贫困县；累计支持了26万个担保项目，县均347个；累计提供担保贷款632亿元，县均8 200万元，有效推动解决贫困地区农业农村融资难题。

六、担保产品模式加快创新

农担体系根据客户信用水平和融资规模的不同情况，设计、创新多种反担保措施，有效降低贷款准入门槛，促使有良好信用和真实还贷能力，使缺少有效抵押物的借款人获得贷款。针对新型农业经营主体“轻资产”的特点，省级农担公司积极创新，推出了一些免抵质押物、信用类的担保贷款产品，比如浙江农担“浙里担·E农贷”、四川农担集合担保、北京农担农信互联等。对于额度相对较大的贷款，省级农担公司积极探索了具有农业特色的新型反担保措施，提高客户违约成本，比如青海农担将生物资产、土地（草场）经营权、林木所有权、交通工具、农业设施设备、农机具、商标权、专利权、保单、仓单、订单、股权等纳入抵质押范围；北京农担、新疆农担等以农村承包土地经营权为抵押为新型农业经营主体提供贷款担保，打通承包土地经营权流转渠道。

七、综合融资成本保持较低水平

由于农业高风险的特质和银行在农村的高运营成本，导致贷款利率会加入风险溢价，因此融资贵是农业信贷一直以来的痛点。全国农担体系实行优惠担保费率（平均担保费率仅为1%左右，远低于担保行业2%～3%的平均费率水平），并通过分险降低银行的风险敞口，促进银行逐步降低贷款利率，将新型农业经营主体综合融资成本基本控制在8%以下，部分省级农担公司结合本省的贴息政策，农户实际承担的综合融资成本更低。

八、风险防范控制总体良好

在全力推进业务上量的同时，全国农担体系按照党中央关于防范化解金融风险的要求，深入研究农业产业特点和农村社会特征，通过“看人看事识别风险”“保前保后防控风险”“多方合作分散风险”“清收保全化解风险”等方式建立符合农业产业特点和新型农业经营主体发展规律的风险管理模式。通过政策限定和督促指导，多数农担公司强化了风险防控意识，在产品设计中融入风控因素，总体实现了风险可控。2017年、2018年全国农担代偿率分别为1.7%和1.98%，远低于融资担保行业平均代偿率3.31%和3.74%的水平；2019年新增代偿率1.61%，其中政策性业务代偿率1.08%。33家省级公司中，21家本年新增代偿率低于2%，3家超过3%，最高达15.96%。

几年的实践证明，全国农担制度框架体系符合我国农业农村实际和市场规律，已经显现出了较好发展势头，但也存在业务发展不均衡、服务对象不精准、存在一定的风险隐患等问题。下一步，全国农担体系将继续严格按照中央要求，提高政治站位、坚持担当作为，以服务农业适度规模经营为目标，以稳健做大政策性业务规模为核心任务，在保持独立性的同时，不断加强专职人员队伍建设，采取垂直化、扁平化管理方式持续推进市县基层服务网络下沉；严格执行“双控”要求、政策性业务范围和标准，拓展对农业适度规模经营主体的首贷担、信用担保等业务；积极与银行合作，创新农民合作社、家庭农场、农业社会化服务组织、种养大户、小微农业企业等农业适度规模经营主体信贷服务模式，发挥专业优势，不断将担保规模、期限、项目类型等风控因素融入产品设计；创新符合农业农村实际的风险防控措施，降低或取消对反担保措施的要求，切实加强保后服务与管理，加快形成在客户发掘、产品创新、风险评价、保后服务、风险化解等方面的核心竞争力，全力助推乡村产业振兴和农业农村现代化。

（农业农村部计划财务司）

农业保险　织密农业“安全网”

近年来，在中央财政补贴政策支持下，我国农业保险快速发展，顶层设计逐步完善，农业保险产品和服务不断升级，已逐渐形成了“政府引导、市场运作、自主自愿、协同推进”的农业保险发展模式，初步建立了覆盖全国、涵盖主要大宗农产品的农业生产风险保障体系，保险已成为化解农业风险、稳定农业生产和增加农民收入的重要政策工具，已成为国家强农惠农富农政策的重要内容、农业支持保护的重要手段和农业现代化的重要支柱。

一、顶层设计逐步完善

党中央、国务院高度重视农业保险发展，2019年5月，中央全面深化改革委员会第八次会议审议并原则同意《关于加快农业保险高质量发展的指导意见》（以下简称《意见》）。2019年9月，财政部会同农业农村部、银保监会、国家林业和草原局联合印发了《意见》，从明确发展目标、提高服务能力、优化运行机制、加强基础建设等方面明晰了加快农业保险高质量发

全国农业保险深度情况

展的路径，为更好开展农业保险工作提供了基本遵循。明确提出农业保险高质量发展的主要目标，到2022年，水稻、小麦、玉米三大主粮作物农业保险覆盖率达到70%以上，收入保险成为我国农业保险的重要险种，农业保险深度达到1%，农业保险密度达到500元/人；到2030年，农业保险持续提质增效、转型升级，总体发展基本达到国际先进水平，实现补贴有效率、产业有保障、农民得实惠、机构可持续的多赢格局。

二、重大试点持续推进

落实党中央、国务院的部署要求，围绕“扩面、增品、提标”开展了一系列重大农业保险试点。2017年，贯彻落实《政府工作报告》关于对适度规模经营农户实施大灾保险的部署，在13个粮食主产省选择200个产粮大县，启动了农业大灾保险试点，将保障水平在覆盖直接物化成本的基础上，提高到“直接物化成本+地租成本”，2019年开始实施范围扩大到500个产粮大县。2018年，在6个粮食主产省共选择24个粮食生产大县，部署开展为期3年的水稻、小麦、玉米完全成本保险和收入保险试点，推动保障水平实现“直接物化成本+地租成本+劳动力成本”全成本、全覆盖，积极探索开展粮食收入保险。2019年，在10个省份启动中央财政对地方优势特色农产品保险以奖代补试点，2020年试点实施范围扩大至20个省份，每个试点省份的试点保险标的或保险产品增加至三种。从近年实施情况看，三项农业保险试点受到参保农户、承保机构和基层政府等各方的认可，在完善补贴品种体系、探索差异化定价机制、发挥应急救灾作用、助力脱贫攻坚等方面进行了有益的试点探索，取得了积极成效。

三、产品和服务不断创新

我国已建成基层农业保险服务网点40万个，基层服务人员近50万人，基本覆盖所有县级行政区域、95%以上的乡镇和50%的行政村。保险公司积极引入卫星定位、遥感、物联网、无人机等新技术，提升服务效率，增强农户的获得感。农业农村部从2015年开始，连续6年支持地方开展金融支农创新试点，引导地方农业农村部门与金融保险机构共同开展探索。始终将农业保险创新作为重要方向，**在保险标的上**，既包括水稻、马铃薯等大宗农产品和生猪、奶牛、水产等重要畜禽产品，也包括苹果、枸杞、茶叶等地方特色农产品；**在保险产品上**，既有收入保险、气象指数保险、质量安全保险等创新，也有与信贷、期货等多种金融工具融合的“农业保险+”。这些试点的开展，为推动完善我国农业保险产品体系、提升风险保障水平进行了超前探索。

四、风险保障能力不断增强

保险品种明显增多。中央财政补贴范围包括三大粮食作物及制种、马铃薯、油料作物、糖料作物、能繁母猪、奶牛、育肥猪、天然橡胶等16个关系国计民生的品种，各地积极发展地方特色优势产业保险，全国农业保险承保的农作物品种超过270类，农林牧渔各个农业生产领域均有产品服务覆盖。**保险覆盖面不断扩大。**2019年，水稻、小麦、玉米三大主粮作物承保覆盖面超过65%，能繁母猪、育肥猪等生猪保险承保4.12亿头。保险规模快速增长。2019年，农业保险全年实现年度保费收入672.5亿元，相比2015年提高近80%。“十三五”期间，农业保险累计为农业产业提供风险保障12.2万亿元，服务农户8.02亿户次。**财政支持力度持续加大。**各级财政安排保费补贴资金保持稳定增长，约占保费总收入的近八成，为推动农业保险持续健康发展提供了有效支撑。保险赔付水平逐渐提高。2019年，支付赔款560.2亿元，相比2015年提高115%，简单赔付率达到83%，受益农户4 918.25万户次。

在看到成绩的同时，也应清醒地认识到，相比于“三农”领域日益增长的风险保障需求和国际农业保险先进发展水平，我国农业保险还存在一定短板，主要体现在保险产品供需对接存在一定失衡、保险覆盖面不够宽、保障水平偏低、大灾风险分散机制缺乏以及查勘定损理赔机制创新不够等方面。展望“十四五”，农业保险坚持问题导向、目标导向，贯彻落实《关于加快农业保险高质量发展的指导意见》，按照全面实施乡村振兴战略、加快农业农村部现代化新要求，主动适应农业农村现代化的风险特点和风险需求，强化农业保险政策性定位，不断加大财政支持力度，大力推进农业保险产品和服务创新，不断提高农业保险保障水平，实现产业有保障、农民得实惠、补贴高效率、机构可持续。**一是提高大宗农产品政策性保障水平。**深化农业保险试点探索，推动扩大农业大灾保险试点覆盖面，稳步推进三大粮食作物完全成本保险和收入保险试点，推动大宗农产品保险费率决定、保障水平动态调整以及承保、损失核定、理赔等机制改革，提升农业保险效率和农民获得感。**二是大力发展优势特色农产品保险。**加快实施地方优势特色农产品保险以奖代补试点，做好试点品种选择、保险产品设计、服务模式创新等工作。在试点实施经验总结基础上，稳步扩大试点覆盖范围，推动提高优势特色农产品保险在我国农业保险体系中的比重。**三是推进以需求为导向的农业保险创新。**支持承保机构开发满足农户和新型农业经营主体需要的、保障水平更高的新型险种，探索构建“基本保障+附加保障”多层次农业保险体系，满足各类农业经营主体差异化、多层次风险保障需求。逐步完善再保险制度，向农业保险经营机构提供稳定的政策性再保险服务以及巨灾救助。**四是健全协同推进农业保险工作机制**。充分发挥农业保险工作小组作用，强化财政部、农业农村部、银保监等部门的统筹协调。强化信息共享，将农业保险运营和农业生产经营形成相关数据履行脱敏程序后，依法在合规范围内共享，提高农业保险规范性和便利性。**五是强化农业保险宣传培训**。综合运用电视、网络、新媒体等丰富宣传方式，创新宣传手段，加大宣传力度，通过接地气、农民喜闻乐见的宣传让广大农民更好了解保险、提升保险意识。建立常态化的培训制度，提升地方相关部门、保险公司的农业保险工作能力和水平，加快形成一支与农业保险高质量要求相适应的农业保险工作人才队伍。

（农业农村部计划财务司）

农村宅基地制度改革试点取得积极进展

2015年以来，根据中办、国办印发的《关于农村土地征收、集体经营性建设用地入市、宅基地制度改革试点工作的意见》，全国33个县（市、区）开展农村宅基地制度改革试点。各地按照“依法公平取得、节约集约使用、自愿有偿退出”的目标要求，围绕“两探索、两完善”，即完善宅基地权益保障和取得方式、探索宅基地有偿使用制度、探索宅基地自愿有偿退出机制、完善宅基地管理制度开展了试点工作，取得了积极进展。

一、完善宅基地权益保障和取得方式

试点地区因地制宜探索保障农民户有所居的多种实现方式：在传统农区完善“一户一宅”制度；在人均耕地少，二三产业比较发达的地区，在农民自愿的基础上，实行相对集中统建、多户联建等方式落实“一户一宅”；在土地利用总体规划确定的城镇建设用地规模范围内，通过建设新型农村社区、农民公寓和新型住宅小区保障农民“一户一房”。陕西高陵在城市规划区外的传统农区，实行“一户一宅”，在城市规划区内鼓励进城落户农民、务工人员有偿退出宅基地，自主选择进入政府建成的7个社区居住。福建晋江因地制宜按城中村、城郊村、郊外村分类采取“一户一宅”和“一户一居”并存的住房保障方式，实现农民住有所居、住有宜居。

二、探索宅基地有偿使用和自愿有偿退出机制

试点地区结合本地实际和农民意愿，针对因历史原因形成的超标准占用、一户多宅以及非本集体成员通过继承房屋或其他方式占用宅基地的，探索收取有偿使用费。同

时，一些试点地区还积极统筹农民住房财产权抵押试点，探索宅基地使用权抵押贷款。大部分试点地区主要通过宅基地复垦，以节余指标、地票、集地券等方式有偿交易，允许农民自愿退出宅基地。安徽金寨、四川泸县、河南长垣、湖北宜城、福建晋江分别退出宅基地4.85万亩、2.21万亩、0.94万亩、0.72万亩、0.70万亩。

三、完善宅基地审批和监管制度

试点地区按照利民便民的原则，简化宅基地审批流程，优化审批程序，将增量宅基地审批权下放至县级政府、存量宅基地审批权下放至乡级政府。浙江德清、义乌将宅基地审批环节全部纳入便民服务体系，实现“最多跑一次”服务，强化批后监管。大多数试点地区建立了村民事务理事会制度，充分发挥村民事务理事会在宅基地申请、流转、退出、收益分配等事务管理中的作用，保障宅基地管理各项制度得到严格执行。四川泸县增强镇级权能，向镇级政府下放宅基地执法权，建成宅基地“批、供、用、管”一体化县级管理信息平台。福建晋江开发了宅基地审批管理系统，可自动核对规划、用地红线、判断是否“一户多宅”，实现申请更便利，审批更智能。河南长垣将农民建房审批职能下放，明确村集体经济组织为村级规划落实主体和违法占地、违规建筑的追责主体。

四、探索宅基地“三权”分置有效实现形式

2018年，中央1号文件提出，探索宅基地所有权、资格权、使用权“三权”分置，落实宅基地集体所有权，保障宅基地农户资格权和农民房屋财产权，适度放活宅基地和农民房屋使用权。各地也在积极探索创新，浙江义乌率先开展了宅基地“三权”分置探索。充分发挥农村集体经济组织在集体成员资格确认、村庄规划、宅基地处置和收益分配等方面的主导作用。云南大理规范宅基地及地上房屋租赁用于乡村旅游，年期一般为20年以内，到期房地归还宅基地使用权人，村集体对流转的宅基地收取土地增值收益调节金。2019年中央1号文件提出，稳慎推进农村宅基地制度改革，拓展改革试点，丰富试点内容，完善制度设计。

农村宅基地制度改革事关农民切身利益，事关农村社会稳定和发展大局，是深化农村改革的重要内容。当前，农村宅基地制度不健全、管理不规范、闲置浪费严重等问题依然突出。2020年6月30日，中央全面深化改革委员会第十四次会议审议通过了《深化农村宅基地制度改革试点方案》。同年9月29日，中央农办、农业农村部召开深化农村

宅基地制度改革试点电视电话会议，在全国104个县（市、区）以及3个地级市启动实施新一轮农村宅基地制度改革试点。国务院副总理、中央农村工作领导小组组长胡春华出席会议并讲话，强调要深入贯彻习近平总书记重要指示精神，坚持稳中求进工作总基调，保持足够的历史耐心，周密谋划、有序实施，稳慎做好深化农村宅基地制度改革试点各项工作。下一步，要坚决贯彻党中央、国务院关于稳慎推进农村宅基地制度改革的要求，按照“一手抓管理、一手促改革”的思路，重点做好以下工作：**一是**做好新一轮农村宅基地制度改革试点工作，探索宅基地所有权、资格权、使用权分置实现形式，推动建立依法取得、节约利用、权属清晰、权能完整、流转有序、管理规范的农村宅基地制度体系。**二是**加快推进农村宅基地使用权确权登记颁证，探索赋予宅基地使用权作为用益物权更加充分的权能。**三是**建立健全农村宅基地管理体制机制，加快宅基地立法，严格落实“一户一宅”，加强宅基地规范化管理。**四是**完善农民闲置宅基地和闲置农房政策，鼓励和引导农村集体经济组织及其成员采取多种方式盘活利用农村闲置房地资源，为乡村振兴增添发展动力。

（农业农村部农村合作经济指导司）

第八篇

“十三五”时期我国农业现代化发展水平评估

实现农业现代化是建设社会主义现代化强国的一项重要任务。对“十三五”期间我国农业现代化发展水平进行评估，了解我国农业现代化发展的优势与不足，有助于为全面实现农业农村现代化提供指导和遵循。本报告从产业体系、生产体系、经营体系、质量效益、绿色发展、支持保护六个方面24个指标对全国“十三五”时期农业现代化发展水平进行评价，指出“十三五”期间农业现代化发展取得的成就及存在的短板。结果表明：全国农业现代化总体实现程度稳步提高，正处于农业现代化的转型跨越初期阶段，农业现代化六个方面发展差异较大。**从省级层面看**，13个省（自治区、直辖市）农业现代化发展水平超出全国农业现代化平均水平，区域间发展差距较大，农业现代化将分区域梯次实现，东部沿海发达地区将率先实现农业现代化；**从指标看**，产业体系发展水平处于领先位置，接近基本实现农业现代化水平，质量效益和经营体系是目前农业现代化发展的短板。新时代全面实现农业农村现代化，必须立足中国人多地少、大国小农的国情农情特点，实行以改革促升级、促转型、促融合、促振兴的总体策略，实施以下政策措施：一是加强顶层设计，探索中国特色农业农村现代化发展道路；二是以新的发展理念为指导，实现农业农村高质量发展；三是深化农业供给侧结构性改革，优化农村产业结构；四是注重优势互补和区域间协同发展，因地制宜全面推动农业农村现代化发展。

我国农业现代化发展水平进程评估

一、农业现代化发展水平的评估方法

（一）**农业现代化发展水平评价指标体系。**为贯彻落实《规划》关于“建立农业现代化监测评价指标体系，分级评价各地农业现代化进程和规划实施情况，定期发布结果”的要求，科学评价我国农业现代化发展水平，加快全国农业现代化建设步伐，特制订本指标体系（表3）。

本指标体系中各指标的目标值主要按以下三种方式确定：第一，根据《规划》确定目标值；第二，根据《关于创新体制机制推进农业绿色发展的意见》《“宽带中国”战略及实施方案》《全国农村经济发展“十三五”规划》《乡村振兴战略规划（2018—2022年）》确定目标值；第三，根据国际标准和2020年农业现代化发展水平的可行性确定目标值。评价指标数据属于统计部门统计范围内的，直接采用统计年鉴数据；属于行业部门统计范围内的，采用行业统计数据。确保评价指标数据真实有效，年度间口径一致、相互衔接。

表3　农业现代化发展水平评价指标体系

一级指标	权重	测算指标	权重	单位	属性	基本实现农业现代化目标值	全面实现农业现代化目标值
1.产业体系	20	(1)粮食产量稳定度	5		+	80	100
		(2)养殖业产值占农业总产值比重	5	%	+	45	60
		(3)农产品加工业与农业总产值之比	6	%	+	3.5	4.5
		(4)农林牧渔服务业增加值占农林牧渔业增加值的比重	4	%	+	4.8	8

（续）

一级指标	权重	测算指标	权重	单位	属性	基本实现农业现代化目标值	全面实现农业现代化目标值
2.生产体系	14	(5)农作物耕种收综合机械化率	5	%	+	75	90
		(6)农业科技进步贡献率	6	%	+	65	75
		(7)农业信息化率	3	%	+	60	70
3.经营体系	17	(8)土地适度规模经营比重	5	%	+	45	55
		(9)畜禽养殖规模化水平	5	%	+	70	80
		(10)水产养殖规模化率	4	%	+	12	16
		(11)家庭农场和合作社覆盖率	3	%	+	0.675	0.9
4.质量效益	22	(12)农业劳动生产率	5	元	+	50 000	65 000
		(13)农业土地产出率	6	万元/公顷	+	6	8
		(14)农民人均可支配收入	6	元	+	25 000	40 000
		(15)每万公顷优质农产品数量	3	个	+	24	32
		(16) 农产品出口指数	2	%	+	10.5	14
5.绿色发展	22	(17)万元农业GDP耗水	6	米^3	−	500	450
		(18)万元农业GDP耗能	5	吨标准煤	−	0.1	0.08
		(19)农药施用强度	4	千克/公顷	−	8	6
		(20)化肥施用强度	4	千克/公顷	−	300	225
		(21)农业废弃物利用率	3	%	+	80	90
6.支持保护	5	(22)农林水事务支出占农林牧渔业增加值的比重	2	%	+	30	40
		(23)单位农林牧渔业增加值的农业贷款投入	2	元	+	0.6	1
		(24)农业保险深度	1	%	+	0.8	1.2

注：“+”代表正指标，“−”代表逆指标。

（二）**农业现代化发展水平实现程度测算方法**。测算指标得分为指标现状值与全面现代化目标值的比值乘以权重，综合得分为各测算指标得分之和。各测算指标基本实现农业现代化目标值与全面实现农业现代化目标值的比值乘以权重之和，即为基本实现农业现代化的标准值。

第一步，计算农业现代化发展水平评价二级指标的实现程度。

正指标的计算方法为：

$$f\ (X_i)\ =\frac{X_i}{X^*_i}\times 100\% \qquad (1)$$

其中，$f(X_i)$ 为第 i 个二级指标的实现程度，X_i 为指标实际值，X^*_i 为指标目标值。

逆指标的计算方法为：

$$f(X_i) = \frac{X^*_i}{X_i} \times 100\% \qquad (2)$$

其中，$f(X_i)$ 为第 i 个二级指标的实现程度，X_i 为指标实际值，X^*_i 为指标目标值。

第二步，计算农业现代化二级指标得分：

$$F(X_i) = f(X_i) \times W_i \qquad (3)$$

式中，$F(X_i)$ 为第 i 个二级指标得分值，W_i 为第 i 个二级指标权重。

农业现代化一级指标得分即为其所含二级指标得分值之和，农业现代化一级指标实现程度即为一级指标得分值比上一级指标权重。

第三步，计算农业现代化发展水平综合得分：

$$AT = \sum_{i=1}^{n} F(X_i) \qquad (4)$$

式中：AT 为农业现代化发展水平综合得分，$F(X_i)$ 为第 i 个二级指标得分，n 为指标个数。各评价指标权重由技术、管理、政策等方面专家分别打分，加权平均确定。

（三）**农业现代化发展阶段划分**。在参考国内外农业现代化评价研究的基础上，参考发达国家的历程和农业发展的特点，根据农业现代化发展水平得分情况和农业现代化单项指标实现进度，将农业现代化划分为发展起步阶段、转型跨越阶段、基本实现阶段及全面实现阶段。农业现代化阶段划分分值标准见表4，农业现代化单项指标发展阶段划分标准见表5。

表4　农业现代化阶段划分

分值范围	农业现代化发展阶段
0～60	发展起步阶段
60～75	转型跨越阶段
75～85	基本实现阶段
85以上	全面实现阶段

表5　农业现代化单项指标发展阶段划分

指标实现度	农业现代化发展阶段
0～60%	发展起步阶段
60%～75%	转型跨越阶段
75%～85%	基本实现阶段
85%以上	全面实现阶段

二、农业现代化发展水平的总体实现程度评价

（一）**全国农业现代化处于转型跨越初期，总体实现程度稳步提高。**"十三五"时期[①]全国的农业现代化综合指数得分为60.39分[②]，表明全国农业正处于农业现代化转型跨越的初期阶段。"十三五"期间，全国农业现代化水平得分从56.95分增长到60.39分，年均增长1.15分。农业现代化综合得分呈现了稳定增加趋势，"十三五"期间共增长6%，2018年得分首次超过60分，进入转型跨越期。整体上，指标值显示"十三五"时期我国农业现代化呈现稳定向好的发展态势。

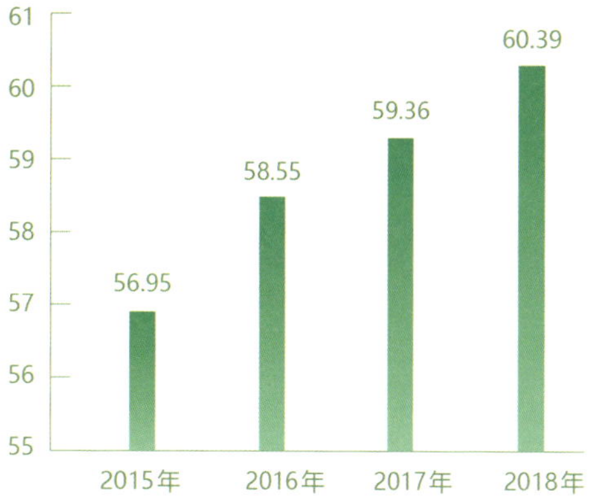

"十三五"时期农业现代化发展水平综合得分

（二）**农业现代化六个方面发展差异较大。**"十三五"时期，从六个一级指标来看，产业体系、生产体系、经营体系、质量效益、绿色发展、支持保护实现程度分别为57.5%、73.9%、57.0%、44.3%、71.3%和68.5%。其中生产体系已经接近75%的基本实现目标，处于转型跨越后期（实现程度73.9%）。绿色发展、支持保护处于转型跨越阶段，实现程度分别为71.3%和68.5%，处于从转型跨越阶段迈向基本实现阶段的关键节点。产业体系、经营体系、质量效益处于发展起步阶段，尤其是质量效益的实现程度为44.3%，远低于其他指标的实现程度，需重点关注。

（三）**农业现代化分指标发展阶段差距明显。**从分指标来看，"十三五"时期各指标发展阶段差距明显，80%以上的指标处于发展起步和转型跨越阶段。总的来说，"十三五"时期农业现代化实现程度有很大提升，但是各项指标实现程度差距明显（表6）。"十三五"时期已经基本实现农业现代化的指标只有粮食产量稳定度；实现程度为75%～85%的指标有4项（包含75%），分别为农作物耕种收综合机械化率、农业科技进步贡献率、万元农业GDP耗水、农林水事务支出占农林牧渔业增加值的比重，主要集中在生产体系方面；实现程度为60%～75%的指标有8项（包含60%），主要集中在绿色

---

①"十三五"时期是指2016—2020的五年，鉴于数据有限，笔者的分析截止到2018年。另外，2015年不是"十三五"规划实施的年份，但将其包括进"十三五"时期农业现代化水平的分析，有助于从时间趋势上理解和把握"十三五"时期我国农业现代化发展水平的变化。

②2018年为"十三五"时期的中间年份，用2018年农业现代化水平来表征"十三五"时期农业现代化的平均发展水平具有一定合理性，下文同。

发展方面；实现程度为60%（不含60%）以下的指标有11项，主要集中在质量效益方面。

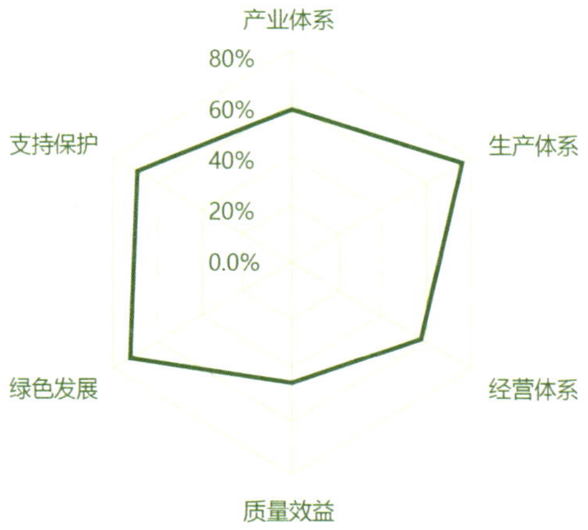

“十三五”时期现代化发展水平各一级指标总体实现程度

表6　“十三五”时期农业现代化具体指标实现程度

实现程度	指标个数	相应指标名称	指标实现程度（%）
85%以上	1	粮食产量稳定度实现程度	93.7
75%～85%	4	农作物耕种收综合机械化率	77.8
		农业科技进步贡献率	77.7
		万元农业GDP耗水	82.3
		农林水事务支出占农林牧渔业增加值的比重	78.0
60%～75%	8	畜禽养殖规模化水平	70.9
		家庭农场和合作社覆盖率	68.3
		农业土地产出率	62.6
		万元农业GDP耗能	64.8
		农药施用强度	66.2
		化肥总量零增长	66.0
		农业废弃物利用率	73.8
		农业保险深度	69.8
60%以下	11	养殖业产值占农业总产值比重	59.9
		农产品加工业与农业总产值之比	29.2
		农林牧渔服务业增加值占农林牧渔业增加值的比重	51.9
		农业信息化	59.8
		土地适度规模经营比重	57.5
		水产养殖规模化率	30.4
		农业劳动生产率	49.0
		农民人均可支配收入	36.5
		质量安全例行监测合格率实现度	7.8
		农产品出口指数得分	55.8
		单位农林牧渔业增加值的信贷资金投入	58.4

“十三五”时期中国农业现代化发展水平变化

“十三五”期间，中国经济保持了持续快速增长，中国农业现代化也取得良好进展，期间我国农业总体发展水平在产业体系、生产体系、经营体系、质量效益、绿色发展、支持保护六个方面取得一系列变化和成就。

一、农业现代化六个方面的变化

（一）**产业体系处于转型跨越初期阶段。**“十三五”期间，全国农业产业体系发展水平得分从12.33下降到11.50，年均减少0.27分，主要原因是粮食产量稳定度、农产品加工业与农业总产值之比、养殖业产值占农业总产值比重三个指标略有下降，但我国粮食生产维持在较高水平的形势未改变，指标仍超出85%的全面实现标准。农业产业体系的现代化实现程度由2015年的61.6%稳步增长到2017年的62.3%后，受中美贸易战、补贴政策、气候变化和市场不确定性等内外部冲击影响，2018年产业体系的现代化实现程度略有下降，降为57.5%。

产业体系包括粮食产量稳定度、养殖业产值占农业总产值比重、农产品加工业与农业总产值之比、农林牧渔服务业增加值占农林牧渔业增加值的比重四个指标，“十三五”时期各指标值分别为93.7、35.9%、1.31%、4.15%，实现度分别为93.7%、59.9%、29.2%、51.9%。其中，粮食产量稳定度处于全面实现阶段，其他三个指标处于起步发展期。养殖业产值占农业总产值比重（59.9%）、农林牧渔服务业增加值占农林牧渔业增加值（51.9%）处于起步发展后期。其中，农林牧渔服务业增加值占农林牧渔业增加值表现出稳定增长态势，“十三五”时期年均增长18%左右。

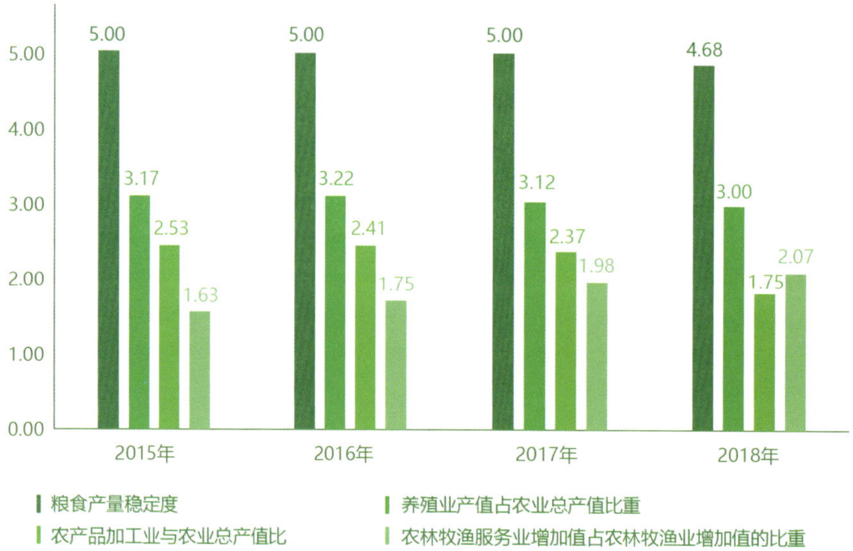

“十三五”时期农业现代化产业体系二级指标得分变化情况

（二）**生产体系处于转型跨越后期阶段。**“十三五”期间，全国农业生产体系水平得分从9.09增长到10.34，年均增长0.42分。生产体系包括农作物耕种收综合机械化率、农业科技进步贡献率和农业信息化率三个指标，“十三五”时期各指标值分别为70.0%、58.3%、41.8%，实现度分别为77.8%、77.7%和59.8%，整体上处于转型跨越后期。农业信息化实现程度较低，尚未达到60%，但“十三五”期间农业信息化的大幅提升是生产体系水平加快增长的关键，四年间农业信息化的增长幅度接近了74%（得分从1.03增长到1.79）。农作物耕种收综合机械化率、农业科技进步贡献率呈现小幅稳步增长特点。

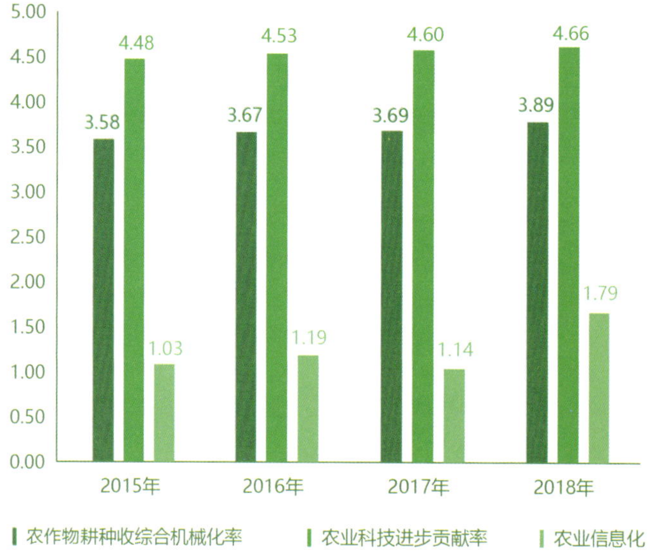

“十三五”时期农业现代化生产体系二级指标得分变化情况

（三）**经营体系处于发展起步后期阶段。**“十三五”期间，全国农业经营体系水平得分从9.7变化到9.69，基本维持了在9.7分左右。经营体系用土地适度规模经营比重、畜禽规模化养殖比重、水产养殖规模化率、家庭农场和合作社覆盖率四个指标衡量。各指标值分别为32%、57%、4.87吨/人、0.61%，实现程度分别为57.5%、70.9%、30.4%、68.3%，整体处于发展起步阶段后期。“十三五”期间，土地适度规模经营比重和水产养殖规模化率两个指标得分稳步小幅增长；畜禽规模化养殖比重指标得分在2017年出现小幅下降，2018年有所提高但仍低于2015年水平；家庭农场和合作社覆盖率指标得分在2015年和2016年保持稳定的情况下，2017年大幅增加至2.83，随后2018年下降至2.05，成为经营体系得分略微下降的主要原因。

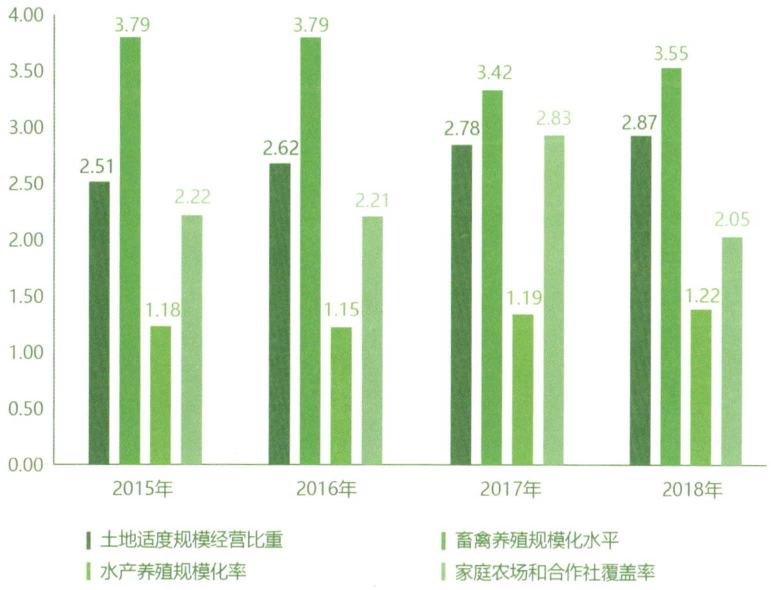

“十三五”时期农业现代化经营体系二级指标变化情况

（四）**质量效益处于发展起步阶段后期。**“十三五”期间，全国质量效益水平得分从8.58增长到9.75，年均增长0.39分。质量效益选取农业劳动生产率、农业土地产出率、农民人均可支配收入、每万公顷优质农产品数量、出口指数得分五个指标。各指标值分别为31 879.54元、5.0万元/公顷、14 617.0元、2.48个、7.81%，实现程度分别为49.0%、62.6%、36.5%、7.8%、55.8%，整体上处于发展起步阶段后期。质量效益全部五个指标均在四年间有较快地增长，其中，农民人均可支配收入指标得分增长达28%，每万公顷优质农产品数量指标得分增长达35%。

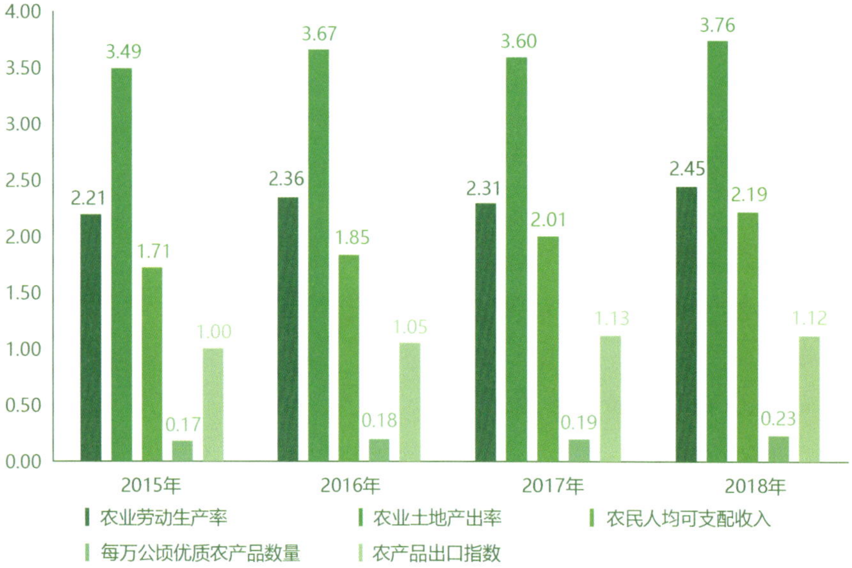

“十三五”时期农业现代化质量效益体系二级指标得分变化情况

（五）**绿色发展处于转型跨越阶段后期。**“十三五”期间，全国绿色发展水平得分从14.25增长到15.68，年均增长0.48分，呈现出了波动式增长特点。绿色发展用万元农业GDP耗水、万元农业GDP耗能、农药施用强度、化肥施用强度、农业废弃物利用率五个指标来衡量。各指标值分别为546.8米^3、0.12吨标准煤、9.06千克/公顷、340.8千克/公顷、79.5%，实现度分别为82.3%、64.8%、66.2%、66.0%、73.8%，整体上处于转型跨越后期。“十三五”时期五个指标中的万元农业GDP耗水、化肥施用强度、农业废弃物利用率三个指标农业现代化水平得分分别增长12%、6%、18%，是拉动绿色发展水平的重要指标，体现了农业现代化进程中绿色发展的加速进步。

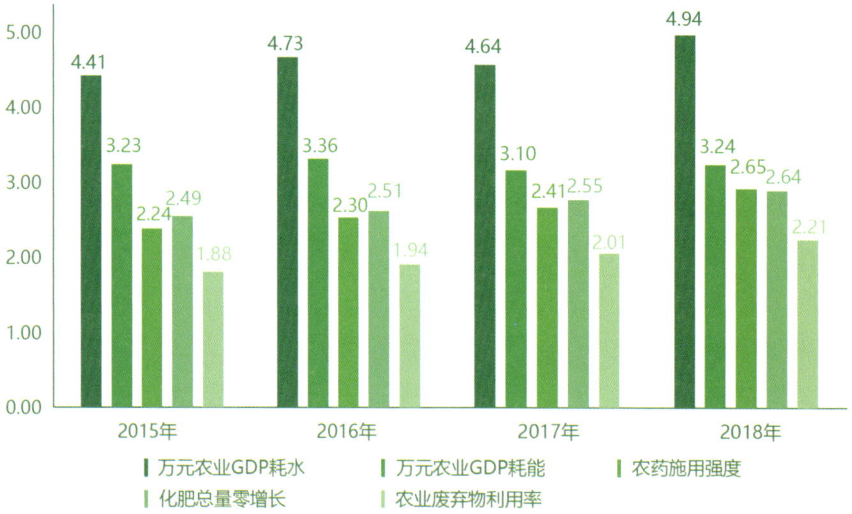

“十三五”时期农业现代化绿色发展体系二级指标得分变化情况

（六）**支持保护处于转型跨越中期阶段。**“十三五”期间，全国支持保护水平得分从3.00增长到3.43，年均增长0.14分。支持保护用农林水事务支出占农林牧渔业增加值的比重、单位农林牧渔业增加值的信贷资金投入、农业保险深度三个指标来衡量。各指标值分别为31.2%、0.58元、0.8%，实现度分别为78.0%、58.4%、69.8%，整体上处于转型跨越中期阶段。农业保险深度得分增长达40%，农林水事务支出占农林牧渔业增加值的比重指标得分增长达13%，成为拉动指标得分增长关键因素，我国稳定增长的支持保护力度对农业现代化作用突出，维持合理的支持保护水平十分必要。

“十三五”时期农业现代化支持保护体系二级指标得分变化情况

二、农业现代化发展的优势项与劣势项

“十三五”时期，从产业体系下的4个二级指标的变化情况看，粮食产量稳定度实现程度明显高于其他3个二级指标实现程度，是产业体系的优势项，而农产品加工业实现程度是劣势项，仅实现不到30%。2019年《政府工作报告》中强调要“扶持主产区发展农产品精深加工”。发展农产品精深加工，有利于推动农村产业振兴和一二三产业融合发展，加快推进我国农业农村现代化进程。生产体系、经营体系、质量效益、绿色发展和支持保护方面也都存在较为突出的滞后项，如：农业信息化率（59.8%）、水产养殖规模化率(30.4%)、每万公顷优质农产品数量(7.8%)、万元农业GDP耗能(64.8%)、单位农林牧渔业增加值的农业贷款投入(58.4%)等，这些二级指标都降低了其所在的一

级指标的实现程度（表7）。从分指标现代化实现程度看，“十三五”时期全国农业质量效益和经营体系现代化实现程度分别为44.3%和57.0%，其实现程度远落后于其他一级指标；其次，全国农业质量效益现代化实现程度增长缓慢，经营体系现代化实现程度有所降低。从质量效益和经营体系的劣势项看，农业劳动生产率、农民人均可支配收入、每万公顷优质农产品数量、水产养殖规模化率是目前短板中的主要影响因素。

表7　农业现代化发展的优势项与劣势项

一级指标		实现程度	实现程度
1.产业体系	优势项	粮食产量稳定度	93.7%
	劣势项	养殖业产值占农业总产值比重	59.9%
		农林牧渔服务业增加值占农林牧渔业增加值的比重	51.9%
		农产品加工业与农业总产值之比	29.2%
2.生产体系	优势项	农作物耕种收综合机械化率	77.8%
		农业科技进步贡献率	77.7%
	劣势项	农业信息化率	59.8%
3.经营体系	优势项	畜禽养殖规模化水平	70.9%
		家庭农场和合作社覆盖率	68.3%
	劣势项	土地适度规模经营比重	57.5%
		水产养殖规模化率	30.4%
4.质量效益	优势项	农业土地产出率	62.6%
	劣势项	农产品出口指数	55.8%
		农业劳动生产率	49.0%
		农民人均可支配收入	36.5%
		每万公顷优质农产品数量	7.8%
5.绿色发展	优势项	万元农业GDP耗水	82.3%
		农业废弃物利用率	73.8%
	劣势项	农药施用强度	66.2%
		化肥施用强度	66.0%
		万元农业GDP耗能	64.8%
6.支持保护	优势项	农林水事务支出占农林牧渔业增加值的比重	78.0%
	劣势项	农业保险深度	69.8%
		单位农林牧渔业增加值的农业贷款投入	58.4%

省级层面农业现代化发展水平实现程度评价

在对全国农业现代化发展水平评价基础上，对当前不同省份（自治区、直辖市）农业现代化发展水平进行评价，进一步结合各项一级指标评价结果，找出各地在农业现代化发展水平进程中存在的突出困难和不足。通过比较分析，为“十四五”时期推进农业农村现代化提供借鉴和参考。

一、省级层面总体评价结果

基于本报告构建的“农业现代化发展水平评价指标体系”，对“十三五”时期全国和31个省（自治区、直辖市）农业现代化发展水平进行评价和对比。评价结果如下图所示。从农业现代化发展水平的分地区排名看，以全国发展水平为标准，农业现代化发展水平高于全国整体水平的有13个省（直辖市），依次为上海、江苏、浙江、天津、山东、安徽、湖北、福建、黑龙江、辽宁、江西、河南、北京，这些地区的农业现代化发展水平领先于全国。其中，上海、江苏在“十三五”时期的农业现代化水平综合得分分别为72.43和71.60，已经相当接近75分基本实现农业现代化的标准，处于转型跨越阶段的中后期。同时，基于前文测算的2015年以来的全国农业现代化发展水平的年均增长程度（1.15分），上海和江苏只需再有2 ～ 3年时间即可基本实现农业现代化，即当前上海和江苏可能已经基本实现了农业现代化。而一些排名靠后的省份，如广西、贵州、甘肃、云南、西藏等省份，目前农业现代化发展水平的综合评估得分都低于50分，尚处于发展起步阶段，需重点关注这些省份的农业现代化进程。

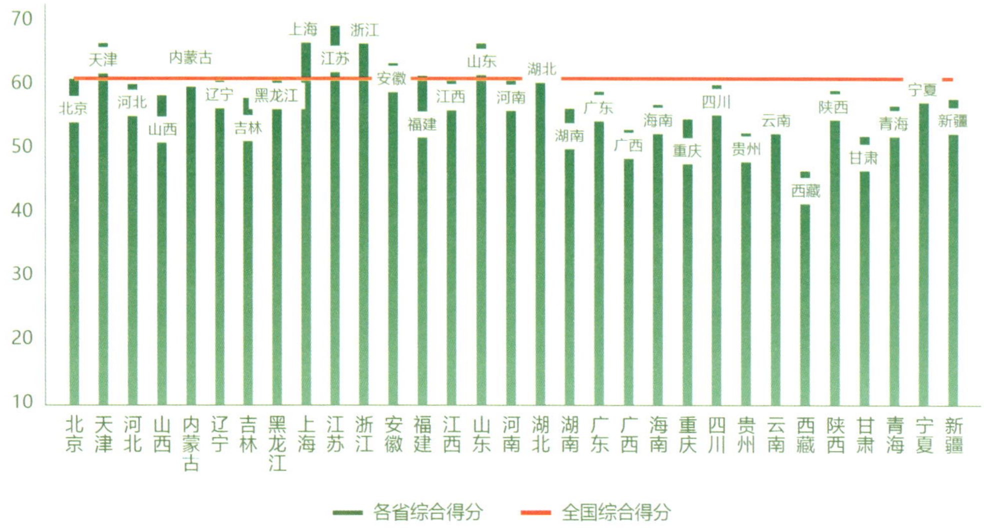

“十三五”时期农业现代化发展水平分省评价

二、省级层面分指标评价结果

针对各项一级指标，考察不同省份的具体发展情况，分析影响农业现代化发展水平的优势项和劣势项指标。其中，在产业体系一级指标中，排名前三位的省（直辖市）依次为天津、山东、上海，这些地区的优势项集中体现在养殖业产值占农业总产值比重、农产品加工业与农业总产值之比、粮食稳定度实现度等指标方面，如“十三五”时期天津、山东粮食稳定度实现度均为100%，天津农产品加工业与农业总产值之比指标实现程度为89%，山东农林牧渔服务业增加值占农林牧渔业增加值的比重实现度为76.3%；排名后三位的地区为新疆、重庆、云南，这些地区的劣势项主要体现在粮食产量稳定度（实现程度均为40%）、农产品加工业与农业总产值之比方面（实现程度均不足25%）（表8）。

表8　农业现代化发展水平一级指标分地区比较

一级指标	分项指标基本实现程度排名（由高至低）	
	排名前三	排名后三
产业体系	天津、山东、上海	新疆、重庆、云南
生产体系	黑龙江、江苏、上海	云南、西藏、贵州
经营体系	新疆、山西、内蒙古	云南、贵州、西藏
绿色发展	四川、重庆、贵州	西藏、新疆、上海
质量效益	上海、浙江、北京	西藏、山西、甘肃
支持保护	内蒙古、上海、宁夏	重庆、山东、广东

在生产体系一级指标中，排名前三位地区依次为黑龙江、江苏、上海，这些地区的优势项集中在农业信息化实现度和农作物耕种收综合机械化率实现度。“十三五”时期黑龙江省农作物耕种收综合机械化率实现程度和江苏、上海农业信息化实现程度都达到了100%。而排名后三位的地区为云南、西藏、贵州，这些省份的农业信息化（实现度均值低于35%）和农作物耕种收综合机械化率（实现度均值低于40%）都远远低于全国平均水平。

在经营体系一级指标中，排名前三位的省（自治区）依次为新疆、山西、内蒙古，这些地区的优势项集中在家庭农场和合作社覆盖率、畜禽养殖规模化水平和土地适度规模经营比重三个指标方面。“十三五”时期山西、内蒙古的家庭农场和合作社覆盖率实现度达100%，山西的畜禽养殖规模化水平实现度达100%。而排名后三位的地区为云南、贵州、西藏，这些省份经营体系下的二级指标实现度均不足40%，在实现农业现代化进程中需重点关注。

在绿色发展一级指标中，排名前三位的地区依次为四川、重庆、贵州，这些地区的优势项主要表现在万元农业GDP耗水、万元农业GDP耗能、农药施用强度实现度等指标上，“十三五”时期四川、重庆两地的这三项指标实现度均达到100%；排名后三位地区为西藏、新疆、上海，这些省份的万元农业GDP耗水、万元农业GDP耗能两项指标（实现度均值不足25%）低于全国一般水平。尤其注意上海，在农业现代化发展综合水平排名靠前的情况下，万元农业GDP耗水、万元农业GDP耗能两项指标为该地区的最短板，需注意加快补齐。

在质量效益一级指标中，排名前三位的地区依次为上海、浙江、北京，这些地区的优势项主要体现在农业土地产出率、农业劳动生产率、农产品出口指数等指标方面。“十三五”时期，农产品出口指数在这三个地区的实现度都达到100%，上海的农业劳动生产率实现度达100%，浙江的农业土地产出率实现度达100%。排名后三位的地区为西藏、山西、甘肃，这些地区的质量效益一级指标下的5个二级指标实现度均在30%以下，远低于全国平均水平。尤其山西省农业现代化发展综合水平在全国排名靠前，而质量效益这一单指标排名位于全国末尾，说明质量效益是山西省农业现代化发展的弱势项，山西省在推动农业现代化发展进程中需重点关注质量效益方面。

在支持保护一级指标中，排名前三位地区依次为内蒙古、上海、宁夏，“十三五”时期这三个地区支持保护下的三个二级指标实现度都达到了100%。而排名后三位的地区为重庆、山东、广东，这些省份的农林水事务支出占农林牧渔业增加值的比重、农业保险深度和单位农林牧渔业增加值的贷款投入实现度都远远低于全国平均水平。

通过分析各地在推进农业现代化进程中的优势项和劣势项指标，可以归纳出不同一级指标下需特别注意的短板项。其中，**产业体系一级指标**应重点关注农产品加工业与农业总产值之比，大力发展区域农产品加工，注重区域农产品加工业的品牌化发展和绿色化发展，使农民能够更多分享农产品加工增值的利益。**生产体系一级指标**应重点关注农业信息化，加快以信息化推进农业农村现代化，优化提升“三农”信息化服务水平。**经营体系一级指标**应重点关注土地适度规模经营，适度规模经营是进一步提升农业经济效益、提高农机作业水平和保障国家粮食安全的必由之路。**质量效益一级指标**，一方面要重点关注农产品质量安全问题，提高农产品加工质量保证；另一方面是要持续关注农业科技投入，持续提高农业劳动力生产率和农业土地产出率。**绿色发展一级指标**应重点关注加快农药、化肥的减量化，以先进的基础设施投入减少农业生产的能耗和水耗。**支持保护一级指标**，一方面要持续进行农业现代化基础设施建设的资金投入供给，另一方面要注意完善我国农业保险水平。

综合省级层面农业现代化发展水平的总体进程和分指标评价结果，首先，在一级指标上的整体表现来看，绿色发展和质量效益两项一级指标，是绝大部分地区农业现代化发展水平的突出短板，这些项目如不能处理好，将会降低全国农业现代化发展水平的质量。其次，从不同省（自治区、直辖市）间的对比来看，东部沿海地区、发达省份或直辖市在农业现代化发展水平总体进程上领先，主要表现为农产品加工业和养殖业发展良好、土地适度规模经营程度高、农业基础设施较为完善等。而西部地区、贫困地区、少数民族地区的省份在各项一级指标上都存在明显短板，农业现代化建设方面还需要加快进度。

三、区域间发展差距较大，农业现代化分区域梯次实现

区域间发展差距较大，各地区农业发展基础和综合经济实力有较大差别，农业现代化将分区域梯次实现。东部沿海发达地区将率先实现农业现代化；中部地区和东北地区通过继续转变发展思路，加快农业转型升级，具有加快实现农业现代化的潜力；西部地区需要借鉴东中部地区发展经验，在更多支持保护力度基础上，争取在实现农业现代化过程中不掉队。

“十三五”时期东部地区的农业现代化综合指数得分为70.47分，表明东部地区农业总体正处于农业现代化的转型跨越阶段后期。其中，产业体系现代化实现程度达到了65.6%，生产体系现代化实现程度达到了81.1%，经营体系现代化实现程度达到了72.3%，质量效益现代化实现程度为66.0%，绿色发展现代化实现程度为74.8%，支持保护水平现代化实现程度为54.6%。

“十三五”时期中部地区和东北地区的农业现代化综合指数得分分别为63.96分和62.57分，表明中部和东北地区农业总体正处于农业现代化的转型跨越初期阶段。其中，产业体系现代化实现程度达到了60.6%和38.3%，生产体系现代化实现程度达到了73.5%和83.7%，经营体系现代化实现程度达到了74.7%和91.8%，质量效益现代化实现程度为41.3%和40.2%，绿色发展现代化实现程度为74.7%和68.9%，支持保护水平现代化实现程度为66.3%和71.7%。从区域看，东北地区作为我国的产粮北大仓，经营体系实现度最高，但同时产业体系实现度最低，在推进农业现代化过程中应大力发展配套的产业体系，推进当地农产品加工业发展，以“粮头食尾、农头工尾”为抓手，提高农业现代化发展进程。

“十三五”时期西部地区的农业现代化综合指数得分为56.58分，表明西部地区农业总体正处于农业现代化的发展起步阶段后期。其中，产业体系现代化实现程度达到了44.4%，生产体系现代化实现程度达到了64.2%，经营体系现代化实现程度达到了61.8%，质量效益现代化实现程度为34.4%，绿色发展现代化实现程度为75.2%，支持保护水平现代化实现程度为81.4%。西部地区整体农业现代化发展水平低于全国平均水平，但其支持保护实现度相对较高，表明为了使西部地区不落队，我国在“十三五”时期对西部地区农业支持保护力度较大。

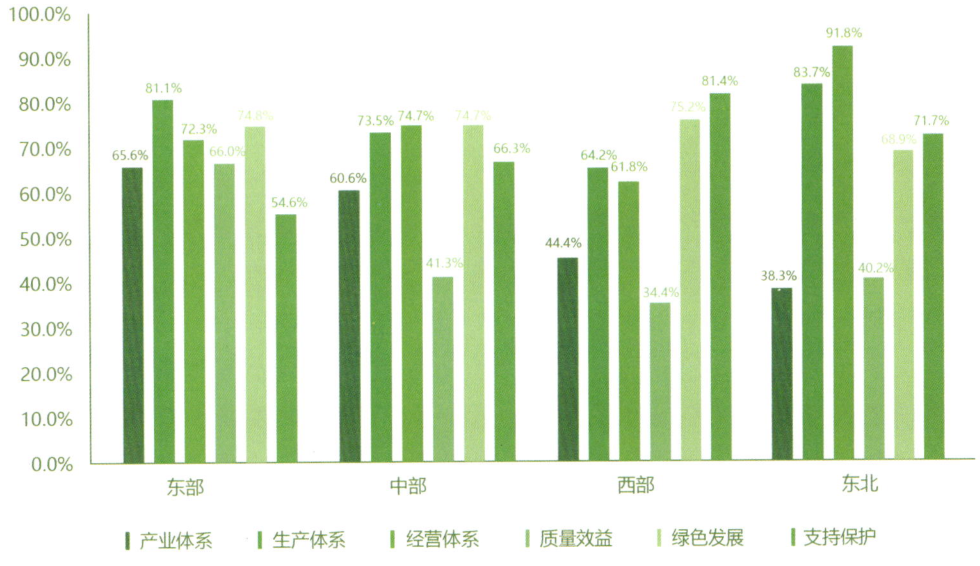

“十三五”时期农业现代化发展水平分区域实现程度评价

“十四五”时期推进农业农村现代化发展的战略举措

当前，质量效益、经营体系以及区域差异依然是推进农业农村现代化进程中的突出短板和薄弱环节。实现农业农村现代化是一项复杂而艰巨的系统工程，在“十四五”时期，需实行多措并举、长短结合，用新理念、新思维、新举措，加快推进农业农村现代化。

一、加强顶层设计，探索中国特色农业农村现代化发展道路

发展现代农业、推进农业农村现代化进程，需基于我国基本国情，把握农业现代化发展特征，探索中国特色农业农村现代化发展道路。**首先，加强顶层设计和谋划布局，发挥好总揽全局的作用。**要树立问题导向，为实现农业可持续发展和农民幸福感提升，需以保障国家粮食安全为重点，以推进农业供给侧结构性改革为主线，探索适合我国国情的农业现代化发展道路。要从薄弱环节出发，优先补足农业农村现代化发展短板，循序推进各项改革措施。**其次，需努力处理好政府与市场之间的关系，寻求政府行为和市场功能的最佳结合。**使市场在资源配置中发挥决定性作用，强化农业农村市场体系建设，减少行政干预。**最后，要在家庭联产承包经营的基础上，实现小农户与现代农业发展的有机衔接。**通过培育新型农业经营主体和服务主体，推动土地适度规模经营；通过建立完善的农业社会化服务体系，提高小农户的组织化程度，探索中国特色的农业农村现代化发展道路。

二、以新发展理念为指导，实现农业农村高质量发展

结合当前我国农业农村发展面临的环境与挑战，加快推进农业农村现代化的实施，重点要抓好农业农村产业升级工程，实现农业农村高质量发展目标。坚持“优质、高效、绿色、生态、安全”的发展理念，利用农业高新技术对传统畜牧业、水产业、种植业、农产品加工业等产业进行升级改造，形成规模效应，提高农业生产率。推动农村一二三产业融合与发展，延长产业链条，发展休闲农业、康旅养老、文化创意、农村电商、物流配送、农业技术推广与科普教育等新型乡村产业。以新发展理念为指导，实施农业产业升级，以建设生态宜居乡村为目标，实现农村全价值链提升，扩大农村劳动力多渠道就业，增加农民收入。

三、深化农业供给侧结构性改革，优化农村产业结构

不断变化的经济形势、市场需求等，给农业农村现代化提出了新要求，也带来了新机遇。农村产业结构调整既涉及横向的农业产业内部和农村一二三产业间结构调整，也涉及纵向的产业链条上的要素投入和发展动力的更新。在当前全球遭遇疫情冲击的形势下，必须以粮食安全保障的长期化作为前提，在总量平衡的基础上，进一步优化农村产业结构和布局，深入推进农村产业质量变革、效率变革、动力变革。“十四五”时期，要在保障粮食安全的前提下，全面推进农产品提质增效，不断优化农村产业结构、产品结构和布局结构，引导农业从“大而不强”向高产、高效和高附加值转变提升。

四、注重优势互补和区域间协同发展，因地制宜全面推动农业农村现代化发展

从发挥农业农村多种功能维度出发，要更加注重区域间协同发展，发挥生产功能区、生态功能区、休闲农业区等区域的不同优势，以发挥区域特色为抓手，树立分功能区分类型实现农业农村现代化思路，全面推进农业农村现代化。

在“十三五”农业现代化基础上，“十四五”时期要将现有的发展优势更加凸显，将传统劣势变优势。根据各地区农业在各区域扮演的不同角色，应制定针对不同区域的农业农村现代化发展规划。比如：粮食主产区和重要农产品保护区从保障国家粮食安全和重要农产品供给等角度制定农业农村现代化发展目标，提高基础设施水平和技术装

备，促进农业规模化经营和农业配套产业发展；大城市或都市农村从发展都市农业、休闲农业、提升城乡融合发展程度等角度制定农业农村现代化发展目标，提高城乡融合发展水平，实现城乡要素双向流动，农业农村价值全面提升；西部偏远地区及农牧区，要注重发挥特色农牧业优势，通过现代科技企业、种养大户、返乡创业人员等带动，提升其特色农业现代化经营管理水平，同时，更要注重生态保护，搞好绿色优质品牌发展，发展生态休闲旅游项目，发挥“绿水青山就是金山银山”优势，全面提升生态价值。各地通过优势互补，因地制宜制定发展策略，在全国范围内以区域间协同高效发展为目标，全面推进农业农村现代化发展。

第九篇

我国农业现代化推进模式

我国农业现代化历经数十年建设历程，取得的辉煌成就，是全国各地各部门带领全体人民积极实践探索、努力奋斗的结果。各地立足自身资源禀赋，综合考虑产业特征、区位条件、经济社会发展环境等各种因素，注重扬优势、补短板，探索出了一批具有区域代表性、符合发展趋势、充满内在活力的农业现代化模式，走出了各具特色的农业现代化发展道路。

农业废弃物变废为宝
生态循环农业助力乡村振兴

——河北省“十三五”农业现代化发展回顾

河北省是畜牧大省，是全国重要的畜产品供应基地。2019年，全省肉、蛋、奶总产量分别为430万吨、385万吨和429万吨，分别位居全国第五、第三和第三位。在农业现代化快速推进的同时，也产生了大量农业废弃物，每年产生畜禽粪污量约1.62亿吨、秸秆约5 200万吨、废弃地膜15万吨，给生态环境带来很大压力。

农业废弃物都是放错位置的资源。“十三五”以来，河北省转变发展理念，大力发展生态循环农业，积极推进农业废弃物资源化综合利用，实现“变废为宝”，既美化了环境，也走出了一条具有河北特色的绿色兴农之路。

一、加强顶层设计，加大政策扶持，扎实推进农业废弃物资源化利用

习近平总书记强调，加快推进畜禽养殖废弃物处理和资源化，关系6亿多农村居民生产生活环境，关系农村能源革命，关系能不能不断改善土壤地力、治理好农业面源污染，是一件利国利民利长远的大好事。河北省牢记总书记嘱托，把畜禽养殖废弃物资源化利用作为农业绿色发展的重中之重，坚持问题导向，持续自我加压，制定更高目标，细化时间表和路线图，积极培育、总结、推广有效治理模式，整市、整县强力推进，完善粪污处理设施装备配套，提升粪污资源化利用水平。

（一）**加强顶层设计，分解任务目标。**先后制定《河北省畜禽养殖废弃物资源化利

用工作方案》《河北省畜禽养殖废弃物资源化利用专项行动方案（2020—2022年）》，确定“突出重点、梯次推进、逐县销号”的工作原则，构建起“种养结合、科技引领、农牧循环”的长效机制。建立省级畜禽养殖监测评估中心，开展畜禽养殖环境和承载能力监测，在全国率先启动30个畜牧大县畜禽养殖环境承载能力评估，促进畜禽养殖与环境承载能力相匹配。召开全省畜禽养殖废弃物资源化利用现场会，推广好经验、好做法。各市均出台行动计划，分解任务目标，创新政策措施，确保各项任务目标按期完成。

（二）**加大资金投入，强化政策扶持**。2017—2020年，河北积极争取中央资金、统筹省市级资金，支持70个畜牧大县整县推进畜禽养殖废弃物资源化利用工作。设置畜禽粪污综合利用专项资金，重点支持整县推进以粪污秸秆为主要原料的大型沼气工程建设。积极落实天然气入城管网和粪污资源化利用工程占地的扶持政策，对生物天然气符合城市燃气管网入网技术标准的，督促经营燃气管网的企业接收其入网。对以畜禽养殖废弃物为主要原料的规模化生物天然气工程、大型沼气工程、有机肥厂、集中处理中心建设用地纳入土地利用总体规划，在年度用地计划中优先安排。

（三）**明确重点区域，优化产业布局**。对规模养殖场数量大的唐山、保定、沧州、秦皇岛、石家庄等畜禽粪污资源化利用区域，重点开展承载能力评估，科学布局，控制养殖总量。对养殖承载能力较大的区域，推进粪污场户收集堆沤就近还田，促进当地消纳，实现农牧循环。在晋州、新乐、威县、泊头等70个畜牧大县的养殖密集区域，推进粪污集中收储生产有机肥，促进统一收集处理，实现高值利用。在安平、定州、三河等15个环境容量小或者有投资基础的区域，推进粪污秸秆全量化能源利用，促进市场化运营，实现整区域综合利用。

（四）**实施源头减量，完善设施配套**。引导养殖场建设与养殖规模相配套的粪污资源化利用设施设备。鼓励养殖场将水冲粪工艺改造为干清粪或水泡粪，控制用水量，从源头控制粪污产生总量。支持养殖场建设雨污分离设施，防止雨水混进粪污造成的总量增加。科学配备粪污处理设施，公布适合河北省的8种粪污处理方式，指导养殖场根据不同畜种和养殖规模选择适合的处理方式，配建相应的设施设备。同时，农业农村部门对养殖场粪污处理设施建设情况逐一排查，按照“一场一策一方案”要求进行指导服务。加强监管监测，保证粪污处理设施正常使用，防止粪污偷运偷排。

在“顶层”与“基层”的良性互动中，河北省畜禽养殖废弃物资源化利用工作取得了显著成效。2019年，全省畜禽粪污综合利用率达到75.8%，规模养殖场粪污处理设施装备配套率达到97.4%，提前一年完成国家任务目标，分别超出国家任务目标0.8个和17.4个百分点，大型规模养殖场粪污处理设施装备配套率达到100%。

安平整县制全量化推进能源利用

平坦的水泥路、整齐的行道树，没有了熟悉的“味道”，看不见一点粪污的踪影，走进衡水市安平县的河北裕丰京安养殖有限公司（以下简称“京安公司”），眼前的景象颠覆了人们对传统养殖场粪便堆积、污水横流的印象。

京安公司是农业产业化国家重点龙头企业、国家生猪活体储备基地，年出栏生猪26万头。但粪污产生量巨大，仅粪便每天都有800余吨，处理不好严重污染环境，利用好就是“聚宝盆”。京安公司积极探索，在猪舍下预埋管道，通过厌氧发酵的方式制取沼气，再利用沼气发电，沼渣沼液作为有机肥反施到农田等，形成了“畜禽粪污—沼气—电—热—有机肥—农作物—饲料—养殖”绿色农业生态循环模式，让猪粪、废水等废弃物变废为宝，实现了资源化有效利用。

京安公司所在的安平县年出栏生猪83万头，年产粪污量更是令人瞠目。“猪必须养好，粪污不能成灾”！为解决发展和畜禽粪污带来的环境治理难题，大力推广京安公司绿色农业生态循环模式，按照“政府引导、企业主体、市场运作”的工作思路，整县推进畜禽养殖废弃物资源化利用，建设多个沼气发电、有机肥加工、沼气提纯、生物质热电联产等项目，全县养殖粪污、作物秸秆基本实现全量化处理，年处理粪污50多万吨、秸杆29万吨，生产固态和液态有机肥25万吨。

安平县形成的以畜禽废弃物为原料，以大型沼气工程集中处理为抓手，打造电、气、热、肥新能源环保产业，实现县域内“畜禽废弃物一律不剩、化肥使用量一律不增、煤炭能源一律不用”的整县全量化能源利用模式，是河北省坚持人与自然和谐共生，走乡村绿色发展之路，加快推进畜禽养殖废弃物处理和资源化利用，促进畜牧业绿色可持续发展的一个缩影。

总产业链流程图

加快形成绿色发展方式，是解决污染问题的根本之策。如今在河北省，畜禽养殖废弃物并非垃圾，而是错位的资源。通过让畜禽粪污“变废为宝”，有效平衡了发展与生态环境保护之间的关系，提高了农业综合生产能力，缓解了养殖业给生态环境带来的污染，实现了生态与经济双重价值。

二、突出重点，紧抓关键，全力推动生态循环农业迈上新台阶

资源与环境，是农业发展的两道“紧箍咒”。近年来，河北省在立足农业资源优势下，认真贯彻落实创新、协调、绿色、开放、共享的发展新理念，突出畜禽粪污、农作物秸秆、农用薄膜三大重点废弃物，推进农业供给侧结构性改革，抓住资源化利用和治理的关键环节，探索生态循环农业发展方式，为农业发展提供新动力、拓展新空间。

（一）**畜禽粪污资源化利用**。全面推进畜禽规模养殖场粪污处理硬件设施建设。督促未建设粪污处理设施装备的规模养殖场按照“一场一策一方案”要求抓紧配建，确保2020年底畜禽规模养殖场粪污处理设施装备配套率达到100%。引导养殖场通过土地流转、租赁、合同订单等形式配套种植用地，为就地就近消纳畜禽养殖粪污提供有利条件。对无法就地就近利用畜禽粪污的，鼓励生产商品有机肥，扩大还田利用半径。鼓励种植大户、合作社、家庭农场、农业企业配套建设液态粪肥田间贮存池、输送管网等设施，打通粪肥还田“最后一公里”。开展畜禽粪污土地承载能力评估，促使畜禽粪污产生量与土地消纳能力相匹配。加强软性管理，制定系统管理措施。一是**分级管理现有规模养殖场**。根据雨污分流、粪污贮存、粪污处理等设施装备水平和资源化利用情况，对现有规模养殖场实行分级管理，设定评估方法，由高到低分别为一级、二级、三级，按照安排部署、集中整治、改造提升、巩固深化四个阶段，引导低水平养殖场向高水平迈进。到2020年年底，三级水平向二级以上水平转化数量达到396家以上，二级水平向一级水平转化数量达到264家以上。二是**建立完善督导机制**。组织5个督导组采取分市包片方式重点对整县推进项目实施情况、规模养殖场设施配建情况、规模养殖场提档升级情况、环境承载能力评估情况进行督导检查。在做好“疏”的同时，在“堵”上下功夫，督促落实畜禽规模养殖场主体责任，对粪污处理设施配套不到位且不委托第三方代为处理的，粪污未经处理直接还田或排放的依法进行查处。三是**推广形成长效机制**。在推进畜禽粪污资源化利用方面探索形成了典型模式和典型经验，社会、经济、生态效益明显，构建了市场化主体参与的长效机制，把企业、产业、农业串联起来实现多方共赢，促进了农业实现绿色、可持续发展。

定州市畜禽养殖废弃物处理

定州市粮食种植面积144万亩，规模养殖场234家，年产农作物秸秆近100万吨、各类畜禽废弃物达100多万吨。2016年以来，定州市实施奶牛种养结合、畜禽废弃物资源化利用整县推进工作，以建设生物质天然气项目为引领，以中小有机肥企业为依托，以养殖场处理设施为配套，全县形成布局合理、生态循环、特色突出的畜禽养殖废弃物处理模式。

依托龙头企业引进国际先进技术，设立中德院士工作站和生物质能技术研究所，投资10亿元建设规模化生物天然气厂，整合国际先进的沼气生产、净化提纯技术和装备，利用畜禽粪污、玉米秸秆、厨余垃圾为生产沼气，沼气发电或提纯为生物天然气，沼渣制成生物有机肥，粪污、秸秆、厨余送进设备里转一圈儿出来，就变成了天然气、电、有机肥，形成了“三进三变”模式，实现畜禽废弃物的循环再利用。每年处理畜禽废弃物18.3万吨、玉米秸秆8.3万吨，发电3 200万千瓦时、生产天然气392.5万立方米、生物有机肥4.2万吨、工业用液态二氧化碳气5 000吨，可替代燃煤约10 000吨，减少碳排放约12万吨。

（二）**农作物秸秆资源化利用**。河北是农业大省，也是农作物秸秆产出大省。2019年，全省秸秆理论资源量5 195.03万吨，可收集量4 428.77万吨，综合利用量4 311.89万吨，综合利用率达到97.36%。“十三五”期间，河北省坚持把推进秸秆资源化利用，作为大气污染防治、人居环境整治、推进乡村振兴战略重点工作来抓。全省各相关部门通力合作，不断推动秸秆资源化利用、变废为宝，2020年夏收，小麦秸秆基本上得到了全部利用。河北省秸秆综合利用水平居全国前列。一是**加强秸秆利用模式的创设及推广**。故城玉米秸秆粉碎旋耕还田模式、望都秸秆堆沤腐熟还田模式、君乐宝牧场秸秆青贮制作模式、安平“气热电肥联产”、赤城秸秆基料化利用模式等。例如河北省赵县，是国家粮食生产基地县，也是农作物秸秆大县，年产秸秆约70万吨。主要是推广小麦麦茬秸秆还田模式，在全县广泛应用“小麦联合收获机收获小麦+秸秆切碎抛撒还田”的基础上，使用玉米免耕精量播种机，应用麦茬秸秆粉碎清垄玉米精量播种技术，在玉米播种苗带，实施麦茬粉碎直接还田，重点实施土壤深翻整地秸秆深埋还田作业。2020年“三夏”，在赵县金黄色的麦田里，前面联合收割机把小麦收入机斗，后面收割机携带的秸秆粉碎机把秸秆粉碎还田，让秸秆变成了肥料。二是**优化农机具配置**。河北省秸秆还田机具保有量达到12.48万台，青贮机械达到5 989台，打捆机、捡拾机等秸秆收储运相关设备达到1 991台（套），为全省秸秆综合利用工作奠定了装备基础。开展“四统一”服务，对享有补贴资金的机具，开展统一组织调配、统一地块安排、统一收费标准、统一配件供应，将秸秆还田作业质量与其他农业项目补贴挂钩，推进农机合作社提高还田利用水平和效益。**三是加强秸秆收储运体系建设**。明确扶持重点，利用国家秸秆利用试点项目资金，对相关企业（合作社）的收储运设备进行补贴，切实提高收储运机械化水平和能力，有效破解秸秆“离田难”问题。

从烧到不烧，从不烧再到创造新价值，在河北省，秸秆回收再利用已成为农民致富增收的新渠道。河北省将以提高秸秆直接还田质量，增加秸秆离田利用比重为主攻方向，强化政策落实和制度保障，2020年全省秸秆综合利用率保持在95%以上，离田利用率在36%以上，形成政府推动、市场驱动、主体带动的秸秆综合利用长效机制。

（三）**农用薄膜污染治理**。农用薄膜不合理的使用和管理，会造成资源浪费、带来白色污染。“十三五”期间，河北省积极推进农膜回收利用工作，在永年、吴桥、卢龙等县建设了地膜科学使用与回收示范区，探索“以旧换新”回收机制，建设废旧地膜回收网点，支持地膜回收企业加工利用废旧地膜。针对蔬菜、棉花、马铃薯等典型覆膜作物，在定州、崇礼、成安县开展全生物降解地膜对比评价试验。在全省布设了30个农田地膜残留国控监测点，开展农田地膜残留监测与评价，明确典型区域和农作物的地膜用量和残留水平。据统计，2019年全省农膜使用量14.82万吨，回收量12.83万吨，农膜回收率达到86.57%。

三、着眼乡村振兴战略，探索资源化利用新模式，实现农业绿色发展

乡村是生态环境的主体区域，生态是乡村最大的发展优势。污水横流不是美丽乡村，臭气熏天不是小康社会，绿色才是农业的本色和特征。推进农业绿色发展是农业发展观的一场深刻革命，是农业高质量发展的应有之义，也是乡村振兴的客观需要。

2017年国办印发《关于加快推进畜禽养殖废弃物资源化利用的意见》，提出到2020年全国畜禽粪污综合利用率达到75%以上。河北省深入贯彻落实党中央、国务院决策部署，以绿色发展为引领，大力发展生态循环农业，坚持能源化利用和肥料化利用相结合，以畜牧大县和规模养殖场为重点，将畜禽粪污资源化利用作为突破点，以沼气和生物天然气为主要处理方向，就地就近转化为农村能源和农用有机肥，实现源头减量、严格过程控制、强化末端利用。各地积极探索，因地制宜，形成多种畜禽养殖废弃物资源化综合利用的有效模式，例如，园区种养自循环模式、区域集中治理模式、第三方治理模式等，畜禽粪污的有效处理和综合利用水平大幅度提高，实现农业增产、农民增收和绿水青山良性循环，加快了农业绿色发展步伐。

（一）**园区种养自循环模式**。畜禽养殖场周边配套建设与畜禽养殖规模相适应的粪污消纳种植基地，形成种养一体化的园区内自循环种养业发展模式。例如，在辛集、玉田、张家口、唐山等县市，依托大中型规模养殖场，配套粪污消纳基地建设液体粪肥输送管网和储存设施、推广高效适用粪肥还田利用机械装备，实现养殖种植主体双向小循环。在养殖集中区、养殖大县和瓜果蔬菜种植大县，建设大中型沼气工程、有机肥加工项目，通过农牧对接、沼气利用、水肥一体化、智能化设施等建设，实现区域多向中循环。以县域为单位，统筹农牧产业、沼气工程建设、有机肥加工、农牧业废弃物收集加工、休闲农业、美丽乡村等配套服务措施，形成绿色农业新业态，构建县域立体大循环。

（二）**区域集中治理模式**。政府监督指导种养殖企业、基地以及农户等相互合作，成立“粪污处理合作社”合作处理农业废弃物资源。种养殖基地、农户与粪污处理合作社签订委托处理废弃物协议，合作社按协议接收符合标准的畜禽粪便、农作物秸秆等进行无害化处理，生产的有机肥按原料接收量折换有机肥料，一部分交给种养殖基地或农户生产绿色农产品，剩余部分作为商品有机肥销售。

（三）**第三方治理模式**。在养殖密集区推行“养治分离、专业化生产、市场化运作、公司化经营”的第三方治理模式，采用合同服务的方式引入第三方畜禽粪污处理企业对畜禽养殖废弃物进行处理利用，生产有机肥等产品，建立养殖粪污分户贮存、统一收集、集中处理的市场化收储运机制，形成专业化第三方治理模式。建立从原料保障、运营监管、社会化服务及政策支持、责任监管的制度体系，培育和壮大粪肥产品多元化利用市场，推广受益者付费、粪污置换有机肥等模式，保证第三方处理企业的合理收益，确保收储运体系的长期有效运行。

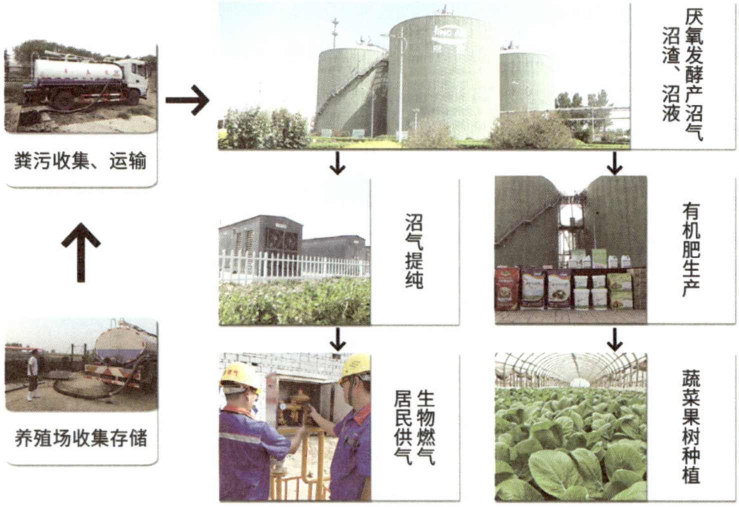

生物质“气—电—热—肥”循环利用模式示意图

河北衡水安平县的生物质发电厂

据统计，河北省已建成大中型沼气工程287处，年沼气生产量4 000万立方米，年沼气发电量超过6 000万千瓦时，已建成有机肥厂或集中处理中心320余家，年生产商品有机肥260万吨，处理畜禽粪污1 000万吨以上。如今，翻开河北农业发展地图，受益于沼气、发酵、生产有机肥等粪污无害化处理方式的推广，畜禽粪污资源化利用正以点带面呈扩展态势，许多畜牧大县已从“脏乱差”变得“洁净美”。

农业发展是一个有机系统，从土壤肥力到田间管理再到作物消化，都会直接或间接影响到整个农业有机系统整体发展。展望“十四五”，河北省将以乡村振兴战略为统领，以绿色发展为导向，立足保护生态、节约资源、产业循环三大板块，把生态循环农业发展理念与生态文明建设相嵌相合，努力走出一条田园美丽化、资源循环化、生态经济化的现代农业发展之路。

（河北省委农办、农业农村厅）

牢记嘱托　勇担使命
谱写率先实现农业现代化新篇章
——吉林省“十三五”农业现代化发展回顾

2015年3月，习近平总书记在全国“两会”吉林代表团审议时指出“农业是吉林的一大优势，也是吉林从国家战略的角度出发必须牢牢把握的重点。要发挥自然条件好、黑土地资源丰富、人均耕地多、技术基础扎实的优势，加快发展现代农业，争当现代农业建设排头兵，率先实现农业现代化”。同年7月，习近平总书记来吉林省调研时再次强调指出“中央提出在一些地区率先实现农业现代化，从全国看吉林处在实现农业现代化的第一方队，要走出一条集约、高效、安全、持续的现代农业发展道路”。

五年来，吉林省将贯彻落实习近平总书记重要指示作为开启吉林全面振兴、全方位振兴的重大政治任务，高位统筹、全盘谋划、创新探索、务实推进，农业现代化建设迎来了快速提升、整体跨越的历史时期。

一、肩重任、担使命，推进农业现代化率先发展

五年来，吉林省坚持以率先实现农业现代化作为引领“三农”发展的根本方向，围绕现代农业“三大体系”建设，以14个率先示范县为重点，突出规划引领，强化组织推动，加强督导考核，狠抓重点任务落实，取得可喜成绩。

（一）**农业综合产能更加稳固。**粮食产量连续8年稳定在3 500万吨阶段性水平，2020年达到3 803万吨。畜牧业、园艺特产业保持快速增长势头，粮食单产、人均占有量、商品率和人均肉蛋奶占有量均处于全国前列。农民人均可支配收入持续增长，2019

九台贡米标准化种植基地

年达到14 936元，增速8.6%，比地区生产总值增速高5.6个百分点，比城镇居民人均可支配收入增速高1.5个百分点。

（二）**物质装备稳步提升**。累计建成高标准农田3 230万亩，比2015年增长68%。农作物耕种收综合机械化率达到89.2%，比2015年提高6.7个百分点，位居粮食主产省第二位。

（三）**科技创新显著增强**。主要粮食作物良种率达到100%，农业科技进步贡献率59.4%，比全国平均高0.2个百分点，比2015年提高2.4个百分点。农业信息化在五个方面实现全国第一，即12316、12582平台与农民互动服务量第一，农业电子商务进村入户第一单，测土配方施肥手机信息服务覆盖面第一，“易农宝”APP省域用户量（82万户）第一，在全国第一个建立中国移动服务农业示范基地，信息为农服务能力持续增强，物联网、电子商务等快速增长。

（四）**经营体系加速变革**。新型经营主体不断壮大，家庭农场5.3万户，农民合作社8.6万户，分别比2015年增长1.5倍和53.6%；土地适度规模经营占家庭承包经营面积44.88%，比2015年提高近18个百分点。累计创建农村三产融合先导区6个、乡村振兴战略试验区14个、产粮大县乡村振兴新动能培育试验区6个、省级以上现代农业产业园41个、特色农产品优势区32个、省级示范农业产业化联合体43个。规模以上农产品加工企业发展到6 512户，省级以上农业产业化龙头企业576户，休闲农业、乡村旅游、农村电商等新产业新业态蓬勃发展，产业的纵向拓展和横向嵌入成为新的发展趋势，农村一二三产业加速融合。

（五）**金融服务保障有力**。吉林省是全国唯一省级农村金融综合改革试验区，已建设村级金融服务站2 000多家，农业保险实现主要农作物全覆盖、扶贫保险实现贫困户全覆盖，农村土地“两权”抵押贷款规模不断扩大，金融助推农业现代化发展能力显著提升。

（六）**绿色发展优势凸显**。扎实推进农业面源污染治理，实施化肥、农药减量行动，2018年开始连续保持使用量负增长，秸秆资源综合利用率达到70%以上，畜禽粪污综合利用率达到85%，统防统治、绿色防控广泛应用。

经过5年的奋斗，“三大体系”建设，绿色发展及农村改革都取得了不斐的成绩，吉林农业已跨入了加速向现代农业转变新阶段。

二、稳产能、增效益，推进产业体系转型融合

注重发挥自然条件好、黑土地资源丰富、人均耕地多、技术基础扎实的显著优势，发挥玉米、水稻两个“黄金带”优势，突出稳产能、转方式、促融合，打造天下粮仓、肉库，打造更具保障能力的国家粮食安全战略基地。为端稳饭碗、丰富餐桌提供基础支撑，为农民就业创业、增收致富提供重要渠道。

（一）**坚决扛起国家粮食安全政治责任**。吉林省作为农业大省、粮食大省，是全国粮食核心产区，42个县份有32个是产粮大县，在保障国家粮食安全的大局中具有举足轻重的地位。多年来，省委、省政府从全局和战略高度重视粮食生产，提出做到“三

梨树绿色有机玉米标准化种植基地

个不能、一个绝不能”，即重农抓粮、稳粮保供这根弦任何时候都不能放松；这个目标任何时候都不能动摇；这个底线任何时候都不能突破；在这个重大政治问题上绝不能犯颠覆性错误。从稳政策、稳面积、防灾害上入手，做到领导精力不转移、工作力度不减弱、执行政策不走样。

抚松县人参良种繁育基地

和龙市南坪镇芦果村肉鹅养殖基地

吉林木耳种植基地

（二）**扎实推进“菜篮子”供给能力建设**。畜产品、果蔬是“菜篮子”稳定的关键，既关乎民生，又关乎宏观经济运行。狠抓畜牧业全产业链开发，突出发展生猪肉牛产业、稳步发展家禽肉羊产业、统筹发展奶牛鹿蜂等特色产业，大力实施“秸秆变肉”工程和畜产品质量安全提升计划，扩大“无抗养殖”试点，加大追溯体系推广应用，打造优质、安全、绿色畜产品生产基地。畜牧业呈现出从量的提升迈向质的飞跃的喜人态势，完成了从配角到主角的惊人蜕变，供给能力显著增强。2019年，全省猪牛羊禽分别发展到2 153.9万头、590.2万头、795.2万只和6.6亿只，肉蛋奶产量分别达到241.8万吨、121.5万吨和39.9万吨。狠抓园艺特产业转型升级，形成了东部、中部、西部三条特色农业产业带，稳定露地蔬菜生产面积。冬季“菜篮子”生产保障基地、北方优质夏菜南运基地、长白山山野菜基地和长春、吉林现代都市农业圈的产业格局基本形成。园艺特产业成为农民增收致富的新增长极，果蔬菌的保障能力显著增强。

（三）**着力推动农村一二三产业融合发展**。吉林省发挥粮食大省优势，立足“接二连三”，延长农业产业链、提升价值链、完善利益链，加快推进农村产业融合发展。**壮大农产品加工业**。2019年，加工企业发展到6 512户，销售收入增长5%以上。省级以上龙头企业达到576户，同比增长9%，其中国家级龙头企业达到54户，增长15%。**完善利益联结机制**。指导推行"龙头企业+基地+合作社+农户"等产业化经营模式，加快培育产业化联合体，把农业产业链延伸的增值收益和就业创业机会留给农民，带动农民就业增收。2019年，龙头企业带动农户190万以上，辐射种植业基地3 450万亩，创建"一村一品"示范村镇195个，专业村镇817个。**打造产业融合新载体**。创建省级以上现代农业产业园41个，支持39个市县建设仓储物流保鲜项目，提高农产品产业链增值收益。加快推进特色产业集群项目建设，依托农村三产融合先导区、乡村振兴战略试验区、现代农业园区、特色农产品优势区，集中力量建设产业融合发展区。

三、夯基础、活科技，推进生产体系完善提升

坚持把建设现代农业生产体系的根本点，打在"藏粮于地、藏粮于技"上，拿硬招，破难题，探索吉林模式，趟出吉林路子。

（一）**大力推进高标准农田建设**。经过多年努力，全省共有高标准农田3 230万亩，其中近几年新建的超过800万亩。工作推进上，重点实施"两优先、一行动"。优先在黄金玉米带、优势水稻区开展高标准农田建设。开展"百乡千万"建设行动，选择100个以上的乡（镇），每乡建设1～2个10万亩规模的高标准农田集中连片区，形成沃野平畴、旱涝稳产、绿色生态、适宜全程机械化作业的1 000万亩现代粮食生产核心基地。

吉林高标准农田

所有高标准农田实现统一上图入库，形成完善的管护监督和考核机制。到2025年将建成5 000万亩，占粮食播种面积的60%。

（二）**持续抓好农业科技创新**。坚持以农业现代化需求为导向，在良种、良法上下功夫，提升科技支撑能力。建立科技特派员制度，引导各类科技人才下乡进村，形成常态化科技特派员机制，集成科技、信息、资金等要素投入，推动农村创业创新。加快推进农作物品种更新换代，挖掘良种的最大增产潜力。目前，主要农作物良种普及率达100%。2020年上半年新审定农作物品种255个，农作物自主创新良种市场占有率达到60%以上。谋划推进公主岭种业小镇、科腾种业小镇建设。推广普及新技术模式，以绿色发展为导向，主推保护性耕作、测土配方施肥、病虫害生物防治、稻渔综合种养等技术34项。建立高标准旱作节水农业示范区5个，示范推广64.9万亩。推广生物防治技术200万亩，落实水稻飞防作业示范面积115万亩，测土配方施肥实现主要粮食作物全覆盖。组织开展远程技术培训和咨询指导服务，依托数字农业云平台、"易农宝"手机APP、"吉林农业"微信公众号和"吉林农业宣传"快手政务号等平台广泛传播推广。

（三）**提高农业机械化水平**。目前，吉林省主要农作物综合机械化率达到89.2%，位居粮食主产省第二位。加大政策扶持力度。完善农机购置补贴制度，抓好农机新产品补贴试点，示范推广农机新装备，重点扶持具有代表性、方向性的新型农机发展。推进农机农艺结合。大力推广适宜保护性耕作、秸秆还田、精量播种、精准施肥施药和设施园艺等先进实用机具和技术。提升农机生产水平，加快推进与中国机械工业集团（国机集团）合作，在九台区和四平市谋划建设"农机产业园"，提高农机装备生产能力。

吉林省镇赉县小麦丰收

吉林省乾安垦区先进大型机械作业

（四）**突出农业信息化引领**。加快农业转型升级，迫切需要加强信息化、智能化武装，给现代农业插上智慧的翅膀。实施数字农业创新工程，完善省级数字农业云平台建设，重点推进玉米（水稻）全产业链大数据平台、梅花鹿人参食用菌单品大数据、农村经营主体管理平台推广应用，全面整合汇聚农业农村数据资源，实现全省数字农业资源“一张图”。扩大网络应用领域，与中国移动、神州数码等企业合作，重点推进土地流转交易、农资管理服务、美丽乡村管理服务、数字化合作社应用服务、农民健康服务、农产品质量安全溯源等建设。抓好双阳区数字农业试点，先行先试、先行突破，引领县域智慧农业建设。大力实施信息进村入户工程，推进信息“进社入场”，全面提升农民专业合作社和家庭农场信息化管理水平。推进农业物联网区域试验，建设一批示范园区。

四、育主体、上规模，推进经营体系创新突破

坚持用创新的办法、改革的办法，育主体、强素质、重服务、促规模，加快转变农业经营方式，加快构建小农户与现代农业有效衔接机制，搭起农业供给侧结构性改革、率先实现农业现代化的壮阔舞台。

（一）**开展农民合作社质量提升行动**。2020年7月22日，习近平总书记来吉林视察，第一站就来到梨树县卢伟农机专业合作社，考察合作社发展建设的情况。目前，全省农民专业合作社发展到8.6万户。在全国率先出台实施《吉林省农民合作社条例》，将农民合作社发展管理纳入法治化轨道，依法规范提升合作社发展质量。抓好示范社创建，实施国家、省、市和县级示范社四级联创，不断扩大经营规模和综合实力，提高生产经营管理水平和经济效益。规范提升农民合作社，扎实推进双阳区、九台区、东辽县、公主岭市、靖宇县5个整县规范提升试点，提升县域指导扶持服务能力。支持发展联合社，以区域特色农产品为重点，推进联合与合作，提高社会化服务水平，促进农民合作社高质量发展。

（二）**实施家庭农场培育计划**。全面完善家庭农场名录系统，把符合条件的种养大户、专业大户纳入家庭农场范围。创建县级以上示范家庭农场，因地制宜确定评定标准和程序，切实增强家庭示范引领和带动作用。首批开展榆树、双阳、九台、公主岭、伊通、东辽、通榆、靖宇、敦化、梅河口10个县（市、区）家庭农场示范县创建试点，探索总结经验，逐步扩大规模，整县推进家庭农场发展质量提升。组织建立家庭农场协会或联盟，构建紧密利益联结机制，逐步提升农业规模化、集约化、标准化、组织化程度。

（三）**大力培育新型职业农民**。实施新型职业农民培育“1231”工程，每年组织国

外培训100人，省外培训2 000人，省内培训3万人，冬春科技大培训100万人以上。完善教育培训、规范管理和政策扶持“三位一体”的新型职业农民教育培训体系，依托农业园区、农业企业、农民合作社等建立实训基地。大力开展创业培训，鼓励引导农民工和农业职业院校毕业生等人员返乡创业。实施新型职业农民学历与能力提升行动计划，每年培训1.8万人以上，提升职业技能和就业能力。

（四）推进农业社会化服务体系建设。积极培育专业化、市场化服务组织，发展区域性农业生产服务联盟，为各类新型农业经营主体和小农户提供全程生产服务。推行“龙头企业+合作社+基地”等产业化经营模式，推广土地托管、土地入股、代耕代种等规模经营模式，促进小农户与现代农业发展有机衔接，提升农业生产组织化程度和适度规模经营水平。同时，加强新型经营主体智能化服务，建立数据信息共享机制，应用智能化统计分析手段，引导和支持发展新产业、新业态。

五、保生态、提质量，推进绿色农业全面升级

习近平总书记2020年7月在吉林考察时指出：要统筹山水林田湖草系统治理，实施好西部河湖连通、东部天然林保护、中部黑土地保护等重大生态工程。一定要采取有效措施，保护好黑土地这一“耕地中的大熊猫”，留给子孙后代。按照总书记的嘱托，牢固树立“绿水青山就是金山银山”的发展理念，把农产品质量安全作为农业现代化发展的底线要求，大力推进资源节约型、环境友好型农业发展，唱响质量兴农、绿色兴农、品牌强农新乐章。

（一）加强黑土地保护利用。以梨树模式为代表的黑土地保护，是吉林绿色发展的缩影，得到了习近平总书记的充分肯定。2018年3月，

黑土地保护利用试点
（重耙整地、秸秆堆沤肥抛撒、水稻秸秆翻压还田、玉米秸秆翻压还田）

吉林省在全国率先出台《吉林省黑土地保护条例》，将黑土地保护、治理和利用纳入法制化轨道。2020年还将研究制定黑土地保护工作意见和黑土地保护工程实施方案，明确责任和任务措施，强化组织推动和政策保障。进一步总结和提升“梨树模式”的经验做法，推广保护性耕作1 852万亩。启动黑土地保护性耕作行动计划，到2025年实施面积达到4 000万亩，占适宜区域耕地面积70%左右。以公主岭、梨树、前郭等9个产粮大县为试点，示范引导各地综合施策，组织开展秸秆还田、增施有机肥、土壤养分调控、深翻深松、坡耕地治理等综合治理保护，真正把“藏粮于地”落到实处。

（二）**保障农产品质量安全。**突出源头治理，突出抓产地认证，大力推进农产品产地环境监测，重点治理耕地重金属污染，加快创建绿色食品原料标准化生产基地和农产品质量安全县。支持白山市建设中国绿色有机谷·长白山森林医药城，争取整体推进国家级农产品质量安全市创建，打造“标准化生产、全程监管”样板区，辐射带动农产品质量安全水平全面提升。强化执法监管，试行食用农产品合格证制度，严格落实投入品登记许可制度，实施禁限用农药定点经营和实名购买，建立农资生产经营者电子购销台账。在重点环节、重点时段和重点区域，对生产经营者加大执法检查频率，严厉打击违法违规行为，及时曝光有关案例，形成强大震慑效应。加大追溯力度，推进省平台与国家数据对接，绿色、有机和地理标志农产品全部纳入监管平台，实现全程可追溯。新认证绿色、有机和地理标志农产品250个以上，农产品例行监测合格率97%以上。

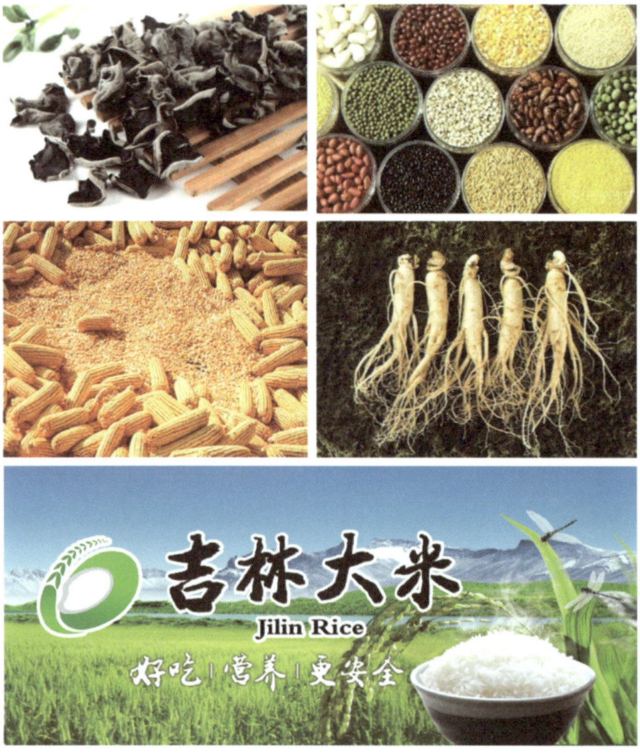

吉林农产品五张名片

（三）**积极培育农产品品牌。**集中力量打造玉米这张黄金名片、大米这张白金名片、长白山人参这张铂金名片、杂粮杂豆这张彩金名片、黑木耳这张黑金名片，以这五金名片为金字招牌，尽快把特色优势农产品品牌做大做强，让人们提起这些农产品就能想到吉林省。加强高端策划，发挥生态资源和农产品良好品质优势，聚焦“安全、营养、健康”，推进品牌体系优化升级。实施品牌提升行动，建立吉林农业品牌名录，完善品牌产品标准，加强品牌监管保护，全面提升品牌知名度和竞争力。

（四）推进农业绿色转型。在化肥、农药减量控害上采取综合性措施。抓好绿色技术防控，全面推广测土配方施肥，实现主要农作物全覆盖。支持引导增施有机肥，在公主岭、梨树等6个粮食主产县开展增施有机肥项目试点10万亩以上。加强病虫害监测预报，做到早监测、早预警、早精准防治。推广白山市化肥、农药“双减半”行动的经验做法，引导不适宜种粮区域，打出退耕还特、退耕还林、有机肥替代、绿色综合防控、追溯监管等“组合拳”，减少化肥、农药使用量。加强重点流域治理，加大查干湖、辽河、松花湖等重点流域禁种禁养区监管力度，大力推进绿色种养，化肥、农药使用量继续保持负增长。

发展绿色农业，吉林省优势凸显，成效卓著。东部长白林海，好山、好水、好生态，自然环境绝佳，特别是近年来绿色有机谷的建设，更是践行“两山”理论的具体体现；中部黑土地上，千里沃野，万顷良田，以“安全、营养、健康”理念生产绿色有机农产品，满足了人们从吃得好向吃得健康转变的要求；西部随着河湖连通工程的不断推进，曾经的“八百里瀚海”，已变成草丰水美、鱼肥稻香的鱼米之乡、生态屏障。

六、促改革、强效能，推进发展动能转换释放

积极稳健推进农村改革，盘活沉睡的资源资产，挖掘农村投资新洼地，探索更多可复制、可推广的经验模式，最大化释放改革红利。

（一）推进土地制度改革，激活“土地要素”。农村承包地、宅基地和集体建设用地“三块地”改革深入推进。开展农村承包地“三权”分置“回头看”，推进权证应颁尽颁，综合运用确权成果，分级搭建农村土地交易流转服务中心，探索有偿转让和退出机制，推进土地经营权有序向新型农业经营主体流转，发展适度规模经营。在宅基地上，总结九台区先行改革的做法，稳妥推进农村宅基地改革，探索宅基地所有权、资格权、使用权“三权”分置，探索宅基地置换、废弃宅基地处置等有效方式，不断盘活闲置宅基地和农房等农村闲置资产。

（二）推进农村集体产权制度改革，激活“资产要素”。资源性资产、经营性资产和非经营性资产“三块资产”改革，2020年基本完成整省试点任务。在资源性资产上，巩固清产核资成果，开展违规土地承包合同清理，纠正违规违纪违法行为，明确集体资源性资产权属，增强资源要素流动性，不断盘活土地、水面、林地等资源要素。在经营性资产上，组织开展折股量化和赋码登记，为农村集体经济组织颁发登记证，为成员颁发

股权证，促进资源变资产、资金变股金、农民变股东。将村委会代行的集体经济管理职能剥离出来，完善治理机制，不断激活金融产品属性，吸引工商资本共同参与市场经营活动，提高经营性资产使用效率和效益。在非经营性资产上，逐步将政府拨款、减免税费等形成的资产，移交给农村集体经济组织，界定农村文化活动设施、医疗器具、校舍等财政投入建设设施管护职责，进一步加强运营和管理，逐步提升城乡公共服务设施均等化水平。

（三）**推进农村金融改革，激活“资本要素”**。吉林省以实施国家农村金融改革试验区为契机，采取综合措施，激活农村金融的血脉，打通农民干事的“钱道”。在支持体系上，构建完善了“三支柱一市场”体系，加快标准化基础金融服务站3 000个，打造金融服务站示范点50个。加快推动土地收益保证贷款模式向参地、林权、草场权和设施农业等领域延伸。加快省级农村产权交易市场平台建设进度，实现业务全流程运营。在担保体系上，加快构建“银保担”普惠金融服务体系，推出更多免抵押、免担保、低利率、可持续的普惠金融产品。在产品创新上，推动“土地贷”“大棚贷”“农机贷”等金融产品创新，推进“保险+期货/期权”试点，吸引更多的金融资本、社会资本和工商资本下乡进村。

七、重规划、建机制，为率先实现农业现代化添动力

五年来，吉林省贯彻落实习近平总书记重要指示精神，省委书记、省长亲自调度部署，制定《吉林省乡村振兴战略规划（2018—2022年）》，实施“两步走”发展战略，突出现代农业“三大体系”和20项重点任务建设，扬优势、攻重点、补短板、促改革，形成五大规划实施机制，农业现代化加快推进。

（一）**形成上下联动的组织领导机制**。省里成立了以省委书记、省长为组长，省委、省政府分管领导任副组长，重点涉农部门为成员的率先实现农业现代化领导小组。省委实施乡村振兴战略工作领导小组成立后，又将这项工作整体纳入其中，更加强化了组织领导力度。市（州）和县（市、区）也成立了由党政主要领导任组长，相关部门主要负责人为成员的领导小组。制定重点任务分工方案，横向分解到44个省直部门，纵向落实到14个重点县，形成了上下联动、部门协同的组织领导体系和推进机制。

（二）**形成一整套的规划统领机制**。贯彻落实习近平总书记重要指示精神，2015年在全国率先印发实施《吉林省率先实现农业现代化总体规划（2016—2025年）》，总体定位是打造全国粮食主产省，率先建设农业现代化综合实验区；战略方向是建设现代农业“三大体系”、打造绿色大粮仓、率先实现农业现代化。同时，指导市（州）、县（市、

区）编制本级率先实现农业现代化规划，列出五年任务清单。2019年8月，对标对表中央和省里新的决策部署，对发展目标和重点工作进行调整完善。以率先实现农业现代化为主攻方向，搭建形成了省市县三级联动、梯次跟进的规划体系，成为引领发展、督导工作、检验成效的“时间表”“路线图”。

（三）形成集中力量办大事的整合投入机制。按照集中力量办大事的思路做足整合文章，统筹整合涉农资金和项目，重点向9个市（州）、14个率先县倾斜和投入，实现政策的集聚效应，一大批现代农业产业园、特色农产品优势区、三产融合、新型经营主体项目、生态循环项目、技术示范推广等落实到率先县，呈现出多元投入、多点开花的良好态势。率先地区农业生产、基础设施建设、加工业项目等投资大幅增长。在高标准农田建设上，每年对14个率先县市整合高标准农田项目资金30多亿元。

（四）形成全方位的考核评价机制。将率先实现农业现代化工作纳入部门绩效、市（州）政府绩效、县域经济突破考核，初步建立跟踪问效、动态监管的考核评价体系。委托第三方进行年度跟踪评估，对标考核指标体系，科学评价发展水平和短板弱项，为各地各部门提供科学指导。

（五）形成省部联动共建推进机制。与农业农村部签订共同推进农业现代化合作备忘录，在政策、资金、项目和改革创新试点试验等方面给予吉林省重点支持。与水利部联合批复《吉林省水利现代化规划》，将松花江流域综合治理等多项重大水利工程纳入国家规划层面。与国家林业和草原局签订国有林场管理现代化战略合作协议。在优质示范项目、国有林管理现代化、生态资源和生物多样性保护、林业金融创新等领域开展深层次合作。与中国气象局深化共同推进气象服务农业现代化合作机制。

“大鹏一日同风起，扶摇直上九万里。”从5年前吹响第一声号角，吉林省一直在争当现代农业建设排头兵的路上奋力前行。2020年7月，习近平总书记5年间第三次考察吉林时再次强调，“吉林要把保障粮食安全放在突出位置，毫不放松抓好粮食生产，加快转变农业发展方式，在探索现代农业发展道路上创造更多经验。”新时代的吉林人，一定牢记嘱托，砥砺奋进，把握住农业基本盘、守好“三农”基础作为应变局、开新局的“压舱石”，全面推进乡村振兴，促进农业高质高效、乡村宜居宜业、农民富裕富足，谱写推进绿色发展率先实现农业现代化的新篇章。

（吉林省委农办、农业农村厅）

打造高质量现代农业样板

——黑龙江省“十三五”农业现代化发展回顾

九月的龙江大地，翠点苍山，稻菽飘香，到处呈现出一片喜人的丰收景象。

2016年，习近平总书记参加十二届全国人大四次全会黑龙江代表团审议和到黑龙江省考察时，对黑龙江省作出“争当农业现代化建设排头兵”“筑牢粮食安全压舱石”的重要指示。这是习近平总书记从全局和战略高度，对黑龙江“三农”工作作出的明确指示和殷切嘱托，为我们提供了战略指引和根本遵循。

忆往昔，黑龙江省是农业大省，拥有良好的农业资源禀赋，农业产业优势较为突出，多项评价指标位居全国首位和前列。黑龙江省的农业曾以“大”而著称，在全新历史条件下，黑龙江对于现代农业的要求，早已不是“大字当头”的问题，而是对已经进入发展成熟阶段的现代农业提出了更高定位：发展质量和效益双赢的现代农业。

建三江七星水稻生产基地

走进秋天里的黑土地，探寻高质量现代农业在这片热土上走过的路径、轨迹，看黑龙江省如何从数量追赶转向质量追赶，一手抓发展，一手抓效益，浓墨重彩绘就这幅具有中国特色、世界水平的现代农业画卷。

现如今，黑龙江省始终围绕“市场”和“创新”，紧扣高质量发展主题，既大踏步推动了传统农业向现代农业大步转型升级，又实现了农业的高质高效，在争当农业现代化建设排头兵的伟大征程上，走出了一条独特而富有成就的现代农业发展道路，谱写了中国现代农业发展的新乐章，收获了沉甸甸的果实。

农业综合生产能力显著提升，粮食生产实现“十七连丰”，2020年粮食产量达到7 541万吨，占全国粮食总产的11.3%，连续10年保持全国第一。农民收入稳步增长，2020年达到16 168元，同比增长7.9%，增幅高于全国1个百分点。

一、现代农业步入高质量发展新阶段

从过去追求数量和速度向追求质量和效益转变，黑龙江省走出了以生产优质农产品为目标，以农民增收为目的，以科学技术为手段，统筹调整农业产业结构与保护生态的农业全面绿色发展新模式，现代农业步入高质量发展新阶段。

（一）**农业供给结构不断优化**。2019年，全省蔬菜、食用菌、鲜食玉米等高值高效特色作物面积达到2 104.2万亩。打好寒地黑土、绿色有机优势牌，绿色、有机食品种植面积达到8 120万亩，比2015年增长11.1%；绿色食品标识产品达到2 805个，比2015增长73.1%。

（二）**农业经营方式不断升级**。不断培育和壮大新型农业经营主体，截至2019年年底，全省家庭农场达5.4万个，农民专业合作社达9.51万个。建成益农信息社8 857个，覆盖全省所有行政村。全省9 953个集体经济组织组建了股份经济合作社，农业生产托管服务面积达到4 000多万亩次。

（三）**农业“三产”融合水平不断提升**。深入实施“粮头食尾”“农头工尾”战略。2019年，全省规上农产品加工业实现主营业务收入2 838亿元；全省国家级龙头企业总数达到64家，规模以上农产品加工企业发展

黑龙江农垦开展统防统治场景

到1 500家。全国农业产业强镇达到30个，国家和省级产业园达到67个，农业科技园达到34个，省级农民创业园达到108个。休闲农业经营主体发展到5 020个，休闲农业和乡村旅游营业收入51亿元。

（四）农业生态基础进一步夯实。开展黑土地保护利用试点，2015年以来，累计落实黑土地保护利用试点522.6万亩，耕地轮作休耕试点1 415.17万亩。秸秆综合利用率超过80%，还田面积超过1亿亩。畜禽粪污资源化利用率和规模养殖场粪污处理设施装备配套率分别达到75%和85%。全省农业“三减”高标准示范面积达到4 000万亩。

二、找准“病灶”奋力发展高质量现代农业

只有实现农业高质量发展，才能保证我国现代化经济体系更加富有弹性活力，从根本上保证我国经济高质量发展。黑龙江省坚持问题导向，发扬“庖丁解牛”精神，找准“病灶”，突破“瓶颈”，在发展高质量现代农业上奋力“突围”。

习近平总书记在黑龙江考察调研时强调，振兴东北地区等老工业基地是国家的一个重大战略。老工业基地要激发创新活力，扬长避短、扬长克短、扬长补短，闯出一条新形势下老工业基地振兴发展新路。

黑龙江省委、省政府学深悟透习近平总书记重要讲话和重要指示精神，坚持问题导向，找准黑龙江省农业现代化建设的“病灶”，对问题“庖丁解牛”，深刻地认识到，黑龙江农业存在“供应链不优”“产业链较短”“价值链偏低”“生态链不稳”“动力链不足”等问题，具有“十长十短”的产业特征。

一是具有资源禀赋之长，存在基础设施建设滞后之短。黑龙江省耕地面积大，水资源总量多，气候条件有利，光、热、水同季，适于农作物生长。但基础设施建设滞后，全省中低产田面积高达1.04 亿亩。大马力机械、专用配套农机具不足。农田水、电、路等不配套，水田好于旱田。

二是具有原料富集之长，存在农业产业化水平低之短。黑龙江省粮食综合生产能力已达1 200亿斤以上，粮食总产量、增量、商品粮、调出量均居全国第一位，但农业产业化仍处于初级阶段，精深加工不强、产业链条短，农村一二三产业融合不紧，而且新业态发育不足。粮食加工产值与农业总产值之比仅为0.6 ：1，大量优质农产品仍是“原字号”出省。

三是具有绿水青山之长，存在环境承载能力弱之短。黑龙江省地处世界三大黑土带之一，大草原、大湿地、大森林造就了山青、水秀、土肥、田洁的优良生态环境，是全国生态建设示范省。但农民过多使用农药、化肥，过度开垦水田、过度放牧、过度捕捞

等现象依然存在。农业面源污染、地下水超采、水土流失、黑土层变薄等问题仍不容忽视。

四是具有体量大之长，存在结构调整难之短。黑龙江省农业体量大，仅耕地面积就达2.3亿亩，农业总产值占GDP的23.4%，但结构调整任务艰巨，粮食作物比重大，特色经济作物规模较小，容易出现调啥啥多的问题。畜牧业、林业、渔业、蚕蜂养殖等经济总量小。

五是具有科技发展之长，存在转化率、到位率不高之短。黑龙江省农业科技力量雄厚，拥有农业类大学、科研院所41所，农业技术推广人员1.34万名，有完备的省、市、县、乡四级农技推广体系，各个农作物品种都形成高产栽培技术模式，现代耕作制度大面积推行。但农技推广人员严重老化，科技园区辐射带功能力弱，农业先进适用技术到位率低，传统种养方式比较普遍。

六是具有比较富集的农村人口之长，存在素质不高之短。黑龙江省农村人口1 466.8万，但农民和新型经营主体整体素质不高，农村专业化人才少，标准化作业水平不均衡。部分乡村干部指导工作靠经验、吃老本、讲传统，缺乏科学方法、专业技能。

七是具有农业新型经营主体快速发育之长，存在农业经营规模小、方式落后、质量不高之短。黑龙江省新型农业经营主体突破20万个，带动土地规模经营1.3亿亩。但除农垦和部分合作社外，有相当一部分耕地为小户种植，种植规模小，作业标准低，栽培措施不到位，耕种机械以小型为主，轮作体系不完善。

八是具有组织化程度较高之长，存在社会化服务能力不足之短。黑龙江省专业化的农业经营主体、农民和农业服务公司发展较快，农业的组织化程度相对较高。但农资配送、田间管理、仓储运输、市场营销等公益性服务与经营性服务相结合、专项服务与综合服务相协调的新型农业社会化服务体系还不健全，服务能力还很有限。

九是具有量大质优生产之长，存在市场营销滞后之短。黑龙江省粮食总产连续9年位居全国首位，玉米、粳稻、大豆三大品种面积和产量均居全国首位。绿色、有机食品认证面积8 120万亩，位居全国首位。但很多生产主体偏重田间地头，忽视市场端头，产品市场销售任重道远。省内企业知名品牌、大品牌较少，市场上具有垄断力的领军品牌不多，实际市场竞争力较差。

十是具有先进的耕作之长，存在标准化生产不均衡之短。黑龙江省农业现代化水平居全国之首，各个农作物品种都形成高产栽培技术模式，现代耕作制度大面积推行，全省农业耕种收综合机械化水平高，位居全国首位，但农业标准化、精准化生产投入不够，规模经营土地的产出能力和效益没有实现最大化。

三、“三产”融合铸牢高质量发展引擎

实现农业高质量发展，提升农业发展的活力、创新力和竞争力，以供给侧结构性改革为指引，调整农业产品结构，坚持把绿色理念融入产业链整个环节，与其他产业协调发展，培强“供应链”“产业链”“价值链”“生态链”“动力链”五链，实现“三产”融合，提升现代农业价值和效益，铸牢高质量发展引擎。

黑龙江的农业何去何从？黑龙江现代农业遇到了严峻挑战。

黑龙江省的决策者敢于正视这些问题，以“争当农业现代化建设排头兵”“筑牢粮食安全压舱石”为目标，客观、辩证地分析“十长十短”，探索优化“供应链”、拉长“产业链”、提高“价值链”、稳定“生态链”、激活”动力链“以供给侧结构性改革为指引，调整农业产品结构，坚持把绿色理念融入产业链整个环节，与其他产业协调发展，推动现代农业转型升级，提升农业发展的活力、创新力和竞争力，实现农业高质量发展，在农业现代化建设进程中继续争一流、站排头。

（一）**向提升供给质量和效率持续发力，优化“供应链”。**

一是调优结构。只有坚持以市场需求为导向，加大农业结构调整力度，才能切实改变当前农业整体效益不高、竞争力不强等局面。进一步优化农业结构，坚持“增豆扩经”思路，扩大蔬菜、鲜食玉米、食用菌等经济作物种植面积，促进农民持续增收。实

国家优质酒用高粱种植基地

施“两牛一猪一禽”工程，扩总量、提质量、拓市场，加快发展现代畜牧业。加快发展畜牧养殖业，以实施“两牛一猪”工程为抓手，推动生猪产业提档升级。实施奶业振兴计划。推广母牛+育肥牛养殖模式，大力发展肉牛产业。推广“龙头企业+基地+农户”模式，加快和牛、安格斯等高端肉牛产业发展。做大做强鹅产业，深入推进水产绿色健康养殖，加快推进蚕蜂业发展。2020年，全省猪肉、牛肉、羊肉、禽肉、禽蛋和生奶产量分别增长6.4%、6.2%、5.2%、9.6%、2.7%和7.5%。

二是创新科技。只有坚持“科技种田”，加快农业科技成果转化，加大农业科技投入力度，为农业插上科技的翅膀，才能保障黑龙江农业高质量发展。坚持把农业科技放在更加突出的位置，将科技根植于农业全链条、全要素，构筑农业科技新优势，促进科技成果转化，提高农业科技进步贡献率，给农业插上科技的翅膀。截至2019年年底，全省农业科技进步贡献率到67.7%，比2015年提高3.2个百分点。建设玉米、大豆、水稻、经济作物等现代农业科技协同创新推广体系20个，建设现代农业产业园68个，现代农业科技园350个，形成千公里高标准农业科技示范带。集成推广高标准技术模式60个，实现主要粮食作物全覆盖。推进农业机械化，深入开展主要农作物生产全程机械化行动，全面提升作业机械动力、作业效率和质量标准，截至2019年年底，全省农机总动力达到6 360.39万千瓦，比2015年增长16.9%。

黑龙江农垦开展机械化收获场景

2016年以来，全省做好水稻生产优势区域布局和生产基地建设工作，加强互联网、物联网技术在农业设施化生产上的应用，加强农业物联网系统、大数据平台建设，提升农业机械智能化、信息化、标准化水平。截至2019年年底，全省建设完成村级益农信息社8857个，实现全省行政村全覆盖。在全国率先成立省级农业大数据管理中心。建设“互联网+种植业”高标准示范基地达到1 741个。北大荒集团七星农场建立北大荒精准农业农机中心，占地面积94万平方米，建设规模大，标准高，功能全，目前处于国内领先，世界一流水平。该中心由卫星导航定位系统GPS、地理信息系统GIS、农业遥感系统RS为技术核心的“3S”系统及信息采集、智能化农机装备、农业专家决策、农机管理和指挥调度五大系统组成，实现了农业生产过程的智能化、信息化，管理的科学化、产品的品牌化，为实现现代农业高质量发展奠定了坚实的基础。

深入实施农业良种工程，开展稻谷、小麦、玉米、大豆四大作物良种重大科研联合攻关。“十三五”期间，全省共实施11个种业项目，截至2019年年底，已完工7个。项目总投资1.7亿元，其中中央投资1.2亿元；目前已完成投资8 371万元。通过项目实施，优良种畜禽供种、畜禽遗传资源保护及奶牛性能测定能力进一步提高。

三是夯实基础。实施“藏粮于地”“藏粮于技”战略，严格耕地保护红线，挖掘耕地潜力，确保2.39亿亩耕地数量稳定。加快推进特色农产品优势区建设，制定发展规划，鼓励各地争创园艺产品、畜产品、水产品等特色农产品优势区。同时，科学合理规定稻谷、小麦、玉米粮食生产功能区和大豆等重要农产品生产保护区，“十三五”期间，全省完成1.667亿亩粮食生产功能区和重要农产品生产保护区划定，全面发展粮食生产和重要农产品生产。截至2019年年底，全省高质量完成802万亩高标准农田建设任务和100万亩高效节水灌溉任务，全省高标准农田总面积达到8548万亩。

黑龙江农垦高标准农田

（二）向大力发展农产品加工业持续发力，拉长“产业链”。坚持以“粮头食尾”“农头工尾”为抓手，紧盯重点项目抓推进，围绕企业运营抓服务，整合资源要素抓支撑，推进粮食从初级加工向食品产业、精细化工等领域延伸，加速生猪、肉牛生

黑龙江建三江农场粮库

产屠宰加工一体化经营，提升婴幼儿配方奶粉、巴氏奶、酸奶等优势乳制品竞争力，发展特色小品种大产业，努力把食品和农产品加工业打造成全省第一支柱产业。**一是抓好“三产”融合**。抓好农产品精深加工，把食品和农副产品加工业打造成全省第一支柱产业，促进一二三产业融合发展，加快农产品原料生产大省向加工大省转变。实施农产品加工业提升工程，积极对接省委、省政府“百千万”工程，深入实施“十百千”培育行动，培育百家“十亿企业”，采取靶向培育“小升规”一批，盘活技改升级一批，招商引资新建一批，优化重组壮大一批，不断发展壮大加工企业群体；培育十家“百亿龙头”，巩固提升九三、飞鹤等现有百亿龙头企业，百亿企业的领头雁作用，扶强扶壮25个40亿~100亿元企业，重点发展3~5个百亿级龙头，努力培育全国行业领军企业；培育五个“千亿产业”，制定出台《黑龙江省农业及农产品精深加工万亿产业集群行动计划》，推动玉米深加工、稻谷及深加工、乳肉制品等产业破千亿，肉业和中药产业规模超500亿元，不断向千亿规模迈进。**二是抓好园区平台建设**。统筹产业园、科技园、创业园建设，继续创建国家级农业产业示范强镇和农村产业融合先导区。肇州县坚持以产业园区为载体，加快项目建设。规划占地面积20平方公里的“一主两辅”工业园区，累计投资近6亿元，建设和完善了污水处理厂、物流园、创新创业基地、金融财税中心等配套服务设施，达到“七通一平”标准，成为省级经开区、国家级农业科技园区、国家一二三产业融合发展先导区。2019年园区企业实现产值148.4亿元、同比增长30%，增加值14亿元、同比增长23.8%。全县实现地区生产总值131.5亿元、增长10.1%，工业增加值48.7亿元、增长17.5%。

（三）向加强农产品市场营销和品牌建设持续发力，提高“价值链”。

一是加强品牌建设。加强品牌发展的顶层设计与总体规划，以知名品牌、优势品牌为核心，吸引、整合弱小品牌，做大做强知名品牌，扩大知名品牌市场占有率和竞争力。建立线上线下销售体系，强化优势农产品品牌打造，拓展多元化、多业态营销渠道。采取“龙江产品+区域公共品牌+企业知名品牌”方式，加快绿色生态品牌培育，做大做强五常大米、响水大米、寒地黑土、北大荒等一批绿色有机大米品牌，提升品牌知名度和市场占有率。截至2019年2月，全省共有10个地理标志产品品牌价值超过亿元，品牌价值评价总额达1 384亿元。有5个地理标志产品品牌价值超过100亿元。其中，“五常大米”品牌价值677.93亿元，在全国地理标志产品排行榜中，名列第六位，在全国地标产品大米类中，名列第一位。

二是发展新产业新业态。推进规模种植与林牧渔融合，发展稻渔共生、林下种养、休闲渔业和冰雪渔业等。推进农业与文化、旅游、教育、康养等产业融合，发展创意农业、功能农业等，形成“农业+”多业态发展态势。“十三五”期间，全省休闲农业经营主体发展到5 020个，休闲农业和乡村旅游营业收入51亿元。全省“一村一品”示范村镇68个，入选国家特色产品和能工巧匠名录21个。

三是抓好市场营销。以开展“互联网+高质量农产品”行动为重点，积极推进农业

北大荒农机博览园

+互联网，开展与知名电商企业合作，大力发展农产品电商，拓宽农产品销售渠道，用“卖得好”提升农产品“价值链”和农民的“增收链”。“十三五”期间，全省先后举办国际大米节、“农担杯”全省优质农产品营销大赛、新型农业经营主体优质农产品推介会等产销对接活动，促进种得好更要卖得好。建成益农信息社8 857个，覆盖全省所有行政村。

（四）向加强农业生态建设持续发力，稳定“生态链”。

一是强化耕地保护。自2015年开始，全省创造了“一翻两免”保护性耕作模式，既增加了土壤有机质含量，又实现了节本增效。全省玉米秸秆翻埋还田2 166万亩，碎混还田295万亩，保护性耕作面积达到1 330万亩。龙江县从2015年开始进行黑土地保护项目建设，主要采取秸秆覆盖还田、条带耕作及免耕机播种，配合中耕深松、增施有机肥等技术措施，实现了耕层25厘米以上、地力提升0.5个等级、有机质提高3%的目标，实现可持续发展。

二是攻坚面源污染。积极推进农药化肥减量行动，落实测土配方施肥、水肥一体化、喷药机械改造、绿色统防统治等措施，强化精准施肥、合理用药、绿色防控等减肥、减药、减除草剂手段，降低投入强度，提高利用效率。“十三五”期间，全省农业“三减”高标准示范面积达到4 000万亩，建设农作物乡村病虫监测点2 200个，补贴节药喷头51万套，化肥、农药总用量实现“双降”，有机肥施用1 800万吨，测土配方施肥面积比2015年增加5 386万亩。

三是强化产品监管。扩大全省农业投入品可追溯平台试点范围，加大转基因生物监管力度；完善农产品质量追溯平台，推进质量安全智慧化监管；推进农业综合执法，提高农业综合执法规范化水平。在全国率先建设农业农村大数据平台，截至2019年年底，农产品质量安全追溯平台入网追溯企业达到2 000个，比2015年增加2.2倍；农产品质量安全检测总体合格率为98.71%，比2015年提高0.61个百分点。

（五）向提高素配置增红利和实施改革创新持续发力，激活“动力链”。

一是加速推进农村集体产权制度改革。农村集体产权制度改革整省试点任务基本完成。成立了黑龙江农村集体产权交易中心，有51个县级建立了农村产权交易市场。国家督查组给予“黑龙江思路清晰，措施到位，既完成了规定动作，也创新了自选动作，成效比较明显，为全国产权制度改革提供了龙江样板”的高度好评。

二是加速推进土地承包经营权确权登记颁证制度改革。全面完成农村土地确权登记工作，扎实有效推进农村承包地确权登记颁证“回头看”，有效解决了一些突出矛盾问题，全省颁证409.8万本，颁证率达94.7%。

2011年，方正县被农业部确定为农村土地承包经营权确权登记颁证试点县，在全省率先完成了农村土地承包经营权登记颁证工作。2015年，被确定为第一批全国农村集体资产股份权能改革试点县，圆满完成各项改革任务。全县67个村全部组建了股份经济合作社，其中28个合作社累计分红756.1万元，35个合作社经民主决议将546.27万元盈余用于偿还债务、扩大生产和发展公益事业。

三是完善农业社会化服务体系。实施“百村千社万户”示范典型培育计划，开展省级农户家庭农场示范场、农民专业合作社示范社创建活动。加强农业生产关键领域和薄弱环节服务能力建设，围绕农业产前、产中、产后各环节，发展托管式、订单式、平台式、站点式等综合性服务模式。

生产性社会化服务队

兰西县探索了“农村金融+土地托管+期货保险+粮食银行”的农业生产托管服务模式。“耕、种、防、收、售”等环节交由服务组织统一经营，农业农村部门及乡镇对托管服务进行全程监管，让农民在土地经营制度变革中受益。截至2019年年底，全省托管服务小农户数为62.6万户，占全省农户总数的23.5%，小农户托管服务面积占托管总面积的近70%。

四是推进农村金融改革。围绕现代农业转型发展需要，推动金融机构加大产品和服务创新，简化手续，降低成本，解决融资难、融资贵问题。截至2019年年底，全省32个县域开展蚂蚁金服农村“普惠金融”项目，数量位居全国第四，总授信额度131亿元。探索推广农业保险模式，全省种植业政策性保险承保1.3亿亩，种植业大灾保险承保面积1 025万亩；养殖业政策性保险承保65万头。

回眸“十三五”，黑龙江现代农业发展成果十分喜人。展望“十四五”，黑龙江现代农业发展前景依旧光明。黑龙江要坚持以习近平新时代中国特色社会主义思想为指导，深入贯彻落实党的十九届二中、三中、四中、五中全会精神、特别是习近平总书记对黑龙江振兴发展的重要讲话和指示批示精神，全面贯彻农业农村优先发展总方针，坚持农业现代化与农村现代化一体设计、一并推进，以实施乡村振兴战略为总抓手，以农业供给侧结构性改革为主线，以深化农村改革为动力，健全完善现代农业产业体系、生产体系和经营体系，巩固提升全面小康社会水平，全面建成农业强省，稳固粮食安全“压舱石”地位，当好农业现代化建设排头兵，显著改善农村人居环境，全面增强乡村治理能力，基本实现农业现代化，加快实现农村现代化。

（黑龙江省委农办、农业农村厅）

率先基本实现农业现代化的江苏答卷

——江苏省“十三五”农业现代化发展回顾

2014年12月，习近平总书记视察江苏时，明确要求江苏“推动现代农业建设迈上新台阶”，殷切希望“带好头、领好向，把工业化、信息化、城镇化、农业现代化发展真正落到实处”，“力争在全国率先实现农业现代化”。五年多来，全省上下坚持以习近平总书记关于“三农”工作重要论述和对江苏工作的重要讲话指示为指引，把总书记殷切期望转化为推动“三农”发展的强大动力，省委、省政府持续加大改革创新、政策落实和工作推进力度，稳步推动农业供给侧结构性改革，加快构建现代农业产业体系、生产体系、经营体系，现代农业发展水平不断提升，探索出一条具有中国特色、江苏特点的农业现代化发展之路。

连续多年，进入工业化中后期的江苏以占全国不到4%、人均不足0.9亩的耕地，生产全国5.6%的粮食、6.5%的蔬菜、3.6%的肉类和6.5%的禽蛋，创造了全国6.1%的农林牧渔总产值，全省8 000多万人的饭碗牢牢端在了自己手中。习近平总书记评价，“这对一个东部沿海省份来说很不简单”。

“十三五”以来，江苏现代农业发展水平持续提升。粮食总产连续保持稳定在3 500万吨以上，2020年达到3 729万吨，比2015年增加168万吨，单产提升22.2千克。农业科技进步贡献率年均提高1个百分点，农业劳动生产率提升20%左右。农民收入保持较快增长，2020年，农村居民人均可支配收入达到24 198元，较2015年提高了48.8%，城乡居民收入比由2.29 ∶ 1下降到2.19 ∶ 1。

一、重要农产品量增质优　科技助力夯实基础

习近平总书记指出，确保国家粮食安全比任何时候都重要。在资源环境约束趋紧的情况下，江苏践行谷物基本自给、口粮绝对安全的新粮食安全观，难度大，意义更大；有力度，更有精度。

“食为政首”。“十三五”以来，江苏在推动高质量发展走在前列的同时，保持了粮食平稳增长，创造了人口密度最大省份口粮自给、略有盈余的显著业绩，为国家粮食安全作出了积极贡献。2020年江苏粮食总产3 729万吨、单产459.9千克，分别居全国第七位、第三位。

在经济新旧动能转换时期，怎样保持粮食稳定增长，对人口密度最大、人均资源相对不足的江苏来说，是一个严峻的考验！

江苏深入实施“藏粮于地、藏粮于技”战略，坚持稳面积、提单产、增产能。把物质装备和科技手段作为现代农业生产力的关键，确保以水稻为重点的口粮绝对安全。实施重大粮食作物新品种协作攻关，建立以高品质为导向的农作物品种研发推广体系。

“千缩万缩，粮食面积不能缩！”江苏省委、省政府始终保持着清醒。大力发展推进耕地数量、质量、生态“三位一体”保护，全面完成永久基本农田划定工作。按照山水林田湖草系统治理的要求，加大土地综合整治力度，五年来整治土地861.2万亩，新增耕地198.7万亩，全面完成粮食生产功能区和重要农产品生产保护区划定，2020年江苏粮食播种面积达8 109万亩。

江苏淮安市洪泽区岔河镇品稻小镇

“一花独放不是春。”在粮食稳产的同时，江苏蔬菜、肉类、禽蛋、水产品等重要农产品均供应充足。2019年，蔬菜产量5 700万吨，较2014年增加200多万吨，居全国第四位。肉类产量298万吨，禽蛋产量220万吨，生鲜乳产量56吨。淡水渔业产值1 185亿元，位居全国第一。

农产品的稳产保供，离不开高标准农田基础设施配套。“十三五”以来，江苏实施了“责任制、承诺制、奖惩制”三制联动措施，通过田、土、水、路、林、电综合配套，建设高标准农田2 070万亩、电灌站8 145座、渠道11 500千米、暗管113千米、农桥18 490座、机耕路12 660千米。建成后的高标准农田，改善了农业生产条件，增强了防灾减灾能力。海安市雅周镇在推进1.4万亩高标准农田建设过程中，同步培育优质稻米、精品蚕桑、果蔬栽培等特色产业，“锦湖大米”每千克5元，畅销上海市场。

科技创新成为江苏农业发展的“新引擎”。在资源环境约束趋紧的情况下，江苏农业能够保持良好发展，科技创新发挥了重要作用。江苏注重厚植农业科教优势，拥有涉农高校院所70余所，农业科技人员12 000多人，建有一大批国家重点实验室和工程中心。

“十三五”以来，江苏坚持把科教兴农作为推进现代农业发展的主体战略和提升农业核心竞争力的关键举措，大力推进农业科技创新，加快农业科技成果推广，2019年全省农业科技贡献率达70%，高于全国平均水平10个百分点，居全国各省份第一位。农业科技创新与推广取得了显著成效，全省农业行业累计获得国家科学技术奖19项，全省选育审定主要农作物新品种200多个，17个水稻品种列入农业农村超级稻名录，数量占全国总数的1/8。

科教兴农，人才是关键。提高农职院校办学水平，主动对接地方，定向合作培养现代农业建设急需的高技能实用人才。宜兴市以提高农业科技进步贡献率为目标，积极实施“陶都英才工程”，成立“青农联盟”，鼓励原籍高校毕业生回乡创业兴业，对农业农村引进且签订服务年限5年以上的高端实用人才给予一定奖励，促进科技成果入乡转化。

水稻育种专家钮中一（左）江祺祥（右）工作场景

生产效率的提高，离不开装备水平的提升。江苏着力优化农业生产体系，大力推进生产手段和生产方式现代化，农业资源利用率、土地产出率和劳动生产率全面提升。加快发展设施农业，提高农业机械化水平，推动农业生产智能化、精细化、绿色化。

“十三五”以来，江苏不断加大农机推广力度，规模效益化的现代大农业生产格局逐渐形成。2020年，全省农机总动力达到5 194万千瓦，比2015年农机总动力4 825万千瓦增长近7.6%。全省农业机械化水平达到88%。水稻机插率超过70%，粮食产地烘干能力达63%，高效植保机械化能力达70%，位于全国前列。

二、结构调整抢先一步　产业升级义无反顾

农业结构战略性调整，需要树立多点发力的理念。江苏创新机制，多方位协调配合，各部门共同参与，构建起现代农业产业体系新格局，既增强了农业整体素质，又提高了竞争力！

现代农业的载体是农业产业体系。习近平总书记在视察江苏时，明确要求“积极推进农业结构战略性调整，形成完善的现代农业产业体系，增强农业整体素质和竞争力”。

“中央有要求、江苏有行动、落实见成效”，推进农业供给侧结构性改革抢先一步，促进产业升级动能转换义无反顾，是江苏增强农业整体素质和竞争力的关键所在。

推进农业结构战略性调整，坚持走市场化的发展路子是工作重点。江苏坚持以市场需求为导向，立足资源禀赋和区位优势，围绕打造优质稻米、绿色蔬菜等8个千亿元级优势特色产业，推动特色畜禽、特色渔业、应时鲜果优势产区布局，因地制宜开展农业结构调整。统筹安排农业生产结构和区域布局，促进农业由增产导向转向提质导向。全省优质食味稻面积增加到1 450万亩，稻虾共作等稻田综合种养面积增加到250万亩，特色水产种养面积占比提高到80%，农业结构得到优化。

扬州市广陵区沙头西江生态蔬艺小镇

随着我国经济社会发展新旧动能的加快转换，植根于江苏乡村的新产业、新业态

也在不断涌现，农业与文化、旅游、教育、康养等行业的跨界融合越来越明显。南京市依托山水田园优势，打造美丽乡村精品旅游线路和特色乡村旅游景区，休闲旅游农业综合收入在全省位居前列。南京市江宁区大力引导国有企业以市场化机制开发乡村生态资源，打造出了钱家渡、黄龙岘等一批乡村旅游“网红村”，带动当地村民坐在家里就能创业致富。江苏通过实施“百园千村万点”休闲农业精品行动，全省2020年休闲旅游农业综合收入达800亿元，比2015年增长150%以上，不少县区因此走上了三产融合发展的“快车道”。

作为互联网经济大省，江苏的“互联网+”农业发展速度和规模一直稳居全国前列，尤其是农产品电商，2020年全省农产品网上交易额达843亿元，同比增长35.6%，已连续多年保持20%以上的增幅。新农人利用互联网“新农具”正不断缔造着三产融合发展的新篇章。占地近3 700亩的红杜鹃农业生态园坐落在南京市栖霞区八卦洲，园区发展了55家地铁提货点和37家社区服务站，串联起线上线下3万多名客户，2019年营业收入突破3 500万元，在互联网经济的引领下，园区收入持续快速增长。

乡村特色产业是乡村产业的重要组成部分，是地域特征鲜明、乡土气息浓厚的小众类、多样性乡村产业，涵盖特色种养、特色食品、特色手工业和特色文化等，发展潜力巨大。从种苗木到做盆景，如皋市顾庄社区的花木经营户们思维方式和经营方式的转变，也是江苏传统产业“接二连三”，打造特色产业的一个具象。20世纪90年代，顾庄就家家户户种花木，过去仅靠卖苗挣点小钱，如今的发展重心变成了根据市场需求钻研盆景制作工艺，真正赚上了大钱。

江苏沭阳苗木造型造景基地

“十三五”以来，江苏一直秉持“工业化思维、项目化机制”做大做强乡村产业的发展思路，聚焦重点，补短板强弱项，大力推进现代农业产业园区、农产品加工集中区建设，打造资金、技术等集聚平台，全省创建国家现代农业产业园10家、省级农业产业示范园52家，省级农产品加工集中区53家。以健全产业体系为目标，全力以赴抓招商、促投资、建项目，切实发挥农业项目在保供给、强产业、增效益等方面的主阵地作用。

既要叫得响，也要抓得实。2020年3月末，江苏省政府在盱眙县绿色食品产业园举行2020年全省农业农村重大项目建设现场推进会，省、市、县三级283个农业农村重大

江苏“中央厨房”主食生产车间

项目集中开工。项目单项投资均超过1 000万元，其中1亿元以上项目118项，75%以上集中于现代种养、农产品加工、现代农业服务业等领域。截至2020年年底，全省在建农业农村重大项目近1 000项，总投资超过2 200亿元。

按照“产业结构优、质量效益高、经营主体强、技术装备精、路径模式新”的发展思路，江苏深入推进农业供给侧结构性改革，保障重要农产品有效供给，加快构建具有江苏特点的现代农业产业体系。同时提出，到2022年现代种养业总产值要达到1万亿元，农产品加工业总产值1.5万亿元，十亿元以上的县域特色产业集群200个左右，农村一二三产业融合增加值占县域生产总值比重大幅提升。苏米、苏鱼、苏菜、苏猪、苏禽五大主导产业产能品质效益显著提升，一批地方特色产业、一批新兴产业、一批乡土产业集群集聚、蓬勃发展。

三、积极践行“两山”理论　绿色发展贯穿始终

“万物各得其和以生，各得其养以成”。习近平总书记多次强调，“经济发展要设定前提，首先要保护好生态环境”。江苏认真践行“绿水青山就是金山银山”的理念，坚持以绿色引领农业农村发展，将绿色发展作为农业农村高质量发展的主旋律，统筹推进现代农业建设和生态环境保护，真正把绿色发展贯穿农业农村工作的始终，真正做到以绿色发展引领农业现代化。

江苏农业复种指数高，资源开发利用强度大，如何正确处理好重要农产品保供、农业效益与生态环境保护的关系，让农业生产资源要素的弦不再紧绷？

江苏积极推进化肥农药减量增效，推动果茶菜有机肥替代、绿色防控和统防统治，在全国首创农药零差率统一配供，控制高毒高残留农药使用。主要农作物测土配方施肥基本全覆盖，2020年农作物病虫绿色防控覆盖率47%以上。重点推广水肥一体化等高效施肥技术，全省化肥农药使用量呈下降态势。2019年，全省化肥施用量、农药使用量，分别比2015年下降10.6%、13.7%。

降低耕地利用强度，提高耕地养分含量，必须推动耕地资源休养生息。江苏在全国率先开展省级轮作休耕试点，省政府部署在苏南地区整体推进，在太湖一级保护区等重点区域常年实施轮作休耕，在苏南其他地区原则上3年轮作休耕一遍。在苏中、苏北沿江沿湖沿河地区，积极探索扩大轮作休耕规模，力争实现重要水域、重要生态环境保护区等轮作休耕全覆盖，2020年全省轮作休耕面积新增200万亩。

苏州张家港经开区百家桥村

乡村是生态环境的主体区域，生态是乡村最大的发展优势。江苏在农业农村绿色生态发展上探路子，力争打造人与自然和谐共生的乡村建设新格局。农村人居环境整治全面推进，全省1.2万个村庄配套建设生活污水处理设施，农村无害化卫生户厕普及率超过95%。培育创造“公共空间治理”邳州、宿迁方案，推动乡村山水林路房整体改善。优化山水、田园、村落等空间要素，全省累计建成221个省级特色田园乡村，美丽乡村建设的新实践，成为“强富美高”最直接、最可感的展现。

确保农产品质量安全，既是食品安全的基础保障，也是绿色发展的内在要求。江苏以创建国家农产品质量安全示范省为“先手棋”，在全国率先建成省、市、县、乡、村五级农产品质量安全监管体系，重要农产品例行监测合格率连续多年稳定在98%以上。绿色优质农产品比重达70.4%，绿色食品、有机农产品总数达2 981个，居全国前列。

江苏还加快绿色发展模式探索，推广一大批种养生态循环新技术新模式，推动畜牧业绿色转型发展，深入推进规模养殖场治理，对非规模养殖场户突出农牧结合，推进畜禽粪污就地就近还田利用。积极推动农作物秸秆多渠道利用，开展废旧农膜和农药包装废弃物回收利用试点，建立健全回收利用体系。全省畜禽粪污综合利用率和秸秆综合利用率分别达97%、95%，均居全国前列。推进水产养殖规划实施，实施生态化改造养殖池塘，推广生态健康养殖技术和模式，全力提升水产养殖水平。

江苏省南通市以能源化和肥料化为主要技术路径，因地制宜、因县制宜、因场施策，形成多模式、多层次畜禽粪污资源化利用新格局。规模养殖场粪污处理设施装备配套率100%。建立畜禽粪污处理中心，培育粪污社会化服务组织，将畜禽粪污进行集中处理，利用产生的沼气发电并入电网，走出了一条与生态文明建设要求相适应的畜牧业绿色高质量发展道路。

“十三五”以来，绿色生态已成为江苏农业农村可持续发展的鲜明特色。正如习近平总书记所强调那样，江苏正矢志不移的加快转变农业发展方式，走产出高效、产品安全、资源节约、环境友好的现代农业发展道路。

四、农村改革如火如荼　农民收入节节攀升

习近平总书记指出，改革开放只有进行时没有完成时。江苏奋楫潮头勇当先，一项项的改革探索，不仅为农业农村发展积聚了动力，也开启了江苏农民奔向高水平全面小康的新天地！

率先发展乡镇企业、较早开展农村税费改革、大力推进统筹城乡发展……改革开放以来，江苏的农村改革一路波澜壮阔。十八大以来，尤其是“十三五”期间，江苏坚持用新发展理念引领改革创新，推动重点领域突破发展，在充分激发农业农村发展活力的同时，更让改革红利不断惠及广大农民。

农村改革如何在体制机制的创新上有所突破？江苏对照“为全国探路”的使命，着力推动重点领域改革，强化试点示范、切实做好农村土地承包经营权确权登记颁证工作，推动承包权和经营权分离，积极发展农业适度规模经营，加快完善社会化服务体系，提高农民生产经营活动的组织化、社会化水平；加快完善农业支持保护体系，切实加强支农项目资金整合，创新农业补贴方式，推进农科教、产学研结合，健全农业金融服务体系，创新农业金融产品和服务方式，扩大农业保险品种范围，为突破体制机制障

碍提供有力支撑。总结推广了一批"江苏经验"，打造了一批"江苏样板"。

江苏在全国率先出台土地制度改革实施意见，引导土地经营权规范有序流转，发展适度规模经营，全省土地流转面积占承包地面积的比例达60%。"十三五"以来，江苏又进一步依托农村产权交易平台，推行土地经营权流转线上交易、流转合同网签，建立土地经营权抵押融资、履约保证保险等机制，用信息化手段为农民提供服务。交易项目数、成交金额、流转面积、抵押贷款额均居全国前列。截至2020年年底，在省平台上流转的土地经营权累计成交额728亿元。

江苏以"有序""适度""多形式"，推进适度规模经营。根据农村劳动力、农业生产手段改进和社会化服务水平不同，因地制宜发展土地集中、农田托管、家庭农场集群、联耕联种、合作农场等多种形式的适度规模，重点扶持100～300亩的规模经营，全省适度规模经营比重达67%。淮安市金湖县累计发展示范家庭农场181家、示范合作社206个、各类联合体16个，成功获批全国农民专业合作社质量提升整县推进试点。全县承包地流转面积共49.6万亩，农业适度规模经营比重达87%。采取"政府引导、村集体牵头、农户参加、专业合作组织实施"的形式，推行千亩农田联耕联种托管经营，实施"保姆式"订单服务面积3.12万亩，涉及24个村、3 892户农民、24家合作组织，每年为合作组织节约农资成本110元/亩，合作组织平均年增收超过14万元，解决农民老龄化、生产兼业化、土地经营零碎化的问题。

放眼江苏，新型农业经营主体不断从阡陌间崛起。"十三五"期间，家庭农场总数超17万家，其中省级示范家庭农场2 290家。新增10个农民合作社质量提升全国整县

苏州张家港常明沙现代农业园区

推进试点县，农民合作社总数位居全国前列，累计培育国家示范社408家、省级示范社1 374家，县级以上示范社达到8 671家。各类农机服务组织超过1.3万个，其中农机专业合作社8 987个，据不完全统计，全省农机合作社作业服务面积占农机作业总面积的65%以上，年经营服务收入超过300亿元。省级以上龙头企业897家，其中国家级77家，位居全国第二，全省农业龙头企业牵头组织农业产业化联合体达500个，带动各类经营主体3 500多个。

"十三五"以来，江苏围绕生产经营型、专业技能型和社会服务型"三类协同"目标，建立教育培训、认定管理和政策扶持"三位一体"模式，大力推进新型职业农民培育，五年来接受免费教育培训的农民总数累计超100万人，一支有文化、懂技术、会经营的新型职业农民队伍正在江苏大地快速形成。

国际经验表明，城镇化率达到70%、人均GDP超过15 000美元，工农城乡关系就进入深刻调整的关键时期，呈现出产业融合、城乡融合加快推进的发展趋势。到2019年年底，江苏常住人口城镇化率已经达到70.6%、人均GDP超过18 000美元，二三产业比重达到95.7%。基于这一发展情况，江苏开展"万企联万村、共走振兴路"行动，以村企合作为抓手，促进城市资金、技术、人才、信息等现代生产要素与农业农村资源有效对接、深度融合、共同发展。

"说一千、道一万，增加农民收入是关键"。人均GDP超过18 000美元的江苏，不仅没有陷入"收入差距陷阱"，2020年农村居民人均可支配收入达24 198元，增幅连续11年高于城镇居民，还以2.19 ∶ 1的收入比成为全国城乡收入差距最小的地区之一。

"十三五"期间，全省上下践行习近平总书记新发展理念，既从传统的增收途径中深挖潜力、筑牢基础，也在深化改革创新中寻找出路、多想办法，不断开辟农民收入新的增长点。宿迁市围绕农民增收，在项目建设中积极探索推广"企业+合作社+农户"联合运营模式、"土地入股+农民就业"等利益联结机制。目前，全市落户投产农业项目中，实行"订单生产"联农带农利益联结机制项目达70个，占比25.5%；"入股分红（含保底分红）"机制的项目59个，占比21.5%；与劳务合作组织签订长期稳定务工就业协议的项目达161个，占比58.5%。目前，单体项目平均带动80余人务工就业，人均增收1.5万元，其中泗阳县华绿工厂化食用菌项目带动就业人数达1 200余人，企业每年支付务工就业人员工资达4 800万元，人均年收入5万元以上。

娄葑街道是20世纪90年代苏州工业园区开发建设挖第一锹土的地方。街道户籍人口11.03万人，其中29 427人为当年的失地农民。为让失地农民共享园区发展成果，街道各社区通过12家社区股份合作社的运营，确保失地农民股份分红逐年增长。2019年年底，各社区股份合作社共向农民现金分红2 022万元，其中，60 ～ 79岁的农民每人

2 100元，80 ～ 90岁的农民每人4 100元，90岁以上的农民每人4 600元。

江苏总结“苏南模式”和早期合作经济和股份经济探索经验，以全国首批农村集体产权制度改革整省试点为契机，突出抓好成员界定、股权量化等关键环节，推进集体经营性资产量化到人、固化到户。颁布实施江苏省农村集体资产管理条例，推动全省农村集体资产管理迈入法治化轨道。探索形成多种形式集体经济模式，村级集体经济组织经营性资产总量近1 800亿元，村均集体经营性收入192万元。农村集体产权制度改革基本完成，全省已有超99%村（居）基本完成改革，超过1.7万个集体经济组织完成登记赋码，取得特别法人资格。“十三五”期间，农村居民财产性收入年均增幅超过10%，占可支配收入比重逐年提升。

在实现“两个一百年”奋斗目标的历史交汇期，江苏将深化落实习近平总书记对江苏工作的重要讲话指示精神，始终沿着习近平总书记指引的方向奋力前进，砥砺前行、接续奋斗，全力谋划、奋力开启好农业农村现代化新征程，奋力把习近平总书记为我们擘画的美好蓝图一步步变为现实。

（江苏省委农办、农业农村厅）

走改革之路　扬创新之长

——安徽省“十三五”农业现代化发展回顾

安徽是农村改革的发源地。党的十八大以来，安徽深入贯彻落实习近平新时代中国特色社会主义思想，始终牢记总书记“唯改革才有出路”“改革要常讲常新”的殷殷嘱托，大力弘扬“改革创新、敢为人先”的小岗精神，砥砺奋进、锐意进取，探索出了一条以改革创新为动力，助推现代农业转型升级的“安徽路径”。2020年，全省粮食总产4 019万吨，居全国第三位；农村居民人均可支配收入16 620元，同比增长7.8%。2019年在农业农村部延伸绩效管理中，安徽多项工作被评为优秀，实现了争先进位。

一、深入贯彻习近平总书记“扎实推进现代农业建设”重要指示精神，创新完善现代农业发展“三大支撑”

2016年，习近平总书记视察安徽并作出“扎实推进现代农业建设”的重要指示。几年来，安徽勠力践行总书记重要指示精神，在发展思路上求突破，在发展政策上求创新，在发展理念上求升级，先行先试，构建了政策、资金、科技“三大支撑”，初步建立了较为完备的推进现代农业建设的政策支撑体系。

（一）**加强谋划，强化政策支撑**。思路决定出路，创新推动发展。2016年，安徽省出台了扎实推进现代农业建设的意见，明确到2020年现代农业建设总体要求、主要目标、重点任务和保障措施，在全国率先提出并出台现代生态农业产业化示范创建意见，省政府与农业部签订了推进安徽现代生态农业产业化建设合作备忘录。2017年省政府出台推进农业产业化加快发展实施方案，2018年率先在全国出台畜禽养殖废弃物资源化利用、秸秆综合利用两个三年行动计划及配套的政策体系，2019年出台实施农产品加工业

“五个一批”工程意见，2020年出台长三角绿色农产品生产加工供应基地建设意见。围绕现代农业建设，安徽省从总体设计到任务落实、从具体抓手到平台载体，一年接着一年接续谋划，基本构建了推进现代农业建设的“四梁八柱”。

（二）**破解瓶颈，强化金融支撑。**新型农业经营主体融资难、融资贵问题，是制约安徽省现代农业发展的主要瓶颈。着力创新保险、股权、财政支农服务方式方法，打通金融服务“三农”最后一公里。**率先成立省级农业信贷担保公司**，推动公司网络体系建设，指导研发“劝耕贷”等模式，被确定为全国农业信贷担保工作主导模式。截至2020年11月底，省农担公司累计为33 983户（次）新型农业经营主体提供融资担保177.84亿元，在保13 452户（次），在保金额86.34亿元。**率先创设区域性股权市场农业板**，是全国农业专板第一大板块，截至2020年12底，农业版块已累计挂牌企业1 557家，其中235家企业获得融资12.13亿元。依托省区域股权市场，牵头成立了省金融支农协作联盟，着力打造省级金融支农政策及金融要素综合服务平台。**率先开展“三项补贴”改革试点。**作为全国5个改革试点省份之一，安徽将原“三项补贴”合并为“农业支持保护补贴”，重点支持耕地保护和粮食适度规模经营，资金向新型农业经营主体倾斜，发挥政策激励导向作用。

（三）**健全体系，强化科技支撑。**安徽省着力下好农业科技创新“先手棋”，省政府出台支持科技创新若干政策，助力农业科技创新和科技服务体系建设，科技之花在农业领域结出丰硕的产业之果。2019年，全省农业科技进步贡献率达64%，高于全国平均水平4.8个百分点；主要农作物耕种收综合机械化水平达80.01%，高于全国平均水平10个百分点。**深入开展农技人员包村联户服务。**每年省市县乡四级2 500多个农技推广机构、13 000多名农技人员深入14 000多个行政村、78 000多个科技示范户、27 700多

安徽石台县茶园风景

个贫困户，开展包村联户服务，全省农业主推技术到位率超过95%。安徽省基层农技推广体系连续多年在农业农村部开展的延伸绩效管理中位居全国前列，2019年位居全国第一。**健全现代农业产业技术体系。**安徽省是全国最早建立省级现代农业产业技术体系的省份，近年来省财政每年安排资金1 500万元支持体系建设，目前已建立16个现代农业产业技术体系，其中，农机装备应用、农业生态环保与质量安全、农业信息化、农产品加工4个产业技术体系在全国率先创建。2019年，产业技术体系产学研合作项目达160项，技术集成应用148项，累计研发新品种97项、新技术170项，推广应用动植物新品种261个。**率先建立政产学研推协作联盟。**2016年，安徽省创建政产学研推协作联盟，进一步整合行政、科研、教学、企业等各方面力量，着力破解“科研”和“应用”两张皮，推动农业科研成果尽快转化为农业生产力。

二、深入推进农业供给侧结构性改革，着力构建现代农业“三大体系”

习近平总书记在安徽小岗村农村改革座谈会上强调，要以构建现代农业产业体系、生产体系、经营体系为抓手，加快推进农业现代化。安徽省紧紧围绕农业供给侧结构性改革这条主线，加快构建现代农业“三大体系”，着力提高农业质量效益和竞争力。

（一）**突出促融合，加快构建现代农业产业体系。**现代农业产业体系，是产业横向拓展和纵向延伸的有机统一，重点解决农业资源要素配置和农产品供给效率问题。安徽

安徽阜南黄氏番鸭光鸭结合示范基地

安徽繁昌渔民收获

安徽芜湖益然香木榨工业

通过优化调整农业结构，促进一二三产业融合发展，延长产业链、提升价值链，促进农业产业转型升级。**优化产业布局**。在全国率先完成5 200万亩粮食生产功能区、1 900万亩重要农产品生产保护区划定任务，探索建立了“两区”划建管护用一体化模式，形成以淮北平原区、江淮丘陵区、沿江平原区、皖西大别山区及皖南山区四大现代农业功能区为支撑的现代农业发展战略格局，一批国家级、省级特色农产品优势区应运而生、蓬勃发展，粮食等重要农产品稳产保供能力进一步增强。2019年，安徽粮食总产达4 019万吨，实现“十七连丰”。水稻、小麦、玉米、油菜等作物优势产区集中度超过90%。安徽常年销往省外的粮食1 300万吨左右，为国家粮食安全持续作出“安徽贡献”。**调整种养结构**。率先发展优质专用粮食，加快推进稻渔综合种养，积极推广“规模养殖、集中屠宰、冷链运输、冰鲜上市”养殖新模式。2020年全省优质专用小麦面积达2 298万亩、占小麦面积的53.4%。在全国率先制定了专用小麦种植地图，将307个万亩以上单品种集中种植单元646.65万亩专用小麦上图入库，通过网络向社会发布，为产销衔接搭建了桥梁和纽带，价格比去年同期增长10%左右。按2 298万亩专用小麦每千克售价高于市场1角钱测算，亩增收40元，总增收9.19亿元。全省稻渔综合种养总面积超过400万亩，位居全国第三位，涌现了合肥“中国淡水龙虾之都”、霍邱“中国生态稻虾第一县”等一批示范样板，实现了粮食绿色丰产和农民稳定增收的有机统一。**促进产业融合**。在做精一产的基础上，安徽推进农业产业化的初心一直未改，启动实施农产品“五个一批”工程，推动设立省农业产业化发展基金，注册资本28亿元，总规模100亿元；连续12年举办合肥农交会，打造了农产品产销对接的大品牌。启动实施长三角绿色农产品生产加工供应基地“158”行动计划，围绕粮油、畜禽、水产、果蔬、茶叶、中药材、油茶、土特产等优势特色产业，开展“一县一业（特）”全产业链创建。推动农业与文旅、康养、科普等产业融合发展，景观农业、创意农业、功能农业等新产业、新模式蓬勃发展，“农业+”多业态的发展态势基本形成。2020年，安徽休闲农业全年接待游客达1.5亿人次，综合营业收入650亿元，带动农户就业59.5万户，“美丽田园，休闲安徽”的金字招牌深入人心。农村电商是安徽农业新业态融合发展的另一个增长极，通过实施农村电商全覆盖巩固提升行动、“互联网+”农产品出村进城工程等一批重点项目，安徽农村电商基础设施和配套设施不断完善，电商直销、直播带货等新型电商模式飞速发展，2019年全省农村产品上行网络销售额536亿元，同比增长31.7%。

（二）**突出强基础，加快构建现代农业生产体系**。现代农业生产体系，是先进生产手段和生产技术的有机结合，重点解决农业的发展动力和生产效率问题。安徽省坚持用现代物质装备武装农业，用现代科学技术服务农业，用现代生产方式改造农业，大力推进农业水利化、机械化、标准化。**加快农田水利建设**。制定出台《安徽省生态高标准农田建设规范》，明确农业清洁生产、农业废弃物循环利用、生态拦截等建设内容和标准，形成了高标准农田建设的“安徽规范”。截至2019年年底，全省累计建设高标准农田4 600多万亩。2018年，安徽省高标准农田建设做法被国务院列为全国四个激励省份之一。**大力推进农业机械化**。省政府印发《关于加快推进农业机械化和农机装备产业转型升级的实施意见》，推动安徽省农机装备产业转型升级。目前，安徽省生产的农业机械，覆盖了整个农业生产全过程90%以上领域，小麦收获机械已经占据了全国销量的半壁江山，实现了农机产业的跨越式发展。截至2019年年底，全省农机总动力6 650.6万千瓦，居全国第四位；农作物耕种收综合机械化率超过80%，比全国高10个百分点。**积极推进标准化生产**。围绕“三品一标”农产品，全力打造“物阜安徽，皖美农品”的区域公共品牌名片，目前全省有效使用“三品一标”的农产品8 080个，居全国第六位，绿色食品居全国第二位。制修订农业地方标准1 000余项，基本覆盖全省所有主导产业和特色产业。把农产品质量安全列入省民生工程，每年安排1亿元专项资金支持建

安徽颍泉区专用小麦机械化收获

安徽省蚌埠市固镇连城小麦机械化收获

立乡镇农产品快速检测体系、发展“三品一标”和建立农产品质量安全追溯体系，全省建立了3 763套乡镇农产品快速检测系统，并与省农产品质量安全追溯信息管理平台全面对接，快检数据实时上传，实现了网络化监管，有效保障了“舌尖上的安全”。

（三）**突出育主体，加快构建现代农业经营体系。**现代农业经营体系，是现代农业经营主体、组织方式、服务模式的有机组合，重点是解决“谁来种地”和经营效益问题。安徽省通过培育规模化经营主体和服务主体，加快构建职业农民队伍，形成一支高素质农业生产经营者队伍，提高农业集约化、专业化、组织化、社会化水平。**大力发展新型经营主体**，安徽省在全国率先启动家庭农场培育工程，大力培育规模适度的农户家庭农场，积极推进农民合作社规范发展。2020年，在市场监管部门注册的家庭农场、农民合作社分别达14.3万个、10.9万个，分居全国第一位、第五位。全省农业产业化龙头企业总数达1.6万家。安徽首创以“农业企业为龙头，家庭农场为基础，农民合作社为纽带”的现代农业产业化联合体，在融合发展中取得“1＋1＋1>3”的聚变效应，成为综合竞争力强的“农业航母”，获得农业农村部全国推广。目前，全省农业产业化联合体总数超过1 900家。宿州市淮河粮食产业化联合体是安徽最早一批成立的农业产业化联合体，由农业产业化龙头企业淮河种业公司联合13家合作社、27家家庭农场组建，联合经营土地1.6万亩，亩均净利润600多元。**推进农业社会化服务。**紧紧围绕解决“谁来种地、怎么种地”的问题，以推进农业生产托管、服务小农户为重点，大力发展多层次、多类型的农业社会化服务组织。目前，全省各类以托管服务为主的服务组织发展到3.3万个，服务小农户450多万户，主要农作物托管面积2亿亩（次），在全国位居前列，既稳定了粮食生产，又增加了农民收入。全国首家省级国有农业专业服务公司、全国首家省级农业社会化服务联盟均诞生在安徽；还在全国率先开展服务主体名录库建设，分类掌握各类服务主体发展情况，提高资源利用效率，推动服务主体一体化发展。凤台县是安徽第一批农业生产全程社会化服务试点县，全县培育农业生产全程服务组织21个，通过统一农资、耕种、植保、收割、收购等“十统一”服务，为2万多农户5.6万亩耕地提供农业生产全程社会化服务，不仅实现农机跨区高效作业，甚至走出国门把水稻机插秧业务拓展到了越南，成为社会化服务的闪光点。**加强新型职业农民培训。**随着农村劳动力向非

安徽芜湖市繁昌区举办农机社会化服务宣传活动

农部门的转移，村庄空心化、农业副业化、农民老龄化现象持续加重，“389961”成为安徽农业生产经营的“主力军”。2016年起，安徽将新型职业农民培育列入省民生工程，建立省、市、县、乡镇四级培训体系，目前，全省累计培育新型职业农民25万人。实施“农业经理人和青年农场”创业培训，近5年来，全省共举办“农业经理人和青年农场”培训班350期，累计培训学员3 500人，探索出了一批可复制、可推广的经验模式，“南陵模式”“现代青年农场主培育模式”入选全国新型职业农民培育十大模式。

三、深化农村综合改革，充分释放农业农村发展“三大活力”

改革创新是安徽最为宝贵、最具优势的遗传基因。近年来，我们牢记习近平总书记小岗村农村改革座谈会重要讲话精神，加快农村改革步伐，以省两办名义出台了《安徽省深化农村改革综合性实施方案》，安徽稳步推进农村综合改革，通过改革进一步释放农村经营机制、要素和人才活力，助推现代农业发展。

（一）**完善农村基本经营制度，释放“机制”活力。**习近平总书记指出，我国农村改革是从调整农民和土地的关系开启。新形势下深化农村改革，主线仍然是处理好农民和土地的关系。安徽是全国首批3个整省推进农村土地承包经营权确权登记颁证试点省之一，在完成农村土地承包经营权确权登记颁证试点任务的基础上，全省所有县（市、区）建成农村土地承包经营权信息管理平台，确权成果在农业补贴、土地流转、农业保险等方面应用率达到100%。顺应农业规模化、集约化经营新形势，加快放活土地经营权，深入实施农村承包地“三权”分置，目前全省耕地流转率达50%，一半左右的承包地实现了适度规模经营。

阜阳市颍泉区是全省10个授权开展农村土地经营权抵押贷款试点县（区）之一，创新“土地经营权+担保”“+地上附着物”“+林权”“+大型农机具”等组合抵押模式，提高贷款额度，放大农村资产资源效应。蒙城、怀远等县探索开展的“一户一块田”试点，引导农户以“小块变大块、多块并一块”的方式互换并地，实现按户连片耕种，有效破解了承包地“零碎化”问题，有效破解了承包地“零碎化”问题，成为加速农业现代化的重要助推器，主要做法被写入了中央1号文件。

（二）**加快农村产权制度改革，释放“要素”活力。**安徽作为全国农村集体产权制度改革整省推进试点省份，2019年年底，农村集体资产清查工作在全国率先完成，共清理核实资产1 203.4亿元，完成农村集体产权制度改革的村（居）达到15 063个，占总村数的93.7%。2016年8月，安徽省在11个县（区）的13个村启动首批“资源变资产、资金变股金、农民变股东”改革试点，2017年全面推开。截至2019年年底，全省开展

"三变"改革的村（居）达8 497个，占全省总村数的52.8%。参与"三变"改革的村，集体平均增收5.4万元，参与改革的农户户均增收1 093元。2019年开始，进一步组织实施了百村培强、千村扶优、万村提升"百千万"工程，村集体经济实现加速发展。截至2019年年底，全省空壳村基本消除，全省经营性收入达50万以上的集体经济强村达987个，占比6.5%。

天长市是安徽省国家级股份权能改革试点县，全市151个村（社区）农村集体资产股份合作制改革全部完成，并在集体资产股权应用等方面有了新突破。共量化集体资产8 332.42万元，确认成员50.71万人，股东人数42.63万人，实现了集体资产农民"共同共有"到"按份共有"的转变。创新推出了农村集体资产股权与农村土地承包经营权"农权贷"融资产品，累计发放抵押贷款1 588.5万元。天长市股份权能改革做法得到国家充分肯定，两次在全国会议上作典型发言，农业农村部专家对天长改革试点作出"三十年前看小岗分田到户；三十年后看天长分红到人"的高度评价。

建设用地指标可以上市交易，也可以充分利用发展集体经济，惠及民生。宅基地改革能盘活利用农村闲置宅基地，在农村重点改革中最有含金量，对于壮大集体经济、激发农村发展内生动力作用巨大。2015年，金寨县被中央批准为全国15个农村宅基地制度改革试点县之一。该县以促进耕地保护和宅基地节约集约利用为目标，着力政策和制度创新，将宅基地制度改革与扶贫搬迁等政策相结合，构建了符合农村实际的宅基地制度体系，创造了农村宅基地改革与脱贫攻坚深度融合的"金寨样板"。探索出"对超标占用宅基地的实行有偿使用、鼓励引导农村居民自愿有偿退出宅基地、宅基地腾退复垦节余指标省内有偿调剂"3条经验在全国推广。据统计，全县共退出宅基地4.4万多户，共腾退复垦宅基地4.85万亩，宅基地腾退户数和复垦面积均居15个试点县首位。在金寨改革试点的基础上，2020年安徽又选择18个县（市、区）开展了农村闲置宅基地和闲置住宅盘活，鼓励试点县因地制宜利用闲置住宅发展符合乡村特点的新产业新业态，探索农村闲置宅基地和闲置住宅盘活利用模式。

（三）**创新农村人才培育方式，释放"人才"活力。**人才是推进现代农业发展的关键。安徽省坚持本地培养和外地引进"两手抓"，着力壮大乡村发展"人才库"。**一手抓培养，开展"双培"试点。**2019年，选择六安市金寨县开展"培养能人、培育产业"试点，出台培育农村产业发展带头人工作考评办法，第一批培养产业带头70 名，通过产业规模扩大，吸纳农民务工，增加当地群众工资性收入达 1 400 多万元，带动农户发展产业增收 4 000 多万元，初步形成"培育一批能人、振兴一方产业、繁荣一方经济，致富一方百姓"的发展格局。2020年试点工作在六安全市推广，省内其他 15 个市分别选择一个县（市区）开展试点，以点带面，扩大示范效应。**一手抓引进，实施"三乡工**

程”。2018年，安徽省泾县创新实施市民下乡、能人回乡、企业兴乡的“三乡工程”，实行县领导联系“三乡工程”重点项目制度，县财政每年安排2 000万元，并拿出了18条支持措施，优化环境、优化服务、优惠招商引资政策，对“三乡工程”的实施进行多点面、多方位的扶持。2019年，通过“市民下乡”，该县吸引了99名市民下乡领办、创办产业，也让广大农民看到了商机，从而激活了他们发展产业的积极性。农民创办的新型经营主体等如雨后春笋般快速发展，全县已经有新型经营主体926家、农业企业达到200家。通过“能人回乡”，有84名在外人士回乡创业，推动了体验农业、采摘农业、休闲农业、旅游农业、养生农业、教育农业、农村电商等农村新产业新业态蓬勃发展。全县创建农产品生产示范基地45个。发展农业产业龙头企业71家，农产品加工产值达106亿元，加工转化率达40%。通过“企业兴乡”，已经引进了73个企业到农村发展产业，投资达27.8亿元，盘活了农村资产和生态资源。

安徽农业技术指导员到田头进行技术指导

当前，我们正面临百年未有之大变局深度调整、百年未遇之疫情严重冲击、百年奋斗目标迈向新阶段三大背景，数字化、大国博弈、治理重构等力量推动经济社会加速变革，世界经济格局将深刻调整。经济社会复杂性加剧风险管理难度，要素集中化、网络化趋势进一步加强，收入分配调整进入关键窗口期，对外开放面临更多非经济因素影响，安徽省农业农村发展的内外部环境更加错综复杂。

时隔四年，在防汛救灾、恢复生产的重要时刻，习近平总书记冒着酷暑再次亲临安徽视察指导，既体现了总书记对安徽灾情的高度关注、对安徽人民的深情厚爱、对安徽工作的充分肯定，也为我们加快建设美好安徽提供了强大的思想武器、明确的行动纲领、科学的方法路径。“十四五”时期，安徽省将以习近平总书记重要讲话精神为指引，时刻牢记总书记对安徽“三农”工作的一系列重要指示，坚持改革开放，坚持高质量发展，以长三角一体化发展为契机，坚决扛起作为农业大省的政治责任和使命担当，坚持以实施乡村振兴战略为总抓手，以产业兴旺、生态宜居、乡风文明、治理有效、生活富裕为总要求，以更大力度推进新一轮农村改革，为乡村振兴提供体制机制保障和强大动力，推动全省农业综合实力实现新的更大跃升，产业结构实现新的更大优化，生态环境实现新的更大改善，人民生活实现新的更大进步，乡村治理体系和治理能力现代化实现新的更大提升，努力为全省经济社会大局稳定提供坚强支撑，在构建新发展格局中实现更大作为，在加快建设美好安徽上取得新的更大进展。

（安徽省委农办、农业农村厅）

推动粮食“三链同构” 加快现代农业发展

——河南省“十三五”农业现代化发展回顾

“悠悠万事，吃饭为大”“洪范八政，食为政首”，习近平总书记的谆谆教导，始终萦绕在亿万中原儿女的心头，特别是2014年总书记视察指导河南时指出，“粮食生产是河南的一大优势，也是河南的一张王牌，这张王牌任何时候都不能丢”。河南牢记总书记重托，把抓好粮食生产作为重大政治责任，深入实施“藏粮于地、藏粮于技”战略，稳定提升粮食产能，2017年以来，粮食产量连续四年稳定在6 500万吨以上，2020年再获丰收，达到6 826万吨，每年外调原粮及粮食制成品3 000多万吨，成为全国5大粮食调出省之一，为国家粮食安全作出巨大贡献。

新时期，如何更好扛稳粮食安全重任，成为河南这个农业大省必须破解的时代课题。2019年全国“两会”期间，总书记参加河南代表团审议时提出，“希望河南发挥优势，抓住粮食这个核心竞争力，坚持以‘粮头食尾’‘农头工尾’为抓手，延伸粮食产业链、提升价值链、打造供应链，不断提高农业的质量效益和竞争力，实现粮食安全和现代高效农业相统一”。总书记重要指示给河南农业发展指明了方向，为河南这个粮食生产大省建设现代农业提供了根本遵循。

一、深入贯彻习近平总书记重要讲话精神，坚决扛稳粮食安全重任

河南省委、省政府牢记习近平总书记的殷殷嘱托，把扛稳粮食安全重任作为增强“四个意识”、坚定“四个自信”、做到“两个维护”的具体体现，始终坚持把粮食生产摆在各项工作重中之重的位置，努力让国人的饭碗装上更多优质河南粮，为保障国家粮食安全作出了应有的贡献。2016年9月，在驻马店市召开的全省农业结构调整暨“三秋”

生产现场会上，省委、省政府提出按照“布局区域化、经营规模化、生产标准化、发展产业化”的要求，推动优质小麦、优质花生、优质草畜、优质林果的发展，把“四有四化”作为今后一个时期推进河南省农业供给侧结构性改革的工作重点，优质小麦要重点发展优质强筋小麦和优质弱筋小麦。2016年10月，在中共河南省委第十次代表大会上，明确提出突出发展优质小麦，促进粮食绿色高产高效，承担好保障国家粮食安全的政治责任。2017年11月，河南省人民政府办公厅印发《河南省高效种养业和绿色食品业转型升级行动方案》，重点打造豫北、豫中东强筋小麦，豫中南和南阳盆地中强筋小麦和豫南沿淮弱筋小麦生产基地。2019年4月，河南省委、省政府出台《关于深入学习贯彻习近平总书记重要讲话精神全面推进乡村振兴战略的实施意见》，明确要求坚持“藏粮于地、藏粮于技”，守住耕地红线保粮田，提高土地质量拓产能，用好现代化手段增产出，在稳步提升粮食产能上展现新作为。2020年7月，河南省人民政府印发《关于加快推进农业高质量发展建设现代农业强省的意见》，把“实施粮食生产核心区建设行动”作为十大重点发展举措的第一条；与之相配套，省政府印发《关于坚持三链同构加快推进粮食产业高质量发展的意见》，提出坚持产业链、价值链、供应链“三链”同构，坚持绿色化、优质化、特色化、品牌化“四化”方向，坚持优粮优产、优粮优购、优粮优储、优粮优加、优粮优销“五优”联动，全面提升粮食产业质量效益和竞争力，加快实现河南省由粮食资源大省向粮食产业强省转变。

2020年新冠疫情发生以来，习近平总书记强调，越是面对风险挑战，越要稳住农业，越要确保粮食和重要农产品安全。河南省各级农业农村部门把“战疫情”与“抢

驻马店西平县高标准农田项目区

农时”统筹起来，主动应对、精准施策，战胜多重自然灾害，粮食再夺丰收，总产达到6 826万吨，单产达到423.7千克，总产和单产均创历史新高，其中总产较上年增产131万吨，占全国增产565万吨的23.2%，在高基点上实现粮食生产新突破。

二、持续发挥优势，擦亮粮食这张“王牌”

河南是全国重要的农业大省，全省2.48亿亩土地，其中耕地面积1.22亿亩，平原面积近60%，粮食种植面积常年稳定在1.6亿亩，在抓粮食生产上，着力发挥好以下优势。一是**发挥条件优势**。河南处于南北气候过渡带，四季分明，雨热同期，土地肥沃，光照充足，适宜小麦等粮食作物生长。尤其是小麦种植优势明显，在大约7 000年前就开始了驯化和栽培，在春秋时期就建立了以精耕细作为代表的小麦生产技术体系，小麦品质优良，焦作、新乡等地的小麦可以直接作为周边省份小麦的种子。二是**发挥产业优势**。河南是小麦生产大省和加工大省，小麦产量、加工能力均居全国第一，是速冻食品、方便食品的领军企业及行业标准重要制定者，小麦产业地位在全国举足轻重。三是**发挥政策优势**。探索完善粮食生产稳定发展长效机制，加大对产粮大县财政转移支付和奖补力度，提高农业补贴的精准性和指向性。不折不扣落实各项强农惠农政策，充分调动了地方抓粮、农民种粮的积极性。全省累计对104个产粮大县发放奖补资金240多亿元，向农民发放农业支持保护补贴近800亿元，利用最低收购价政策收购小麦600多万吨，发放农机购置补贴117亿元。除省级层面设有“四优四化”专项扶持资金外，

三全食品公司生产车间

花花牛乳业集团生产车间

思念食品公司生产车间

市、县两级财政也充分发挥作用，不断加大对小麦产业发展支持力度。**四是发挥加工优势**。全省规模以上小麦加工企业1 209家，其中省级以上农业产业化龙头企业183家，实现年营业收入1 927亿元、利润301亿元，占规模以上农产品加工业的15.7%。三全、思念、双汇、花花牛、华冠、想念、华星等一批知名品牌和龙头企业不断涌现；中粮集团、益海嘉里集团、五得利集团、华龙集团和克明面业等中外大型粮油知名企业纷纷落地；一系列适销对路、品种丰富、质量安全、营养健康的粮油食品走进百姓餐桌。**五是发挥主体优势**。加快家庭农场、农民合作社培育，全省家庭农场发展到近5.76万家，农民合作社18.6万家，土地适度规模经营占比达62%，新型农业经营主体成为带动小农户发展的主力军。如：唐河县茅台有机小麦生产基地面积流转4.1万余亩土地，实行“公司+基地+村委+农户”联合种植模式，按照“统一规划，集中连片，协作管理”的原则管理，为农户提供种子、有机肥等投入品，指导农户集中成片种植，规范化管理，以高于市场价一倍左右的价格回收，有力带动了当地农民增收致富，该公司也成为茅台集团10个有机小麦供应商之一。

三、坚持“三链同构”，着力提升粮食产业竞争力

（一）注重产业谋划，着力延伸产业链。

一是稳定产能保证产业链。坚定不移地守住耕地红线，严格落实永久基本农田特殊保护制度和耕地占补平衡制度，实行多重保护措施，严防死守耕地红线，连续19年实现耕地占补平衡，确保了耕地面积持续稳定在1.2亿亩以上。在全省划定永久基本农田1.02亿亩，划定粮食生产功能区7 852万亩、重要农产品保护区1 030万亩，超额完成国家下达的“两区”划定任务，为全省粮食面积稳定和生产稳定发展奠定了坚实基础。持续推进高标准农田建设，颁布实施《河南省高标准粮田保护条例》，推进依法投入、依法建设、依法管护，累计建设高标准农田6 320万亩，亩均粮食生产能力提高75千克。滑县、浚县、许昌建安区、临颍县等打造集中连片核心区都超过30万亩。舞阳县泥河洼，通过高标准农田建设，16万亩滞洪区变成了“大粮仓”，小麦亩均单产提高100千克左右。加快重大水利工程建设，规划建设20项重大水利工程，完成水利投资631.1亿元，出山店水库基本建成、前坪水库主体工程基本完工，淮河流域蓄滞洪区完成80%以上工程量。

二是建设基地夯实产业链。围绕优质专用小麦产业发展，将豫北、豫中东划定为强筋小麦生产区，将豫南划定为弱筋小麦生产区。在3个适宜区内选择淮滨县、息县为弱筋小麦试点县，选择永城市、延津县、浚县、滑县、内黄县、濮阳县为强筋小麦试点

县。2019年，全省优质专用小麦面积发展到1 350万亩，占全省小麦面积的1/7，居全国第一位，其中种植面积10万亩以上的县59个，面积占全省优质专用小麦的91.5%，20万亩以上的县25个，30万亩以上的县10个；千亩以上单品种片区2 609个，面积占全省优质专用小麦的93%。茅台、五粮液、旺旺、盼盼等全国知名企业在河南建设绿色生产基地。河南通过建立稳定的优质小麦生产基地，不仅能够扛稳粮食安全责任，而且能够为小麦产业“三链同构”打下坚实基础。

河南延津小麦种植基地

三是打造龙头带动产业链。以规模以上面制品龙头企业为重点，着力优化产品结构，延长产业链条，提升经济效益。重点是做到“五个突破”：做大做强龙头企业，在培育行业领军企业上取得新突破；完善利益联结机制，在增强辐射带动能力上取得新突破；强化农业产业链构建，在推动产加销各环节融合发展上取得新突破；大力推进科技创新，在提升龙头企业核心竞争力上取得新突破；创建农业产业化示范基地，在推动龙头企业集群集聚上取得新突破。2019年，河南省规模以上面制品加工企业1 209家，营业收入1 927亿元，新增面粉生产能力2 400万吨，居全国第一位，专用面粉产量两年提高4.9个百分点，方便食品、烘焙食品、调味品、速冻食品等快速增长。镇平县想念集团自建1.2成亩“想念农场”作为企业优质小麦种植基地的基础上，以郭庄乡、侯集镇、张林镇、杨营镇、贾宋镇、马庄乡、枣园镇、雪枫办等18个南部平原乡（镇办）为依托，以订单形式规划建设30万亩优质小麦种植基地，向前延伸产业链，同时，与河南省农业科学院等科研机构合作，推广适合本地区的优质小麦品种，以高于市场价的价格收购优质麦，既保障了粮源品质，又有力带动了农民增收。

四是培育市场延伸产业链。办好中国农产品加工业投资贸易洽谈会，坚持开放招商，近年来共有来自泰国、德国、美国、澳大利亚、日本等11个国家20多家境外企业在河南省投资农牧产业，建成农牧企业35家，总投资达73.4亿元。益海嘉里、中粮、五得利、豫粮集团等大型用粮企业均与河南省签有长期购销合同。优质专用小麦订单价格高于普通小麦价格10%左右。地方政府普遍重视电商作用，永城市通过整合电子商务资源，建立物流中心、电商平台和服务网点，积极引导面粉食品企业与天猫、京东等电商平台开展合作，让优质产品上线销售。

（二）注重创新引领，着力提升价值链。

一是绿色推升价值链。牢固树立新发展理念，聚焦绿色安全、营养方便、质量效益，重点围绕肉、面、油、乳、果蔬五大行业，打造绿色原料生产基地，提高绿色食品加工比重。利用现有的财政扶持资金给予奖励支持，为食品业绿色转型升级提供有效保障，提高质量效益和竞争力。全面推行农业标准化生产，建立健全河南省优势农产品、出口农产品和特色农产品标准体系，扶持新型农业经营主体率先开展标准化生产。加快节水节肥节药，控制农业用水，蓄住天上水，用好地表水，合理使用地下水，全面实施区域规模化高效节水灌溉行动。推广使用节肥节药新技术，深入实施测土配方施肥，积极推广有机肥，提高肥料利用率。加强对农药使用的管理，大力推进绿色防控和统防统治融合发展。发展生态循环农业，实施种养结合循环农业示范工程，推进种养结合、农牧结合，抓好国家农业可持续发展试验示范区建设，打造黄淮海西南丘陵区农业绿色发展样板。依托集约化猪场，大力推广“百亩田千头猪”的康龙模式。

二是特色提升价值链。以高端化、智能化、融合化为方向，不断增强粮食产业的竞争力和可持续发展能力，围绕优势产业加快高端产品开发，生产多档次、多品种的高档及多维营养主食加工产品和休闲食品。例如，周口市支持面粉加工企业走高端差异化路线，避免出现面粉行业低价竞争的局面，积极培育引导雪荣面业、荷花面粉等面粉加工龙头企业，发展优质面粉、全麦粉、高档专用面粉和功能性面粉；培育引导枣花面业、荷花面粉等面粉企业发展小麦淀粉、小麦胚、抗性糊精、谷朊粉等深加工产品，不断提升小麦产品价值。漯河市临颍县拥有食品加工企业120多家，年粮食总加工量达到300万吨，直接盘活了周边20多个县（市）的余粮市场，已发展成为全国“休闲食品之都”，占据国内膨化、烘焙等休闲食品30%以上的市场份额。

河南滑县白马坡万亩方内现代农业气象科技示范园

三是科技支撑价值链。加快种业创新，立足打造种业高地，启动国家生物育种中心建设，大力实施现代种业提升工程，加强种质资源创新、分子育种等先进技术研究应用，提升种业企业育繁推一体化能力，加快高产、优质、抗逆新品种选育推广，小麦、玉米等育种创新水平全国领先。强化科研创新应用，坚持把科技作为粮食生产的潜力源，持续实施农业科技创新提升行动，统筹各类农业科技资源，促进产学研、农科教紧密结合，建立大联合、大合作的农业科技发展新机制。建设26个国家级和省级重点实验室、225个工程技术研究中心、31个产业技术创新战略联盟，协同开展农业科技联合攻关，8年来累计获得国家科技奖37项，其中一等奖2项、二等奖32项。农机装备水平不断提升。加快发展高端农机装备制造，组建国家农机装备创新中心，创新研发出智能无人驾驶拖拉机、超大马力无级变速轮式拖拉机等，加快大中型、智能化、复合型农机推广应用，推动河南农机化向全程、全面、高质、高效升级。截至2019年年底，全省拥有大中型拖拉机46万台、联合收获机械28.3万台，数量均居全国第一；主要农作物耕种收综合机械化率达82.6%，高于全国平均水平10多个百分点，小麦生产基本实现全程机械化。

四是精深加工创造价值链。积极开发粮油精深加工新产品，增加专用米、专用粉、专用油、功能性淀粉糖、功能性蛋白等产品的有效供给，延长小麦产业链。商丘市坚持“精深加工产业化、主导产品品牌化、品牌产品差异化”，通过严选优质粮源，不断改进生产工艺，打造高端产品，培育知名品牌，提升小麦产业价值链，部分企业原来加工普通面粉0.5千克赢利2分钱，毛利率大概在3%～4%，现在用当地的优质小麦加工面粉做面包和蛋糕，毛利率在30%以上。唐河、镇平及叶县等豫南地区大力支持引导骨干企业发展专用粉、强化粉、预拌粉等小麦精深加工产品，积极开发营养挂面、果蔬挂面、

河南延津克明面业小麦深加工

杂粮挂面、小麦膳食纤维等中高端面制品，构建“小麦—优质面粉—中高端面制品—副产品综合利用”的产品链。

（三）**注重融合发展，着力打造供应链。**

河南安阳红旗合作社开展社会化服务作业

一是社会化服务保障供应链。强化社会化服务，为粮食生产供应链提供基础设施建管服务、技术推广服务、资金投入服务、信息服务、政策和法律服务等，包括农业产前、产中、产后的全面、系统、一体化的服务，如产前的种子、化肥、农药、薄膜等生产资料供应、产中的耕种、栽培、病虫害防治等以及产后的销售、运输、加工等服务，配套的社会化服务能够为小麦供应链保驾护航。围绕解决融资困难等实际问题，成立河南省农业信贷担保有限责任公司，为农民贷款提供担保服务，降低经营主体融资成本，大力培育发展农民合作社、种粮大户、家庭农场等新型经营主体。充分利用新型职业农民培育工程，对全省21.7万职业农民进行培训，提高经营能力。安阳市采取政府购买“航空植保统防统治服务”的方式，统一开展航空植保专业化统防统治。安阳航空植保、标普农业、丰之保等航空植保统防统治服务组织，出动近千架植保无人机，在全市8个县（市）区同步开展航空植保统防统治。在8天时间内，完成60个乡镇（办事处）的180.6万亩小麦航空植保统防统治作业任务。漯河市郾城区制定了“九统一”服务规范，明确各个环节的服务主体、服务内容、服务价格等，为从事优质专用小麦生产者提供了一个覆盖产前、产中、产后全程环节的服务链。

二是订单生产引领供应链。持续强化订单生产，遵照“风险共担、利益共享、合作共赢”的市场化原则，推动建立健全涉及政府部门、农户和粮食企业的新型粮食产、购、销衔接的订单农业生产方式。通过订单粮食生产，极大地促进农民生产积极性，助力农民增收，保证订单农户的利益；有效引导农民按照市场需求组织粮食生产，促进粮食种植结构调整，发展适合市场需求的优质粮食，培育稳定的商品粮基地，为粮食企业提供稳定可靠的粮源，从而增强粮食企业市场竞争力。唐河县形成以茅台酒等高端白酒为代表的“农民—基地—烘干—仓储—物流—白酒企业”订单式小麦供应链，订单需求引领了优质有机小麦种植基地建设和高标准农田建设。安阳市优质强筋小麦订单已达80万亩，订单率80%。安阳康亿面粉有限责任公司2018年加工优质小麦1.4万吨，普通小麦5万多吨，来自基地的原材料占74%，促进农民增收180多万元，带动县域和周边4.5万农户，带动农田面积13.4万亩。

三是供销对接畅通供应链。粮食供应链有其自身特性，加工企业生产是连续性的，收购却是季节性的；粮食生产是地域性的，消费却是全域性的；粮食生产具有相对的不稳定性，消费却是相对稳定的。这就要求粮食商品产出以后，必须在保质期内及时流通。只有供销对接顺畅，充分发挥展会、粮食交易市场、现代物流体系及互联网线上交易平台作用，才能确保粮食产品社会价值和经济价值的实现。郑州粮食批发市场、郑州商品交易所分别是全国第一家粮食现货市场和期货市场，制订了全国第一部规范化的粮食现货交易规则和商品期货交易规则，对完善全国粮食市场体系发挥了重要作用。镇平县积极实施“互联网+”粮食行动，利用阿里巴巴、“老家镇平”等电商平台，加快粮食产品线上线下融合。鼓励企业走出去建立直营店、旗舰店等拓展市场，扩大销量，提高知名度，实现企业增效益、农户有收益。2019年，全县电商交易额102亿元，增长43.8%，成为全国电商百强县、全国电商扶贫百强县。

四是转型升级丰富供应链。以“四优四化”为导向，着力抓好优质小麦基地建设，大力发展小麦经济，以强筋、弱筋为重点，突出抓好优质小麦生产；以“五大行动”为抓手，围绕市场消费需求，提升粮食加工业水平，丰富面制品供应，着力开发营养食品、功能食品、休闲食品和保健食品等，满足不同消费人群的需要。全省突出抓好种好、调好、管好、防好、收好五个关键环节。2020年，1 204万亩夏收优质专用小麦订单率达90%，实际售价比普通小麦每千克高出两角钱，实现了优质优价。淮滨县立足本地产业优势，整县制发展弱筋小麦产业，弱筋小麦播种面积达到60万亩，年产量20万吨，产值超5亿元，发展规模以上专用粉加工企业6家，食品加工企业6家，弱筋麦食品加工业产值达到20亿元，构建了弱筋小麦—低筋面粉—烘焙食品—工业化主食精深加工销售的粮食供应链。镇平想念食品紧盯市场需求，精准分析消费人群及其需求，在多元化、个性化产品开发上下功夫，不断推出私人定制面、小龙虾面、月子面等特定产品，开发了杂粮飘香、麦胚、有机等9大系列400多个单品。

保障国家粮食安全是一个永恒课题，任何时候这根弦都不能松。“十四五”时期是在全面建成小康社会基础上开启全面建设社会主义现代化国家新征程的第一个五年，意义十分重大。河南省各级农业农村部门将牢固树立“确保谷物基本自给、口粮绝对安全”的新粮食安全观，全力以赴抓好粮食生产，稳住“三农”基本盘。一是加快构建更高层次、更高质量、更有效率、更可持续的粮食安全保障体系，强化“米袋子”省长负责制，加强粮食市场价格监测和监管，加快推动“藏粮于地、藏粮于技”战略落实落地。二是紧紧抓住实施乡村振兴战略的重大机遇，坚持农业农村优先发展，夯实农业发展和粮食生产的基础，强化农业科技和装备支撑，深化农业供给侧结构性改革，着力解决农业发展中存在的深层次矛盾和问题，重点在优化农产品结构、增强抗风险能力、提高农业现代化水平上发力。三是坚持农业现代化和农村现代化一体设计、一体推进，推进公共服务向乡村延伸，突出抓好家庭农场和农民合作社等农业经营主体发展，推进适度规模经营，深化农村集体产权制度改革，发展壮大新型集体经济。

（河南省委农办、农业农村厅）

建设现代农业产业园 谱写率先实现农业现代化新篇章

——广东省“十三五”农业现代化发展回顾

清晨的阳光透过淡淡的薄雾，倾斜地洒在农田上。一大早，连樟村的陆国结像往常一样，步行5分钟，前往距家不远的连樟村现代农业产业园上班。在这里，他一个月可以轻松挣得3 000 ～ 4 000元。作为曾经的低收入者，陆国结一家的收入基本靠耕田以及种植的少许麻竹笋，生活比较困难。如今，陆国结的田租给了产业园，每年有分红，同时自己又在产业园上班，每个月领工资，对此陆国结感到很满足。

这是习近平总书记视察过的广东省清远市英德市连江口镇连樟村每天可以见到的一幕。2018年10月23日，习近平总书记来到英德市连樟村视察时说“产业扶贫是最直接、最有效的办法”“乡亲们一天不脱贫，我就一天放不下心来”。在视察英德市电子商务产业园时指出“城乡区域发展不平衡是广东高质量发展的最大短板。要下功夫解决城乡二元结构问题，力度更大一些，措施更精准一些，久久为功。要坚持辩证思维，转变观念，努力把短板变成潜力板，充分发挥粤东西北地区生态优势，不断拓展发展空间、增强发展后劲。”习近平总书记视察连樟村后，广东省农业农村厅创建了连樟村果菜茶省级现代农业产业园。产业园以连江口镇连樟村为核心区，包括连江口镇、下石太镇和黎溪镇，重点发展特色水果、优质蔬菜、生态茶叶等主导产业。项目总投资超过2亿元，其中省级财政5 000万元、市县统筹5 000万元、社会资本投入1亿多元，按照“突出重点、集中使用、补短板、强弱项”的原则，着力打造良种繁育、生态种植、生产加工、冷链物流、品牌销售、科技创新相融合的全产业链现代农业发展模式，是实现农业现代化和脱贫攻坚的有效载体和手段。据了解，在连樟村果菜茶省级现代农业产业园内，像陆国结这样的低收入群众并不在少数，随着产业园的落地，接二连三扎根连江口镇，连樟村在最短的时间内实现了农业现代化，在家门口让乡亲们就业，生活越过越好，实现在家门口脱贫致富。

一、全面建设产业园，实现广东农业布局现代化

“十三五”期间，广东省委省政府将大力加强现代农业产业园建设作为推进广东农业现代化的主要抓手、推动广东现代农业高质量发展的重要载体、解决广东城乡融合发展的重要平台，是广东农业“十三五”最大的手笔和亮点。2018—2020年，省财政每年安排25亿元支持省级现代农业产业园建设，以“一县一园”为重点，截至2020年8月，全省已创建14个国家级、161个省级、55个市级现代农业产业园，其中，粤东西北地区优势产区产业园每个奖补省级财政资金1.5亿元、粤东西北地区特色产业现代农业产业园每个奖补省级财政资金5 000万元。

三年来，省级现代农业产业园实现了全省主要农业县的全覆盖，形成国家级、省级、市级现代农业产业园梯次发展格局，初步布局了“跨县集群、一县一园、一镇一业、一村一品”的全省现代农业发展模式。在全省范围内热火朝天建设产业园的场景随处可见。

据统计，截至2020年11月底，粤东西北地区130个省级现代农业产业园主导产业总产值达到2 152.49亿元，其中，二三产业产值总和超过一半。产业园内农业企业数量

英德连樟村果菜茶省级现代农业产业园

达到3 299个，品牌数量（含企业自有品牌）2 459个，其中新增品牌493个。吸引返乡创业人员数2.55万人，辐射带动农民就业人员数123万人，园内农民收入水平高于当地全县平均水平24.6%，累计联结带动贫困户7.18万户，平均每户每年增收8 518.91元。财政资金撬动作用效果明显，省级财政资金撬动比达到1 ：4.36，共撬动300多亿元社会资本投入产业园建设，有力地推动广东农业现代化的进展。

二、大力建设产业园，托起广东农业现代化

广东省农业农村厅把现代农业产业园建设作为中心工作全力推进，积极协调省发改委、财政、自然资源、交通、科技、金融、电力等部门，整合资源、积聚要素、合力推进现代农业产业园建设。通过挖潜力、补短板，基本实现了广东农业现代化“一年全面启动、两年初见成效、三年较成体系”的目标要求。

2018年至今，现代农业产业园是广东省农业现代化进行农村一二三产融合发展的“主阵地”。产业园积极把推进工业升级的“园区模式”移植到农业发展中，聚集生产、加工、科技、营销等现代生产要素，大力发展二三产业，有力推动农业全环节升级、全链条增值，形成了农业高质量发展的“组合拳”。据统计，目前广东省正在建设175个现代农业产业园中，有粮食产业园20个、生猪产业园9个；岭南水果、水产、蔬菜、茶叶、南药、家禽等15种岭南特色省级产业园129个。特别是2019年以来，全省加快恢复生猪生产，以生猪产业园引领推动全省新建、改扩建生猪规模养殖场719个，全部建成达产后存栏生猪1 295.4万头、母猪124.6万头。通过突出粮食、生猪、蔬菜、水产、家禽等重要农产品产业园建设，保障了广东重要农产品的有效供给，守住了“米袋子”、丰富了“菜篮子”，进一步筑牢粮食安全底线。如韶关市生猪优势产区产业园建设完成

徐闻菠萝国家现代农业产业园

湛江农垦剑麻国家现代农业产业园农民收获场景

后，实现新增高质量生猪产能190万头以上，全市生猪年出栏量超过334万头；生猪现代化屠宰加工产能超过100万头/年，引入世界500强普洛斯发展冷链流通。

农产品加工是农业现代化的关键环节。现代农业产业园建设将农产品加工放在突出重要的位置，要求每个产业园必须建设不少于50亩的农产品加工物流区作为产业园的核心 区。作为产业园责任主体的县级政府必须安排至少50亩的建设用地，或者利用市场主体自有建设用地用于农产品加工物流区建设，这个措施大大地补齐了农业现代化的短板和弱项，延长了产业链，增加了产业价值。例如，在大埔蜜柚产业园建设中，政府建设专门加工物流区，使入驻产业园的大埔柚通柚美公司能够进行柚果精深加工，公司从柚皮糖、柚子茶到柚子精油、香皂，不断"解锁"柚子身上的"密码"，目前企业已研发柚子产品种类有60余种，"当前，大埔柚通柚美公司通过不断创新与研发，把1吨鲜果4 000元的价值，衍生为13万元，达到约30倍附加价值，大大提高产品附加值、延长现代农业产业链。"该企业负责人傅曼琼告诉自豪地说。

通过建设现代农业产业园对广东省农业进行了"补链""强链"，初步补齐了广东农业各产业加工、流通的短板，延伸现代农业产业链、提升现代农业价值链，每个产业园都形成一二三产业融合发展的格局，呈现出广东农业现代化欣欣向荣的面貌。

新兴县现代农业产业园农牧装备园全景图

三、革新观念，让广东农业现代化走得更稳更远

"十三五"期间，广东省委省政府通过大手笔投入建设现代农业产业园使全省人民对现代农业有了新的看法，对农业认识产生了积极重大转变，现代农业普遍被认为是朝阳产业，使农业这个古老的产业更加具有吸引力，这为农业现代化提供了永久的动力。这些变化主要体现在。

一是产业园大笔投入建设使大家看到，财政投入能够撬动更多的社会资本投入到乡村振兴中来、吸引更多的人才参加到乡村振兴中来。产业园省级财政资金撬动比达到1：4.36，2018—2020年省级财政投入75亿元共撬动社会资本300多亿元投入到现代农业产业园建设中来。2019年全省一般公共预算支出中农林水务事务支出总额达到956.68亿元，比2015年增长17.83%。

二是产业园全产业链建设促进农业产业融合发展的模式，使大家对现代农业的概念上有了革新。农业现代化不仅是种植或者养殖的现代化，更是产业发展模式和产业链的现代化，是包括生产、加工、科技、品牌、旅游等多环节结合新的产业发展业态、模式和链条，通过这种产业多环节的融合发展，可共享整个产业发展的红利，增加种植或者养殖环节的效益。各地将现代农业产业园用地纳入国土空间规划体系，在规划中做好空间预留和布局安排，在新编县乡级国土 空间规划安排不少于10%的建设用地规模，重点保障现代农业产业园等农村一二三产业发展用地。2020年全省土地利用计划，省级预安排6 000亩用地指标专项用于保障保持集体建设用地性质的农产品精深加工、休闲农业、乡村旅游、农村家庭手工业、体验农业和创意农业等6类乡村重点产业和项目用地。

三是推进产业园农业品牌建设工作，使新型农业经营主体切实体会到品牌对于农业现代化发展的积极作用。全省产业园区已创建农业品牌（含企业品牌）1 962个，比入园前新增536个，打造了一批省级区域公用品牌，英德红茶、梅县金柚、凤凰单丛（枞）茶、台山大米、翁源兰花、高州荔枝、新会陈皮等品牌价值分别达到272.9亿元、

茂名电白沉香产业园

195.6亿元、156.8亿元、83.8亿元、63.7亿元、54.7亿元、32.3亿元，“老广的味道”走向全国和世界，产品价值大幅提升。如高州市荔枝产业园引进了京东超市、淘宝每日优选、天天果园等10多家国内知名企业集聚发展，培育了“强牌”“丰盛”等6家年产值过亿元的本地龙头企业，“大唐荔乡”品牌影响力大幅提升，在今年荔枝丰收而且受到疫情影响的情况下，荔枝收购价比上年增长40%以上。

四、联农带农，让广东农业现代化更加丰富多彩

在现代农业产业园建设过程中，高度重视联农带农机制，让小农户参与到大市场的竞争，分享到市场良性竞争带来的利益，促进了小农户与现代农业的有机衔接，使从业人员认识到农业现代化的过程是大家共同致富的过程，树立了新型职业农民从事农业现代化建设工作的坚强信心。明确省级财政10%的补助资金，用于鼓励引导农业新型经营主体联结带动农户，构建农户分享全产业链利益保障机制。通过“公司＋基地＋农户”和土地入股、资金入股、返聘务工等形式，让现代农业产业园成为农民增收致富的“聚宝盆”。把产业发展落到农民增收上来，全力以赴消除农村相对贫困，推动乡村生活富裕，这是广东省建设现代农业产业园和推进农业现代化政策的“落脚点”。

2020年第三届“中国农民丰收节”期间，连南稻鱼茶产业园，稻穗飘香、稻鱼正肥，依托稻田养鱼这种立体生态种养的农耕方式，打造出“稻田鱼＋旅游”模式，通过“公司+基地+农户”等合作方式，与农民构建了稳定的利益联结机制，参与园区建设并已经形成稳定合作关系的农户达9 237户，其中紧密型1 289户、松散型3 083户、辐射型4 865户，园区农民人均可支配收入高于全县平均水平的20%以上，农户收入大幅度提高，稻田鱼被誉为“致富鱼”。

梅县大埔蜜柚国家现代农业产业园收获场景

梅州市梅县区松口镇大黄村是有名的“柚子村”，2018年，占地300亩的省级现代农业产业园梅县（大黄）金柚产业园落户大黄村，在村党支部书记廖建明带领下，村里200多户村民采取股份合作抱团取暖，联合28家合作社成立合作联社，入驻现代农业产业园。如今，在大黄村，一地多“金”成为现实，村民可获

得种果销售、股金分红、务工薪金等多份收入。目前大黄村示范带动200多户种植户加入合作社，辐射全村98%的村民种植3 000多亩柚果，村民人均年收入达到2.8万元。

广东省在现代农业产业园构建有效的联农带农机制，把产业发展与农民增收有机衔接，产业园内农民收入高于当地平均水平15%以上。”作为产业园的绩效目标之一，使联农带农机制得落地有了强有力得抓手。据统计，2018—2019年创建的100个产业园共吸引返乡创业人员2.55万人，吸纳农民就业32.95万人，辐射带动农户61.9万户，产业园内农民年人均可支配收入19 199.55元，比产业园建设前增长了20.02%。累计联结带动7.18万户贫困户，平均每户每年增收8 518.91元。

五、科技赋能，给广东农业现代化插上起飞的翅膀

没有科技的现代化就说不上农业的现代化。现代农业产业园的全环节升级、全链条增值主要靠科技创新驱动，这是产业园发展的动力所在。在建设现代农业产业园过程中，广东把科技推动摆在了重要的位置，明确要按照“依托大企业、依靠大科技、推进大融合、做好大服务、做强大品牌、打造大产业”的思路，着眼长远谋划布局，做大做强我省优势特色农业产业。

在产业园建设鼓励财政资金在科技和信息中的积极使用，建立产业园专家服务团队联系制度，大批的先进科技运用到主导产业发展中，提高了主导产业的现代化水平，使科技变成了推动现代农业发展的“新引擎”。推进农科教、产学研大联合大协作，广东省农科院、华南农业大学、仲恺农业工程学院等科研机构、院校，组建科技服务团队，主动对接服务产业园，每个产业园对接3 ～ 4个专家团队。广东省农科院采取“一园一平台，专家进企业”模式，组建135个专家服务团队，签订产业园科技支撑服务协议187份，开展55项科技攻关，解决40多个关键核心技术，转化33项科技成果。华南农业大学组建72个专家服务团队，累计签订科技合作框架协议49份，与温氏集团等产业园相关主体共建科教服务平台27个，承担技术服务项目81项。温氏新兴优质鸡产业园自主研发新产品48项、新技术20项，引进新产品、新技术5项，相关成果获得授权专利26项，荣获省级以上科技奖励4项，发表专业论文120余篇，新产品新技术新装备开发应用成效明显，经济社会效益显著。

如今，各个现代农业产业园里，随处可见现代化的科技元素身影：广州市从化区与华南农业大学、省农科院签订合作协议，组建技术团队，集中力量开展科技协同攻关、试验示范和推广应用，花卉产业园培育出20多个具有自主知识产权的花卉新品种，科技成果转化率达90%以上。广东省翁源县现代农业产业园组建了广东（翁源）兰花研究

翁源现代农业产业园广东（翁源）兰花研究院揭牌仪式

院。云浮市云城南药现代农业产业园积极与省级高等院校、科研院所、技术推广部门联手，加快南药新品种、新技术、新模式的研究与推广，新品种引进和新技术推广取得突破，产业园内企业广东银田公司基地获得“省级岭南中药材种子种苗繁育基地”称号，广东小阳公司“优质牛大力GAP栽培技术研究与示范推广”获得省农业技术推广奖。广州市南沙区引入中国农业大学及国家数字渔业创新中心力量，推进中国农业大学智慧农业(南沙)产业研究院筹建工作，合力打造智慧渔业，南沙区现代渔业产业园的广州市诚一水产养殖有限公司已实现精准化养殖、可视化管理、智能化决策，成为智慧渔业领军企业。

六、政策保障，高位推进广东农业现代化

“十三五”期间，广东省委省政府咬定目标不放松，强化“五个坚持”，久久为功，通过加强现代农业产业园建设扎实推进广东农业现代化，取得这样一些可复制、可推广、可借鉴的成功经验和有效做法。

一是坚持高位推动。省委、省政府把建设现代农业产业园作为实施乡村振兴战略的重要抓手，列入省委、省政府重点工作和省重点建设项目，多次召开专题会议部署、推动落实。省委省政府主要领导多次作出指示批示。各市县落实“园长制”，由政府主要负责同志担任园长，召开专题会议研究产业园建设工作，形成省市县齐抓共管良好局面。梅县金柚产业园成立了以区长为园长的产业园建设领导小组，并设立现代农业园区办公室，有专职人员7人，实行“四个一”工作机制，即产业园一个项目一名领导包办，一周一例会，一月一通报，一季一督查，并把产业园建设列入乡村振兴绩效考核范畴。

二是坚持政策引领。出台支持产业园建设21条政策措施，制定工作方案、建设指导意见、资金管理办法、建设指引、绩效评价、验收指导意见等规范性文件，形成支持现代农业产业园建设的“1+N”政策体系，明确产业园总体目标、建设任务，从用地保障、财政金融支持、税费减免、流通和品牌建设、基础设施、环境保护和科技与人才等方面，打出了政策“组合拳”。广东省农业农村厅加强统筹协调，建立了厅领导和主要处室挂钩联系产业园建设工作机制，成立工作专班，强化督促指导，做好跟踪服务。省

财政厅统筹保障资金，加强资金监管。省自然资源厅强化国土空间规划保障，加大产业园建设用地指标支持力度，采取点状供地模式支持产业园建设。省交通运输厅将产业园核心区列入通“四好农村路”建设范畴。省科技厅派出科技特派员加强产业园技术指导。省税务局、南方电网等部门为园内企业做好各项服务。各地结合实际，出台配套政策，在财政和项目融资上给予扶持，在用地、用水、用电、人才引进上予以优惠，全面推进产业园建设。

三是坚持改革创新。首先是创新省级财政投入方式。省级补助资金由过去层层下拨到市县财政部门，转为直接拨付到实施主体(企业)，减少拨付层级，节约时间、提高效率。其次是下放管理权限。实行“三个清单”管理，制定鼓励清单、允许清单和负面清单，由县政府确定项目立项和审批资金使用方案，企业设立专账（专户），自主开展园区建设和资金使用。最后是发挥市场配置资源作用。由牵头实施主体制定资金使用方案，鼓励支持各类主体投资，吸引温氏集团等大型企业和更多社会资本参与建设。与金融机构签署服务产业园战略合作协议，增加信贷资金支持产业园建设，省农业银行对产业园的贷款规模已超过110亿元，服务客户1.7多万户。

目前，全省各地各部门正在总结经验，始终坚持问题导向、目标导向和结果导向，主动作为，细化举措、强力推进，确保如期高质量完成全省现代农业产业园建设任务，将每个产业园都建成精品园、标杆园，示范带动广东农业农村现代化建设。各级政府是产业园建设责任主体，进一步落实“园长制”，压实主体责任，把产业园作为建设农业现代化和实施乡村振兴的“牛鼻子”、主要抓手和重要平台，统筹推进。各有关部门各司其职，密切配合，形成合力，从投资力度、财税优惠、金融服务、用地保障等方面大力支持。加强经验总结，加大宣传力度，全方位、多角度、立体化宣传产业园工作，把好经验好做法推广出去，形成一批可借鉴、可推广的范例与样板。

展望“十四五”，广东省将继续加大力度推进产业园建设，压实各级主体责任，落实“园长制”，把产业园作为建设农业现代化和实施乡村振兴的“牛鼻子”、主要抓手和重要平台，统筹推进，切实履行园长责任。各有关部门各司其职，密切配合，形成合力，农业农村部门要统筹做好组织协调工作，相关部门要从财税支持、金融服务、用地保障等方面同向发力，确保如期高质量完成全省现代农业产业园建设任务，将每个产业园都建成精品园、标杆园，把产业园建设做出影响，做出品牌，使得广东农业现代化丰富多彩，取得良好的经济效益、生态效益和社会效益。

（广东省委农办、农业农村厅）

现代山地特色高效农业的重庆探索与实践

——重庆市“十三五”农业现代化发展回顾

举目世界，像重庆这样大山大水、大城大乡、大开大合的城市，难觅第二座。作为我国中西部唯一的直辖市，重庆幅员面积8.24万平方公里，其中农村占95%；乡村常住人口1037万人，占全市的33.2%。农村面积是京津沪总和的2.3倍，乡村常住人口比京津沪的总和还多。“大城市”与“大农村”共生、“大山区”与“大库区”并存是其特有的标签。

高山大川固然诞生了瑰丽多彩的山水美景，萌生了极富个性的巴渝文化，但山高坡陡、地块零碎，也是横亘在农业现代化征程上的巨大挑战。如何在高山峡谷中推进农业现代化？如何在“巴掌田”“半山坡”上发展现代农业？如何在城乡融合发展中更好地保供增收？如何把自然禀赋劣势转变为独特的产业发展优势？这些问题不能回避，必须回答！

重庆万州楠桥村玫瑰香橙基地

2016年，习近平总书记视察重庆时指出，重庆集大城市、大农村、大山区、大库区于一体，协调发展任务繁重。要促进城乡区域协调发展，促进新型工业化、信息化、城镇化、农业现代化同步发展。2019年，习近平总书记再次视察重庆，要求重庆更加注重从全局谋划一域、以一域服务全局，努力在推进新时代西部大开发中发挥支撑作用、在推进共建“一带一路”中发挥带动作用、在推进长江经济带绿色发展中发挥示范作用。总书记的重要指示要求，为重庆发展指明了方向，为重庆农业现代化发展提供了遵循。

一、融入“现代”元素，构建重庆农业发展新格局

“十三五”以来，重庆市委市政府深入贯彻落实党中央国务院关于推进农业现代化的要求和部署，提出发展现代山地特色高效农业，用现代物质条件装备农业，用现代科学技术改造农业，用现代产业体系提升农业，用现代经营形式推进农业，用现代发展理念引领农业，通过大力培养新型农民发展农业，农业发展呈现新格局。

（一）**推动“科技化”发展**。科技是第一生产力，创新是引领发展的第一动力。重庆这一方饱含创新基因的热土，再生稻、稻田养鱼、稻田半旱式免耕技术是20世纪80年代的“农业三绝”。如今，重庆坚持用科技创新带动山地特色高效农业升级。西南地方种质糯玉米自交系创制及其杂交种推广应用和晚熟柑橘保果防落防枯水综合技术集成与应用获2016—2018年度全国农牧渔业丰收奖一等奖；极端寡照区高光效优质杂交水稻不育系创制与应用获重庆市科技进步奖一等奖；含油量超过50%的油菜“庆油8号”获得国家备案登记；市畜科院与国内外联合开展智慧养猪研发，猪只智能耳标、蚕丝人工神经材料研究、抗生素替代品高效饲用抗菌肽研发均处于国际领先水平。

在科技创新推动下，重庆农业新品种、新技术、新模式遍地开花，硕果累累。在涪陵，“涪杂二号”“涪丰14”“永安小叶”等榨菜良种实现全覆盖，“桑—菜”套作、“麻—菜”套作、青菜头两季种植模式充分利用冬闲田，实现品质提升、产量增长。在忠县，年育苗300万株的亚洲最大柑橘脱毒容器育苗基地、全国唯一的国家级果树类工程技术研究中心、鲜冷橙汁生产线以及配备精准管理系统的柑橘信息化果园共同发力科研创新，柑橘品种、育苗、建园、管护和橙汁加工五项技术全球“领跑”。在丰都，科企合作成功探索出“本地牛—西门塔尔—红安格斯”三元杂交技术路线，培育出具有自主知识产权的“红西本”肉牛新品种。在石柱，研制自动热风循环烘干生产线，率先在全国实现了辣椒机械化干制，鲜椒无须“风吹日晒”即可制成干椒；黄连将块茎入药，根须做饲料，黄连花制成茶，黄连新药、黄连牙膏、黄连花保健品等一系列新产品让消

费者眼前一亮。在荣昌，建起我国首个国家级生猪大数据中心、目前唯一畜牧单品国家级数据平台，从投入品、养殖、环境承载力、屠宰流通、消费价格、进出口贸易、科技创新与生猪金融等入手，汇聚生猪养殖、交易、加工、流通及饲料、兽药、养殖机械等相关行业运行的数据信息，通过数据采集共享交换及分析挖掘与建模，搭建生猪单品种全产业链各环节的大数据应用平台，立足重庆，服务全国，推动我国生猪产业和畜牧业健康可持续发展。

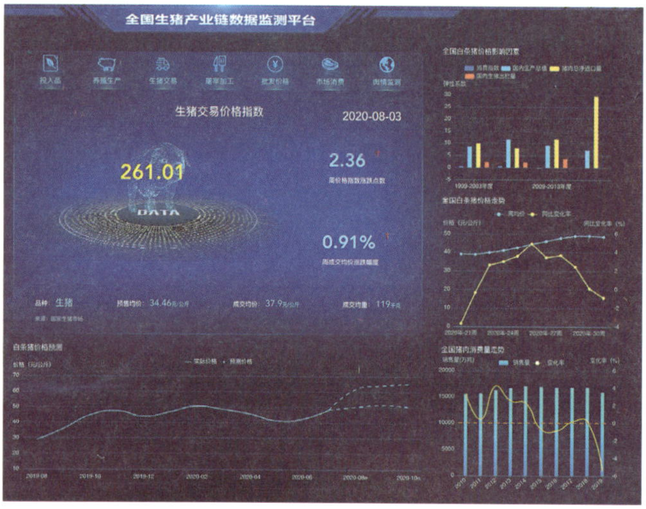

重庆荣昌全国生猪产业链数据监测平台

面向未来，围绕成渝地区现代高效特色农业带建设，推动打造西部农业科技创新中心，共同争取国家支持在川渝毗邻地区建设国家农业高新技术产业示范区、中国畜牧科学城，从农业科技重点技术攻关、农业科技核心技术集成示范、农业农村人才队伍建设、搭建农业科研平台、完善科研基础设施等方面，全力构建现代山地特色高效农业发展的科研支撑体系。

（二）**推动“机械化”发展**。机械化是现代农业的重要标志。在重庆，制约农业机械化发展最突出的瓶颈不是机器问题，也不是机艺融合问题，而是土地条件。全市3 677万亩耕地中，坡度15°以下的只有1 801万亩，15°~25°有1 043万亩，25°以上的833万亩。单块耕地面积在1亩以下的就占80%以上。农民户均耕地不足5亩，户内耕地分散3处以上的高达60%。

为提升农业机械化水平，重庆大力推进丘陵山区耕地宜机化改造，将小块变成大块，形成规模化和标准化，破解大中型农业机械下地“最后一公里”难题。从2014年起，出台“先建后补”奖励政策，财政资金按照“连通”“缓坡”“梯台”三种类别，分别给予每亩1 000元、1 500元、2 000元的土地改造补助。“十三五”期间，全市累计完成耕地宜机化改造30余万亩。

以往，农民在高低不平、大小不一、分散又零碎的土地上搞种植，每亩平均人工成本超600元。进行宜机化改造后，水田和旱地种植每亩可分别节约成本350元和500元以上。而这仅是节本增效的其中一项，还未计算改造后耕地面积增加3%～5%，大中型农机作业代替人工可大大提高土地利用率和土地产出率。2019年底，全市农机总动力达到1 465万千瓦，比“十二五”末增长18%；机耕、机播、机收面积分别达到3080万亩、281万亩、670万亩，比“十二五”末分别增长42%、125%、47%；主要农作物耕种收综合机械化率达到50.3%，比“十二五”末提高了8.3个百分点。

渝北区抢抓创建全市乡村振兴综合试验示范区机遇，将高标准农田建设与新建10万亩经果林、10万亩生态林“双十万工程”有机结合，按照宜机化、水利化、生态化、园田化、规模化、标准化、智能化“七化”要求，创新提出“组织化、景观化、品牌化、信息化”目标，采取集中扶持、连片整治思路，整村整镇推进宜机化改造，着力打造丘陵山区现代化农业样板。自2019年以来，该区完成宜机化改造近10万亩，大盛镇青龙村通过整治使全村可耕种土地由原来的1 400亩增加到2 350亩，大湾镇金凤村16个社实施土地整治面积11 500余亩，打造形成“万亩金凤桃乡”。该区宜机化改造后，打造“花椒村”“仙桃村”“柑橘村”等特色产业村16个，新发展笋竹、柑橘等特色经果林3.5万亩，其中茨竹镇梨园村、统景镇印盒村等6个村被农业农村部评为全国“一村一品”示范村。

垫江县立足晚柚资源优势，制订出台《垫江晚柚产业发展“双十工程”实施方案》，提出在10个重点镇围绕宜机化开展土地整治，连点成线、连线成面、连面成片，打造垫江千亩级、万亩级、十万亩级现代农业园区。到2023年完成改造、新建晚柚基地10万亩，投产达效后产业综合产值达到10亿元以上，培育中国最大的晚柚绿色食品生产基地，打造中国晚柚之都。

目前，推进耕地宜机化改造已成为全市上下的广泛共识，“十四五”期间，还将对“渝西浅丘平坝”“合川、铜梁、潼南三江六岸冲击坝（带）”“长垫梁优势区”各100万亩和其余区县局部地区坡度5°以下土地进行改造，每年计划完成70万亩。

重庆江津现代农业园区智慧农业

（三）推动“数字化”发展。坚持以大数据智能化为引领，加快推进物联网、大数据、空间信息、智能装备等现代信息技术与种植业、畜牧业、渔业生产及农机作业的融合应用，提高农业生产精准化、信息化水平。

围绕重庆特色农业产业链发展，全市智慧农业信息新技术应用呈现强劲发展势头，共建成农业生产智能化示范基地370余个，全市大田综合应用物联网生产769万亩，占比19.5%；智能化畜禽养殖2417万只，占比4.5%；全市蛋鸡饲养和食用菌、豆芽生产等智能化关键技术环节取得突破，基本形成工厂化标准生产；水肥一体智能灌溉、环境监测、自动饲喂等智慧农业技术推广取得较好成效。

信息进村入户工程取得突破性进展，建成9 160个村级站点，全市行政村基本实现全覆盖。以益农信息社为“节点”，建立产业购销线上对接体系，打通市场信息流通渠道，为优质农产品走出山村走向城市提供支撑。构建了“渝益农”APP，为村民提供公益、便民、电商、培训融合服务，累计提供公益便民服务超过600余万人次，培训信息员4万人次。城乡数字鸿沟正在不断缩小。

（四）推动“生态化”发展。重庆是长江上游生态屏障的最后一道关口，对长江中下游地区生态安全承担着不可替代的作用。重庆市委、市政府主动作为，强化“上游意识”、担起“上游责任”，坚定不移走生态优先、绿色发展之路。

重庆市委、市政府出台《关于创新体制机制推进农业绿色发展的实施意见》，推进生态产业化、产业生态化。实施耕地保护与质量提升、化肥农药减量、畜禽养殖粪污资源化利用行动，大力推进农业绿色生产。开展农村人居环境整治，建设绿色家园。2019年化肥施用量下降2.4%，农药使用量下降1.6%，农膜使用下降1.9%，秸秆综合利用率达到86.17%。

农业绿色发展也大幅度提升了产业发展质量。涪陵区榨菜产业发展过程中，通过集中建设榨菜原料腌制池和废水治理设施，实现榨菜集中加工、集中治污，破解了全区29家重点龙头企业废水治理难题。粪污治理关乎肉牛养殖规模，丰都县经过科学论证，将全县肉牛发展目标定在40万头，并根据全县不同地区资源状况和环境承载能力，划定畜禽禁养区、限养区和适养区，规模牛场雨污分流、干湿分离、沼气发酵，从根本上控制面源污染。丰都县丰泽园肥业公司与中科院南京土壤研究所深度合作，利用无害化快速发酵技术将“粪”变成“肥”，借助秸秆利用、发酵床养殖和有机肥还田等一系列资源利用新途径，丰都县发展起了“粮—畜—沼—粮”闭环式循环农业，秸秆及人畜禽粪便综合利用率达到90%以上。

二、聚焦“山地特色”，找准重庆农业发展新定位

重庆农村，山区占76%，丘陵占22%，人均耕地1.17亩。靠有限而零星分散的“一亩三分地”，乡村要振兴、农业要发展、农民要增收，依托禀赋、因势利导，发展山地特色农业是必由之路。

（一）**优先保障供给，夯实特色农业发展的“压舱石”**。“米袋子”“菜篮子”“肉盘子”关系国计民生。重庆坚决落实“米袋子”“菜篮子”行政首长负责制，坚持把保障供给作为发展现代山地特色高效农业的首要任务。划定粮食生产功能区和重要农产品保护区1 250万亩，以10个国家级产粮大县和520个重点产粮乡镇为基础，稳面积、稳产量、稳政策，粮食产量多年保持在1 000万吨以上。加大政策支持力度，着力建设以潼南、璧山等为重点的渝遂高速公路沿线时令蔬菜产业带，以武隆为重点的高山蔬菜产业带，以涪陵、万州为重点的三峡库区加工蔬菜产业带，去年全市蔬菜种植面积达到1 129万亩，产量2 008万吨，常住人口人均蔬菜占有量达到620千克，位居全国主要大城市前列，蔬菜自给率达到97%。针对近年全国生猪产能下降、供求矛盾突出的现状，采取坚决果断措施恢复产能，出台18个专项文件强力推进。截至2020年8月末，全市生猪生产连续10个月递增，存栏生猪、能繁母猪分别达1 055万头、96.4万头，累计出栏生猪1 030.4万头，与去年同期基本持平。

（二）**推进“一区两群”协同发展，优化特色农业区域布局**。重庆是直辖市的体制，西部中等省份的市情，区域之间地形地貌各异、资源禀赋不同、发展基础不一。针对特

重庆潼南都市农业基地

殊市情，市委、市政府将全市划分为主城都市区、渝东北三峡库区城镇群、渝东南武陵山区城镇群三大区域，推进差异化协同发展。在主城都市区，突出发展现代都市农业，打造优质高产高效粮油保供基地，大力发展农产品精深加工业、乡村休闲旅游业和农村电商服务业，推动农业“接二连三”，促进农业高质量发展。在渝东北三峡库区城镇群，做强“三峡农家”山地特色高效农业，成片成带成规模建设柑橘（柚）、脆李、草食牲畜、中药材、生态渔业等现代山地特色高效农业，建设梁平等国家级优质粮油示范基地。在渝东南武陵山区城镇群，推动“文旅+”赋能山地效益农业，结合乡村旅游、农村电商，打造中药材、茶叶、烤烟、特色经果林、特色粮油、果蔬、调味品、油茶、生态畜牧等特色产业全产业链，促进山地农业“接二连三”。

为推动“一区两群”协调发展，重庆市委、市政府出台了《关于建立健全“一区两群”协调发展机制的实施意见》，建立了“一区”对口帮扶“两群”区县发展机制，各区域由包片市领导担任召集人建立联席会议制度，，统筹协调推进。

（三）**实施“十百千”工程，打造特色农业产业集群。**发展现代山地特色高效农业，路子怎么走？抓手在哪里？重庆给出的答案是实施“十百千”工程。“十”，即重点发展柑橘、榨菜、柠檬、生态畜牧、生态渔业、茶叶、中药材、调味品、特色水果、特色粮油十大山地特色高效产业集群，打造十大重点现代农业产业园；“百”，即培育100家以上年产值超过亿元的加工龙头企业，打造100条乡村旅游精品线路；“千”，即培育1 000家农业专业合作社示范社，建设1 000个“一村一品”示范村镇。为此，制定出台了《关于进一步调整优化全市农业产业结构的实施方案》《关于促进乡村产业振兴的实施意见》等支持政策文件，提出在稳定粮食生产基础上，重点建设全球最大的榨菜种植

重庆涪陵青菜头生产基地

加工基地和火锅调料生产加工基地，全国重要的冬季蔬菜和高山蔬菜基地、最大的晚熟柑橘生产基地，建设中药材生产基地和国家现代畜牧业示范区，打造三峡库区天然生态渔场。

重庆潼南柠檬种植基地

长江三峡柑橘产业带建设卓有成效，发展柑橘352万亩，其中晚熟柑橘163万亩，综合产值达100亿元以上，相关从业人员超过百万人。一些区县把柑橘当作重要的支柱产业来抓，忠县、开州区的柑橘基地达到50多万亩，万州区、长寿区、奉节县等的柑橘基地达到30万亩级，三峡柑橘畅销全国，享誉中外。潼南柠檬种植面积达32万亩，已成功创建国家级产业集群，与四川安岳等地合作打造千亿级柠檬产业带，两地产量和市场份额加起来占全国90%以上。以涪陵、万州、丰都等为重点，发展榨菜190万亩；以三峡库区和武陵山区为重点，发展中药材340万亩；在江津、石柱等区县建设调味品加工原料基地178万亩。产业加快集群化发展。

（四）坚持“小规模、多品种、高品质、好价钱”，创新特色农业发展机制。重庆平均海拔400米左右，最高、最低海拔落差超过2 700米，立体气候明显，农业资源丰富。山区特殊的地理条件和资源禀赋，决定了重庆农业生产规模的局限性、产业业态的多样性。重庆市因地制宜，按照“多品种、小规模、高品质、好价钱”的思路，全市各镇村坚持一业为主、多种经营，宜农则农、宜林则林、宜牧则牧，主攻山上经济、林下经济、水中经济、气候经济，将生态优势、资源优势转化为产业优势、经济优势，推动特色产业竞相发展。

脆李是近年快速发展的一大特色产业。尤以巫山县发展最快，规模最大。目前，该县种植脆李28万亩，种植户达5万余户，其中贫困户9 108户，年综合产值达15亿元，带动脆李种植户人均增收7 200余元，成为“中国脆李之乡”。2020年“巫山脆李”品牌价值增至19.08亿元，蝉联全国李类品牌第一。

武隆区大力发展高山蔬菜产业。该区双河镇，海拔1 300米，年均气温11.2℃，发展高山蔬菜优势突出，已建立优质高山蔬菜核心示范基地1万多亩。2019年全镇蔬菜产量13.8万吨，产值1.48亿元，农民纯收入达到4 000万元以上。

距离重庆市区20千米的巴南区“重庆花木世界”，溪河两岸绿竹掩映，60多户苗木商家摆满各种树木花草和盆景供游客观赏购买。建设游览专用通道、休闲步道，配备电瓶车，游客在绿色芬芳中细细品味现代版“清明上河图”。

“山上森林覆盖，山腰经果缠带，山下粮油蔬菜，坝上巴渝名宅，林下畜禽满寨”。这就是重庆对现代山地特色高效农业发展的生动描绘。

三、着眼“高效”目标，赋予重庆农业发展新动能

推动农业“高效”发展，关键是要提高全要素生产率、打造全产业链，核心是要坚持以人民为中心的发展思想，让农民分享产业链增值收益。

（一）**向产业融合发展要效益**。现代农业发展，必须走产业融合之路，推动农业“接二连三”，把增值收益留在农村、让给农民。抓住农村一二三产业融合发展的关键是大力推进农产品加工。在潼南柠檬现代农业产业园，建成初加工和精深加工企业23家，年加工能力15万吨；开发出绿色食品、美容护肤品、生物医药及保健品等4大类300余个柠檬产品，远销俄罗斯、香港等31个国家和地区，带动全区柠檬种植面积达30万亩。为加快农产品加工业发展，重庆市政府出台《关于促进农产品加工业发展的实施意见》，制定了20条政策措施，重点打造一批食品、粮油、果蔬、乳制品、卷烟、林产品等百亿级加工产业集群。抓住农村一二三产业融合发展的重点是大力发展乡村旅游。按照推动全域全季乡村旅游的要求，着力开发乡村景、举办乡村乐、展示乡村艺、推出乡村味、包装乡村礼，变田园为公园、产区为景区、产品为商品，打造“叫得响名字、看得见山水、悟得了乡愁、买得到山货、玩得出性情”的精品线路，提升农业旅游价值和文化价值。目前，乡村旅游已成为重庆农村的一大新兴支柱产业，方兴未艾。

（二）**向市场销售要效益**。近些年，在继续抓好线下销售的同时，重庆把农产品电商作为重点来抓，出台了《重庆市关于全面推动农村电子商务发展的实施意见》，纳入

重庆潼南柠檬加工线

重庆涪陵榨菜集团生产线

对区县的乡村振兴考核，鼓励各区县积极探索农村物流补贴及农产品电商销售奖励，推动农村电商特色发展。荣昌着力打造国家级重庆（荣昌）生猪交易市场电子交易平台，忠县围绕柑橘产业建设“柑橘网”，江津探索“互联网三农短视频+农产品电商”运营模式。秀山县依托国家级物流园区，引进324家企业入驻电商产业园，建成11个乡镇电商服务中心、200余个乡村服务站点，带动发展扶贫产业基地241个。市供销合作社投资1 000万元建设市级农村电商综合服务平台“村村旺”。2020年1—8月，全市农产品网络零售额达77.65亿元，同比增长30.5%。

（三）**完善利益联结机制**。习近平总书记强调，检验农村工作实效的一个重要尺度，就是看农民的钱袋子鼓起来没有。把农民的利益与产业链的发展联结在一起，让农民成为发展的参与者和受益者，实现发展成果共享。重庆市大力推动农村改革，重构产业链上各主体的利益分配关系。大力推动“三社”融合发展，在联合与合作上创新，推动产、加、销和金融服务一体化。试点农村资源变资产、资金变股金、农民变股东“三变”改革，让农村“沉睡”的资源活起来，增收的渠道多起来，让农民以股份的形式分享农业全产业链增值收益。目前，全市试点村累计达到591个，63.7万农民变股东。开展农业项目财政补助资金股权化改革，将财政补助农业企业和农民专业合作社的产业发展资金，部分量化给农村集体经济组织和农户持股，分享产业发展收益，已累计改革项目资金41.98亿元、项目6 696个，每年能给农村集体经济组织和农户带来近8 000万元的分红收益。

除此之外，重庆还坚持把产业扶贫作为稳定脱贫的根本之策，探索构建产业扶贫与贫困户八种利益联结方式，即：资产收益、土地流转、资金入股、房屋联营、务工就业、产品代销、生产托管、租赁经营等，切实让贫困农户参与扶贫产业发展、分享产业发展收益。全市产业到户46.7万户，贫困户覆盖率90%。

石柱县为辣椒产业“私人定制”了一组制度，即业主投资机制、价格统筹机制、风险保障机制和市场管理机制。投资上，业主投入与财政资金平衡配套规避风险。生产上，加工企业、专业合作社带动辣椒订单化种植。销售上，实行最低保护价，按全县统一指导价收购。利益分配上，椒农、合作社、企业各方互利共赢、风险共担。监管上，行业自律与行政监管相互作用。带动了近8万户种植30多万亩辣椒，产值达11亿元。

四、做大做优“品牌”，培育重庆农业发展新优势

2017年底召开的全国农业工作会议提出“质量兴农、绿色兴农、品牌强农”。重庆出台了《重庆市推进2018年农业质量年工作实施方案》，“巴味渝珍”这个农产品区域

公用品牌开始出现在公众视野，担负着带动重庆现代山地特色高效农业升级的重任，承载着推动重庆乡村产业振兴的时代使命。

（一）**抓特抓优，树立品牌声誉**。重庆市印发《农产品区域公用品牌战略规划》《农业品种品质品牌建设工程实施方案（2018—2022）》，以“巴味渝珍”为龙头，以企业品牌和区县公用品牌为支撑，建立覆盖重庆全区域、农业全产业全品类、统领各区县的“1 + 10 + 10 + N”完备品牌体系。推动涪陵青菜头、奉节脐橙、巫山脆李、开州再生稻等公用品牌做大做强，创建了涪陵青菜头、奉节脐橙、荣昌猪、石柱黄连、江津花椒、潼南柠檬、巫山脆李、永川秀芽、万州玫瑰香橙9个中国特色农产品优势区。推荐忠县柑橘、梁平柚、巫山脆李、黔江猕猴桃、涪陵青菜头、酉阳茶油、丰都牛肉、荣昌猪、城口山地鸡、永川秀芽、江津花椒11个产品入选《中国农业品牌目录2019农产品区域公用品牌》。

（二）**聚力聚链，强化品牌管理**。2017年，重庆制定了“巴味渝珍”商标使用管理办法、农产品质量安全预警管理规则等一系列管理制度，严格执行不合格产品退出机制，强化品牌后续运营管理。

一是深度挖掘传统美食、加工技艺、农业非物质文化遗产内涵，加大“老字号”品牌复兴力度。成功将“巴味渝珍”纳入新华社民族品牌工程强力打造，充分利用媒体、展会、门店、网上商城等各种平台广泛宣传，促进品牌增值。2019年开始谋划构建销售渠道，通过大数据平台将农产品基地、分拣中心、物流配送等进行线上整合，保障品牌农产品供应持续稳定。同时，升级“巴味渝珍”电商平台，构建品牌线上销售专区，推荐落户京东商城，催生了一大批火爆、网红产品，巴味渝珍香飘神州大地。

二是严格审核甄选品牌产品。截至2019年年底，全市共授权205家农业经营主体的431个农产品使用“巴味渝珍”品牌标识。在“巴味渝珍”品牌体系之下，形成了水果、茶叶、蔬菜、大米、禽蛋、休闲食品、调味品、中药材及水产类、肉类等十大品牌系列，重点打造“奉节脐橙”“巫山脆李”“涪陵龙眼荔枝”三大水果品牌，“永川秀芽”等三大茶叶品牌，“荣昌猪”等两大畜牧品牌，三峡生态鱼、调味品及休闲食品等12个品牌，有力促进了产业链条上下游整体升级。

三是注重产品“可追溯”。“巴味渝珍”产品具有“可追溯”的特点。完成品牌授权审核后，农产品就有了含防伪和质量安全追溯认证的“量子云码”，实行“一物一码”溯源追踪，确保产品的唯一性，增强消费者的购买信心。同时，通过“量子云码”，生产者可以了解消费者的分布、喜好乃至产品使用情况，为产品生产营销和品牌运营决策提供宝贵的“数据眼”。

（三）**赋魂赋能，实现品牌效应**。“巴味”传承了3000多年巴渝文化之精髓，“渝珍”汇集了8万多平方公里巴山渝水之精华。“巴味渝珍”作为重庆特色优质农产品的代名词，经过两年多的深耕细作，效应初显。

“巴味渝珍”品牌农产品覆盖国内大型销售平台、渠道100家以上，授权使用的品牌农产品平均溢价10%以上。2020年8月销售额同比增长7.4%。

在“巴味渝珍”品牌带领下，全市现代山地特色高效农业发展步伐加快，产品质量明显提升。去年，制定农业地方标准63项、总量达412项。建设市级“三园两场”178个，新建标准化茶叶种植基地4 250亩，新建特色水果标准化果园13 000亩。石柱、丰都、梁平、忠县、涪陵成功创建全国有机农业示范基地、梁平柚农产品地理标志示范基地、柑橘和青菜头绿色食品原料标准化基地。全市有效期内“三品一标”6 342个。

展望“十四五”，重庆市将继续全面贯彻落实习近平总书记对重庆提出的“两点”定位、“两地”“两高”目标、发挥“三个作用”、营造良好政治生态的重要指示要求和党中央关于推动成渝地区双城经济圈建设的战略部署，以实施乡村振兴战略为总抓手，积极主动融入新发展格局，不断激发农业农村发展新动能。在基本思路上，聚焦固根基、育优势，补短板、强弱项，促融合、激活力，拓市场、畅循环“四个重点”，增强大数据智能化、科技创新、机械装备、改革开放、人力资源“五大动力”，推进融合化、机械化、数字化、生态化、股份化、品质化“六化”发展。在任务举措上，全面实施乡村振兴战略，进一步深化农业农村改革，构建现代农业产业体系，建设成渝现代高效特色农业带，大幅度提升农村基础设施和公共服务水平，推进城乡一体化发展，建设美丽宜居新乡村，为率先在西部地区实现农业农村现代化夯实坚实基础。

（重庆市委农办、农业农村委）

深入推进农村产业革命
探索现代山地特色高效农业发展之路

——贵州省“十三五”农业现代化发展回顾

“十三五”以来，贵州省坚持以习近平新时代中国特色社会主义思想为指导，深入贯彻习近平总书记对贵州工作的系列重要指示精神，践行新发展理念，深化农业供给侧结构性改革，全面推进农村产业革命，大力发展现代山地特色高效农业，实现农业供给能力明显提升，传统农业向现代农业加快转变，走出一条具有贵州特色的山地农业现代化路径。农业增加值增速连续多年名列全国前茅，农业总量从全国第十七位跃升至第十四位，“十三五”规划主要目标全面完成。如今，乌江两岸特色产业“如花绽放”，黔中大地山区经济“风生水起”，苗岭乌蒙山珍贵品“风行天下”。

一、另辟蹊径，山地之上开启现代农业新探索

贵州“地无三尺平”，是典型的内陆山区省份，山地和丘陵占国土面积92.5%，“九山半水半分田”是贵州农业资源的真实写照。由于地处亚热带季风气候区，水热资源富集，生态环境良好，生物多样性突出，具有发展山地特色农业的禀赋优势和地域特点。但总体看，贵州农业发展依然滞后，生产力水平还不高，立体气候特征、良好生态环境、优越水热条件、丰富种质资源等潜力有待深入挖掘，不断改善的交通环境、地理区位重塑等优势有待充分释放。贯彻新发展理念、推进供给侧结构性改革、打赢脱贫攻坚战、实施乡村振兴战略给农业发展带来了新的机遇和挑战。形势逼人、使命在肩，贵州农业迫切需要来一场从规模到结构、从思想观念到发展方式的根本性变革，实现农业农

村发展的凤凰涅槃。

2015年，习近平总书记来黔视察并作重要讲话，指出“贵州农业的优势在特色”“要推进农业结构调整，着力发展现代山地特色高效农业”“要守住发展和生态两条底线，培植后发优势，奋力后发赶超，走出一条有别于东部、不同于西部其他省份的发展新路”。总书记的重要讲话，启发贵州农业人换个角度看资源、立足山地做文章、突出特色兴产业，指明了农业产业发展的方向，增强了加快后发赶超的信心和决心。“十三五”以来，贵州省委、省政府认真学习贯彻习近平新时代中国特色社会主义思想及系列重要讲话精神，深入落实中央关于农业供给侧结构性改革等重大部署，出台《关于加快推进现代山地特色高效农业发展的意见》，编制实施《贵州省“十三五”现代山地特色高效农业发展规划》，积极开发山地资源，深入推进农村产业革命，产业结构发生深刻变化，农业供给质量和效益实现明显提升，探索了一条产业兴、百姓富、生态美的山地农业现代化道路。可分为以下几个阶段。

（一）**发端于2016年的产业裂变工程**。2016年初，贵州省委、省政府出台《关于推进供给侧结构性改革提高经济发展质量和效益的意见》，召开全省推进供给侧结构性改革动员大会，提出，“要大力推动农业调结构上规模创品牌，选出若干个有市场需求、发展前景广阔的产品，集中力量实行精准扶持，促进其迅速裂变、做强做大”。省农委印发《关于推进农业供给侧结构性改革加快重点产业突破发展的实施意见》，着力推进产业裂变发展。2016年，全省粮食总产量1 192.38万吨，创历史新高；特色优势产业快速发展，一产增加值1 846.54亿元，增长6%，占全省GDP的比重达到15.7%。

黔西南州兴义市万峰林田园创意景观

（二）**推进于2017年的农业结构调整实践**。2017年，省委、省政府出台《关于深入推进农业供给侧结构性改革加快培育农业农村发展新动能的实施意见》，明确提出"以农业供给侧结构性改革为主线，以调结构、上规模、创品牌、占市场为主要任务，加快结构调整步伐"。组织实施绿色农产品"泉涌工程"，重点发展十大类特色优势农产品。当年，全省农业增加值达2 032.27亿元，同比增长6.3%，继续保持全国前列，进一步增强了上下推进产业结构调整的干劲和信心。

（三）**深化于2018年提出的"农村产业革命"**。2018年，省委农村工作会议上，省委主要领导提出，"在全省上下来一场振兴农村经济的深刻的产业革命，对思想观念、发展方式、工作作风来一场革命性转变，彻底改变传统的种植模式，推动产业扶贫和农业供给侧结构性改革取得重大突破"，并强调"八要素"是农村产业革命的系统思维和科学方法。这场革命，使贵州省农业结构调整实现了由点到面、从单一向系统、从分散向集中的全面推进。当年，全省农业增加值达到2 159.54亿元，总量排名全国第十四位，在2015年基础上平均每年前移一位，进入全国中等靠前省份行列。

（四）**完善于省领导领衔推进产业发展机制**。2019年，省委、省政府确定全省农业主抓茶叶、蔬菜、辣椒、食用菌、精品水果、中药材、生猪、牛羊、家禽、生态渔业、刺梨、特色林业12大特色优势产业，并建立由省委省政府主要领导任召集人的农村产业革命联席会议，明确由12位省领导分别领衔推进、12个专班专责主抓、专项资金配套支持，同时大力推进坝区农业提质增效，全方位推动资源高效配置，推进标准化、规模化及组织方式创新。当年，12大产业持续较快发展，全省农业增加值2 280.56亿元，增长5.7%，增速继续名列全国前茅。

贵州十二大特色优势产业

（五）成型于省委十二届两次全会部署。2019年以来，省委先后召开两次全会重点研究农业产业发展，总结经验，乘胜前进，纵深推进农村产业革命。2019年6月，省委十二届五次全会吹响“深入推进农村产业革命，坚决夺取脱贫攻坚战全面胜利”的号角，出台“1＋3”配套文件，坚决将农村产业革命进行到底。2020年7月，省委十二届七次全会再次强调大力发展现代山地特色高效农业，围绕12个特色优势产业全产业链补短板强弱项，加快传统农业向现代农业转型升级。

贵州省农业现代化发展历程

回顾五年来的奋斗轨迹，总结贵州农业发展的脉络，我们深切感受到，农业供给侧结构性改革这条主线一直贯穿其中，山地农业现代化的积极探索符合贵州实际，更加坚定我们沿着习近平总书记指引的发展现代山地特色高效农业方向勇毅前行。

二、山花烂漫，贵州高原描绘现代农业新画卷

一场“农村产业革命”唤醒千年沉寂的土地，阵阵甘霖浇灌山地农业遍地开花。深入推进农村产业革命，既是贵州发展现代山地特色高效农业的重要抓手，是打赢脱贫攻坚战的关键举措，也是实施乡村振兴战略的必由之路。几年来，贵州省农业发展取得历史性成就，农业供给侧结构性改革实现突破性进展，贵州山地农业现代化的美好画卷正在徐徐展开。

一是农业生产能力显著增强。2019年贵州省农业增加值2 280.84亿元，提前完成“十三五”规划目标，全国排名跃升至第14位，站上了新的历史起点；贵州省一产增加值占全国总量70 467亿元的3.24%，比2015年占比提高0.54个百分点，比2019年贵州省GDP占全国的比重1.7%高出1.54个百分点。2020年在疫情、汛情等多重考验下，上半年实现农业增加值同比增长5.5%，增速继续名列全国前茅。在粮食总产量保持1 000万吨以上基础上，肉菜果茶等重要农产品生产供给能力显著增强。2019年，耕地亩均种

植业产值3 743元，一产从业人员人均农业总产值3.6万元，分别比2015年增长43.7%、52.5%。

二是特色优势产业快速壮大。在农村产业革命强力推动下，贵州蔬菜、辣椒、食用菌、茶叶、水果、中药材、生态畜牧业等特色优势产业加快发展，形成一批规模较大、带动力强的支柱产业，市场竞争力明显提升。目前，全省茶园面积700万亩，辣椒种植面积545万亩，李子面积248万亩，蓝莓面积18.2万亩，规模均居全国第一；食用菌产业实现裂变式发展，2020年种植规模将达到40亿棒，跻身全国第一梯队；刺梨面积200万亩，猕猴桃67.3万亩，薏仁57.2万亩，太子参30万亩，百香果16.8万亩，火龙果9.8万亩，产业规模跻身全国前三。仅威宁县蔬菜基地迅速发展到40万亩，2020年前8个月累计销售51万吨，产品除满足本省市场需要，远销粤港澳大湾区、长三角地区以及重庆、福建、河南、山东等地。

三是农村产业融合深入推进。农村一二三产业深度融合，产业链条不断延伸，主要农产品产销两旺，质量效益逐步提升。至2019年年底，全省主营业务收入500万元以上农产品加工企业达4 294家，实现农产品加工业总产值4 928亿元，农产品加工转化率50%以上，平均每年提高1个百分点左右。以辣椒产业为例，培育形成辣椒企业300余家，建成规模化标准化原料基地150万亩，形成以"老干妈"为引领、以"生态贵椒、香辣天下"为总品牌的产业发展格局，"贵州朝天椒产业集群"入选2020年全国优势特色产业集群建设名单。同时，农旅融合深入推进，2019年全省休闲农业与乡村旅游经营主体10 049个，从业人数23.8万人，实现营业收入109.2亿元，同比增长21.3%。累计创建国家农村产业融合发展示范园13个。

贵州朝天椒收获

四是现代经营体系初步形成。通过大力培育壮大新型经营主体，加快构建以家庭经营为基础、以龙头企业和农民合作社为骨干的现代农业经营体系。2019年，省级以上重点龙头企业达到903家（其中国家级35家），比2015年增长66%，实现总销售收入965

亿元；参与12个特色优势产业发展的市州级以上龙头企业2 229家，占全省龙头企业总数的63.8%。农民合作社6.69万家、比2015年增长113%，各级示范社3 401家。全省家庭农场达9 387家，经营收入17.51亿元。大量新型农业经营主体的涌现，改变了传统农业经营模式，通过“龙头企业+合作社+农户”等方式，将千家万户的小农生产引入现代农业发展轨道。如，六盘水市农投公司深度参与农村产业革命，短短几年间发展到8家全资子公司、13家参股公司和1家分公司，现有总资产54亿元，建立高标准猕猴桃示范基地3万亩，形成以猕猴桃产业为核心、集产加销为一体的产业龙头，并通过“三变”等模式紧密带动农户，惠及21个村7 592户农户30 657人，每年带动农户人均增收4 180元。

五是助农增收脱贫成果丰硕。通过“龙头企业+合作社+农户”等形式多样的利益联结机制，广泛建立产业基地，将广大农户紧密嵌入农业产业链、利益链、价值链，有效促进农民增收和脱贫攻坚。以特色产业带动就业为例，2020年12个特色优势产业临时用工10.3亿多个，解决农业用工岗位515万个（用工200天折算一个岗位）。在产业发展等多重因素助推下，2019年全省农民人均可支配收入10 756元，比2015年增长45.6%，比同期全国增速高5.3个百分点，相当于2019年全国农民平均收入水平的67.1%，比2015年提高2.4个百分点；城乡居民收入比3.2倍，比2015年缩小0.12倍。同时，通过产业扶贫惠及广大贫困农户，“十三五”前四年产业发展助推99.1万户394.8万贫困人口脱贫，占2015年建档立卡贫困人口的80%，贫困县农民收入增幅高于全省平均增幅。近四年累计减少贫困人口517万人，贫困发生率由14%下降至0.85%，剩余30.8万贫困人口在2020年年底全部脱贫，由全国贫困人口最多的省份转变为减贫人数最多的省份。

六是基础支撑保障持续加强。加强粮食生产功能区和重要农产品生产保护区划定保护，全省划定“两区”面积2 176万亩。抓好农业基础设施和装备建设，累计建成高标准农田1 670万亩，农机总动力达2 962万千瓦、

贵州坝区食用菌生产基地

亩均农机总动力0.44千瓦，分别较2015年增长15%、15.8%，农作物耕种收综合机械化率达39.1%、提高13.2个百分点。统筹推进坝区提质增效和坡耕地结构调整，认定首批样板坝区和达标坝区共610个，2019年全省坝区平均亩产值7 580元、同比增长34%，部分坝区平均亩产值达到2万元以上。同时，打造一批基础设施完善、产业协同配套、要素整合保障、效益集中显现的农业高质量发展平台建设扎实推进，累计创建国家现代农业产业园5个、国家级农业产业强镇26个、省级现代农业示范园区489个等。

贵州农产品公共品牌

七是绿色发展取得重要进展。坚守发展和生态两条底线，积极推进产业生态化、生态产业化，发展茶叶、水果、刺梨、中药材、食用菌、生态畜牧业等产业和林下经济，实现产业发展和生态保护的双赢。落实“一控两减三基本”要求，加强农业面源污染治理，化学农药使用量实现零增长，畜禽粪污综合利用率、农作物秸秆综合利用率分别达到71.2%和81.5%，完成“十三五”规划目标。创建国家农业绿色发展先行区3个。加强农业投入品和农产品质量安全监管，全省农产品质量安全监督抽检合格率99.9%。全面推行食用农产品许可证制度，累计认证农产品地理标志产品131个、绿色食品350个。“贵州绿茶”“黔菌”“贵州刺梨”“梵净山珍·健康养生”“乌蒙山宝·毕节珍好”等农产品区域公共品牌享誉市场，虾子辣椒、兴仁薏仁米、威宁洋芋荣获中国百强农产品区域公共品牌。

农村产业革命在黔中大地轰轰烈烈地开展，扎扎实实地推进，深刻地影响着贵州，正从传统农业加快向现代农业实现“六个转变”，从自给自足向参与现代市场经济转变，从主要种植低效作物向种植高效经济作物转变，从粗放量小向集约规模转变，从“提篮小卖”向现代商贸物流转变，从村民“户自为战”向形成紧密相连的产业发展共同体转变，从单一种植养殖向一二三产业融合发展转变。农村产业革命的成功实践，让贵州农业供给质量和效益实现了突破性的提升，为决战脱贫攻坚、决胜全面小康以及全省经济高质量发展作出了突出贡献，也为接续推进乡村振兴、加快农业村现代化奠定坚实基础。

金秋时节，在广阔的黔中大地上，产业革命硕果累累，“丰”景随处可见。2020年8月，贵州辣椒产品在第五届贵州·遵义国际辣椒博览会上展示展销，与来自全国各地的辣椒产品一同争奇斗艳。同年9月，水城猕猴桃、罗甸火龙果、威宁苹果等贵州精品水果集体亮相亚洲（广州）果蔬产业大会，向外界发出“甜蜜信号”。不管是作为东道主将全国优强企业“请进来”发展，还是输送优质绿色农产品“走出去”分享，无不释放着农村产业革命的红利，并不断打开新的局面。

三、总结经验，深化农业高质量发展“贵州战法”

“十三五”以来，贵州省农业发展的实践充分证明，深入推进农村产业革命，大力发展现代山地特色高效农业，符合习近平总书记指示精神和党中央决策部署，符合新发展理念和贵州省情实际，是深化农业供给侧结构性改革、实现农业高质量发展的重要举措，是贯彻新发展理念、守好两条底线、打赢脱贫攻坚战、实现同步全面小康的重大决策，更是推进乡村振兴和农业农村现代化的根本途径和长远大计。回顾“十三五”以来的艰辛探索和发展历程，我们深切感到成绩来之不易，经验弥足珍贵，许多有效做法值得深入总结和长期坚持。

第一，贯彻中央精神与立足省情实际相结合。习近平总书记对贵州工作特别是对农业农村工作系列重要指示精神，党的十八大以来关于“三农”工作的路线方针政策，为贵州省推进农业供给侧结构性改革、促进农业高质量发展、打赢脱贫攻坚战实施乡村振兴战略提供了重要遵循和方向指引。在中央农办、农业农村部等部委的关心指导下，将中央精神与贵州实际有机结合，践行新发展理念，创造性地提出“农村产业革命”这一重大部署，并把它作为深化农业产业结构调整、推进农业供给侧结构性改革、按时打赢脱贫攻坚战、实施乡村振兴战略的重要抓手。各级党委政府严格落实“五级书记抓脱贫攻坚”“五级书记抓乡村振兴”等要求，省委、省政府成立由主要领导担任组长和召集人的省委农村工作暨实施乡村振兴战略领导小组、推进农村产业革命联席会议，健全农村工作体制机制，把党对“三农”工作的全面领导落到实处，为推进农业农村发展提供了坚强政治保障。我们立足贵州资源禀赋、区位特点、市场需求和产业基础，在广泛深入调研的基础上，着力发展12大特色优势产业，统筹推进坝区提质增效和坡耕地结构调整，找到了一条发展现代山地特色高效农业的有效路径。

第二，坚持市场导向与发挥政府作用相统一。新形势下推进农业供给侧结构性改革、发展农业农村经济，需要遵循自然规律、市场经济规律，使市场在资源配置中起决定性作用和更好发挥政府作用，贵州在这方面作出了积极探索。一方面，省委、省政府高位推动农业农村工作，每年出台以“三农”工作为主题的省委1号文件，主要领导连续三年出席省委农村工作会议并作工作部署，连续两年召开省委全会研究农业农村经济发展和脱贫攻坚，采取12位省领导领衔、专班化推进12个重点产业发展，带头推动思想认识、发展方式、工作作风的革命性转变，带头抓具体抓深入，全程主导谋划和推动农业产业发展，使政府在产业发展中的重要作用得到有效发挥。另一方面，坚持市场导向，注重培育农业龙头企业、农民合作社、家庭农场等新型农业经营主体，引导国有企业、社会资本和金融资本投资农业，建立健全对参与发展特色优势产业、推进坝区产业结构调整等经营主体的财政资金奖补机制，鼓励金融支农模式创新，大力推广“龙头企业+合作社+合作社”等组织方式，通过市场力量把各方资源凝聚起来，融入市场经济大潮和现代农业发展，使市场在资源配置中的决定性作用充分体现。

第三，加强政策引导与落实要素保障相配套。在农村产业革命中，贵州总结形成了“五步工作法”“八要素”等工作方法和保障机制，构筑起从制度设计到工作落实的政策体系和运行模式，架设起政策落地落实的桥梁和纽带，成为推动农业农村经济发展的重要法宝。“五步工作法”即推进工作落实的系统思维和工作方法，主要应用在农村产业革命和脱贫攻坚等重点工作上，包括政策设计、工作部署、干部培训、督促检查、追责问责五个环节，形成相互联系、渐次推进、环环紧扣、步步落实的制度闭环。“八要素”即推进农村产业革命必须把握的重点领域和关键要素，包括产业选择、培训农民、技术服务、资金筹措、组织方式、产销衔接、利益联结、基层党建八个方面，全链条、全方位、全要素保障农业产业发展需要。以资金筹措为例，贵州省在财政相对紧张的情况下，多渠道拓宽资金来源渠道，有效化解资金投入困难。2019年，全省各级财政投入产业扶贫专项资金104.4亿元，省级财政对12个重点产业各安排1亿元专项资金，绿色产业扶贫投资基金累计投资435.7亿元，扶贫小额信贷累计贷款418.8亿元，并安排坝区基础设施建设和产值奖补资金，推行特色产业保险，政策性融资担保等制度，有力助推农村产业发展。

第四，聚焦脱贫攻坚与促进乡村振兴相衔接。作为全国脱贫攻坚任务主战场，以脱贫攻坚统揽工作全局；乡村振兴是“三农”工作总抓手，把产业兴旺作为乡村振兴的突破口。通过农村产业革命，贵州省把脱贫攻坚和乡村振兴有机衔接起来，已经脱贫的地区，通过产业发展巩固脱贫成果、推进乡村产业振兴，尚未脱贫的地区，把产业发展作为脱贫攻坚的根本之策和长远大计。党的十八大以来，贵州省把产业扶贫作为“五个一批”的首要任务和打赢脱贫攻坚战的第一场硬仗，每年发起“春风行动”“夏季攻势”“秋后喜算丰收账”“冬季充电”等行动，先后在贫困县建立27 583个产业扶贫基地，涵盖种植业、养殖业、林草业、农产品加工业、休闲农业与乡村旅游、特色手工业等产业，实现66个贫困县农业增加值和农民收入增幅高于全省平均水平。贵州省注重把脱贫攻坚中形成的有效工作机制向整个“三农”领域拓展，真正把“五级书记抓乡村振兴”落实到具体工作中，为完成脱贫攻坚工作任务后转入全面实施乡村振兴战略阶段提供了坚实保障。

第五，坚守底线思维与推进改革创新相一致。“三农”工作涉及面广、政策性强、基础地位重要，必须坚守政策底线，注重防范风险挑战，保持农村经济持续健康发展和社会大局稳定，同时适应新时代新任务新挑战，坚持与时俱进、开拓创新，创造性地解决农业农村发展中面临的各种矛盾和问题，依靠改革创新推进农业农村现代化。“十三五”以来，我们不断深化农村改革，全面完成农村承包地确权登记颁证，推进农村土地“三权分置”，基本完成农村集体产权制度改革，坚持和发展了统分结合的双重经营体制；同时，推进农村资源变资产、资金变股金、农民变股东“三变”改革，推广“龙头企业+合作社+农户”组织方式，探索农银企产业共同体试点，构建符合现代农业发展需要的新型经营体系，唤醒了农村“沉睡”的资源资产，激发了农村发展内生动力。同时注重加强农业农村基础设施建设，推进交通、信息、水利等根本性改善，抓好坝区等资源保护，促进农业科技创新和山地农业机械化，统筹粮经饲种植结构、农林牧渔业发展和农村三产融合，巩固和提升粮食、生猪等重要农产品生产能力，坚守发展和生态两条底线，保障了农业农村经济运行持续较快发展，使“三农”工作在经济社会发展大局中“稳定器”“压舱石”作用更加凸显。

凡是过往，皆为序章。“十三五”开创了贵州农业农村发展的新天地，新阶段为今后的发展提出了新课题。“十四五”时期，我们继续沿着习近平总书记指引的道路，以打造成为现代山地特色高效农业强省为目标，以建设贯彻新发展理念示范区为统领，牢牢把握实施乡村振兴战略总抓手，坚持农业农村优先发展，纵深推进农村产业革命，巩固提升脱贫攻坚成果，推动农业从高速度增长向高质量发展转变，奋力书写新时代农业农村现代化的贵州篇章，让农业成为有奔头的产业，让农民成为有吸引力的职业，让农村成为安居乐业的美丽家园。

（贵州省委农办、农业农村厅）

打好特色牌 走出高质量发展新路子

——宁夏回族自治区“十三五”农业现代化发展回顾

“贺兰山下果园成，塞北江南旧有名。”宁夏农耕历史悠久，生态类型多样，农业特色鲜明，早在秦汉时期，这里便是天地形胜，稼穑涌动，农桑丰茂。黄河“母亲河”千年流润，成就了“万顷腴田凭灌溉，千家禾黍足耕锄”的塞上江南，农业特色鲜明，是全国10大牧区和12个商品粮基地之一。

俯瞰宁夏大地，六盘贺兰高耸环护，黄河之水穿行而过，镌刻在贺兰山脚下的田园风光，如诗如画；铺陈在黄河两岸的丰收景象，如描如绘。塞上山川一派斑斓锦绣，到处都是醉人的颜色，满眼都是收获的喜悦。

2016年7月，习近平总书记视察宁夏时指出：宁夏是我国的“枸杞之乡”“滩羊之乡”“甘草之乡”“硒砂瓜之乡”“马铃薯之乡”，贺兰山东麓酿酒葡萄品质优良，要倍加

贺兰县“稻渔空间”乡村生态观光园

珍惜、发挥优势，不断提高品质和市场占有率，把特色现代农业做实做强。

2020年6月，习近平总书记亲临宁夏视察指导工作，指出：宁夏的枸杞、滩羊、葡萄酒、冷凉蔬菜等农产品品质优良，在市场上有很高的声誉。要以龙头企业为依托、以产业园区为支撑、以特色发展为目标，加快建立现代农业产业体系、生产体系、经营体系，让宁夏更多特色农产品走向市场。

习近平总书记对宁夏的农业特色产业发展关怀备至、句句叮咛，为“十三五”乃至未来一个时期宁夏做实做强特色现代农业指明了方向。

承历史之绵远，钟天地之灵秀。“十三五”时期，宁夏各级农业农村部门坚持以习近平新时代中国特色社会主义思想为指导，认真学习贯彻党中央、国务院关于“三农”工作的重大决策部署，深入推进农业供给侧结构性改革，聚焦“优质粮食、现代畜牧、酿酒葡萄、瓜菜、枸杞”五大特色优势产业，调优种养结构、调大经营规模、调强加工能力、调长产业链条，加快推进布局区域化、经营规模化、生产标准化、发展产业化。2020年全区粮食总产达到380.5万吨，连续九年超过370万吨，实现“十七连丰”；农村居民人均可支配收入达到13 889元，增长8%，实现“十三连快”。

一、从“一哄而上”到“区域化布局”

产业发展只有区域化布局，才能发挥比较优势、集中优质资源、形成规模效应。

如何让资源优势转化为产业发展优势？如何让农民从土地上获得更多收益？立足破解这“两道考题”，宁夏回族自治区党委和政府深化对自然资源、区情发展的再认识、再判断，深入分析区域比较优势，科学合理确定产业布局，让各类资源要素优化配置、比较优势充分发挥、产业效益最大释放。政府引导、部门扶持、企业示范引领，专业合作社、家庭农场、种养大户投身特色产业发展的积极性、主动性高涨。

在稳定粮食生产的基础上，形成了以发展酿酒葡萄产业为主的贺兰山东麓葡萄酒产业带，以发展优质奶牛、枸杞、设施蔬菜为主的北部引黄灌区产业带，以发展滩羊、西甜瓜、黄花菜为主的中部干旱带产业带，以发展肉牛、冷凉蔬菜、小杂粮为主的南部山区产业带，做到了扬长避短、优势互补、特色发展。

（一）**葡萄酒优势区**。以贺兰山东麓国家地理标志产品保护区为中心，围绕贺兰山东麓葡萄酒长廊，在闽宁镇建设贺兰山东麓酿酒葡萄产业总部经济中心，打造贺兰县金山葡萄酒康养小镇、西夏区镇北堡葡萄酒旅游小镇、玉泉营葡萄酒风情小镇、青铜峡鸽子山葡萄酒文化小镇、红寺堡肖家窑葡萄酒生态小镇，已建成酒庄101家，年产葡萄酒1.3亿瓶，初步形成了“一廊一中心五镇”的空间发展格局。

（二）**奶产业带**。形成以银川市、吴忠市为核心，石嘴山市、中卫市为两翼的奶产业带，奶牛存栏和生鲜乳产量分别占全区总数的97.6%和98.5%，成为全国奶业优势产区和重要的优质奶源生产基地。

（三）**肉牛优势区**。打造了以固原市所辖5个县（区）和海原县、红寺堡区为主的肉牛优势产区，肉牛饲养量和牛肉产量分别占全区总量的91.7%和61%，基础母牛的存栏占到了全区的84.7%。

（四）**滩羊优势区**。形成以吴忠市的盐池县、同心县和红寺堡区为重点的滩羊养殖优势区，建设滩羊养殖基地和繁育基地，滩羊饲养量达到641万只，占全区饲养量的55.8%。

（五）**瓜菜优势区**。实施100万亩设施蔬菜、100万亩冷凉蔬菜、100万亩西甜瓜“三个百万亩”工程，发展一县一业或多县一业，建设了引黄灌区设施蔬菜和供港蔬菜优势区，六盘山区和引黄灌区露地冷凉蔬菜优势区，中卫市环香山硒砂瓜优势区，中部干旱带黄花菜优势区。

（六）**枸杞优势区**。形成了以中宁为核心、清水河流域和银川北部为两翼的“一核二带”枸杞产业发展格局。

二、从“零敲碎打”到“规模化经营”

规模化发展是提升产业生产力水平的必由之路。

金秋八月，天高云淡。在六盘山下的固原市原州区彭堡镇姚磨村万亩冷凉蔬菜基地，一眼望去，一碧千里，一棵棵蔬菜绿得养眼，翠得清新，采摘工人在基地里忙着采摘蔬菜，分拣工人在仔细地分拣装箱，脸上洋溢着丰收的喜悦……

永宁县供港蔬菜标准化种植基地

宁夏六盘山地区，气候冷凉、土壤肥沃、天然隔离条件好、农作物病虫害少，这里生产的蔬菜色泽鲜亮、脆嫩多汁，芳香甘甜、商品性、营养性、可口性深受消费者喜爱。几年前，一些南方客商慕名而来收购这里的冷凉蔬菜，到了地头才发现，装够几车同一种类的菜要一个县一个县地跑、一家一户去收，代价太高。如今这里的冷凉蔬菜面积已经发展到50多万亩，建成标准化蔬菜生产基地60个，永久性蔬菜生产基地50个、万亩露地蔬菜基地10个，形成了原州区河东万亩供港蔬菜生产基地、姚磨（闫堡）和曹洼万亩冷凉蔬菜生产基地，西吉县将台万亩芹菜生产基地，隆德县沙塘千亩供港蔬菜生产基地，彭阳县红河万亩辣椒生产基地等一批无公害、绿色、有机“六盘山”冷凉蔬菜生产示范基地。

规模化发展的成效同样也体现在畜牧业发展上。宁夏拥有规模奶牛场300个，规模化养殖比重达到98%以上，高于全国平均水平34个百分点，建成银川市兴庆区月牙湖、吴忠市利通区五里坡、吴忠市孙家滩和宁夏农垦贺兰山奶业集团6个2万头以上的养殖基地；发展肉牛养殖场（户）19.42万个，年存栏50头以上的规模养殖场（户）1 645个，培育万头以上肉牛养殖示范乡镇38个、千头以上示范村185个，形成了“家家种草、户户养牛、小群体、大规模”发展格局；发展滩羊养殖场（户）24.29万个，年出栏100只以上的规模养殖场（户）1.47万个。

中卫市奶牛养殖场全自动转盘式挤奶大厅

在规模化发展的带动下，宁夏取得了许多“单项”的优异成绩：2020年全区优质粮食面积达到1 018.5万亩，人均粮占有量547千克，居全国第6位；现代畜牧业方面，奶牛存栏达到57.4万头，肉牛、滩羊饲养量分别达到192万头、1 221万只，人均牛奶、牛肉、羊肉占有量达到265.3千克、16.6千克和14.4千克，居全国第1位、第6位和第5位；瓜菜面积275万亩，总产量达到748万吨，人均蔬菜、瓜类占有量分别比全国人均水平高317千克、196.2千克；枸杞、酿酒葡萄产业稳步发展，面积分别达到35万亩和52万亩，特色产业占农业总产值的比重达到88%。

三、从“靠天吃饭”到“标准化生产”

标准决定质量，质量源于标准。

在宁夏孙家滩现代农业园区里，每天早上，工作人员打开手机物联系统的应用软件，点开实景监测，温棚里的各色蔬菜立刻跳到屏幕上，手指轻拉画面越放越大，连叶片的脉络都能看得清清楚楚。

贺兰县新平现代设施农业示范园

这是新时代的“耕作场景”。告别了传统农业的“二牛抬扛”“面朝黄土背朝天”，宁夏借助智慧的办法、科技的手段，建成了“互联网＋”农业的智能化、系统化智慧农业综合服务平台，成为发展现代农业、智慧农业的“引擎”和“大脑”，电脑监测农田，手机操控农事，坐在办公室即可种田，让农业真正变成了体面的行业。

“十三五”时期，宁夏坚持把农业标准化放在更加突出的位置，深化农科教、产学研协同创新，加快构建“农技推广＋科研院所＋农业社会化服务”一主多元的农技推广服务体系，以标准化生产推动产业全面升级、质量全面提高，形成竞争优势。出台了加大农业科技创新推广、企业科技创新后补助、农业标准化基地建设等政策举措，每年用于技术推广示范、标准化生产推广的经费稳定在1亿元，科技对农业现代化支撑作用不断显现。

种子是农业生产链条的“源头”。宁夏平罗用蓬勃的力量讲述一粒种子能抵达多远的未来。如今，这个小县城的种子繁育享誉全国，成为全国公认的“天然种子加工厂”。从一粒小种子起步，宁夏从源头破解技术瓶颈，启动实施奶牛、滩羊、枸杞、玉米、马铃薯等重大育种专项，解决了影响农业产业发展的“卡脖子”难题，累计培育审定农作物新品种396个，在迭代水稻品种实现了第7次更新换代、玉米品种实现了第6次更新换代、小麦品种实现了第5次更新换代、马铃薯品种实现了第4次更新换代。马铃薯亩产最高达到6 500千克、玉米亩产最高达到1 357千克、小麦亩产最高达到656.1千克，均创宁夏历史最高纪录。马铃薯良种三级繁育体系全面建成，脱毒化率达到85%，品种专用化率达到90%。

哪里有技术瓶颈就把科研力量集中到哪里，宁夏先后突破了葡萄脱毒与种苗快繁安全越冬等技术难题，率先在国内建立了葡萄酒分级标准，开发了滩羊种质基因鉴定、肉牛快速育肥、疫病快速检测等关键技术，设施园艺生产技术达到西北领先水平。

除了依托本地农业科技人员大胆实践、不懈探索，宁夏还通过“科技支宁”东西部合作机制，与44家国内外农业高等院校和科研院所建立了农业科技合作关系，借助“外脑”搞农业科技研发。建设农业科技示范基地125个，联合实施农业合作项目220项，建设农业院士工作站9个，组建了中国枸杞研究院、中国（宁夏）奶业研究院、贺兰山东麓酿酒葡萄研究院、西部高端肉牛研究院等创新平台130家，引进创新团队26个，转化新技术、新工艺190项，有力促进了特色优势产业发展。

“聚是一团火，散作满天星”。一批批农业科技人员深入田间地头，助农增收致富，实施“三百三千”农技推广服务行动，发挥各级各类专业技术人员和“土专家”“田秀才”作用，建设农民田间学校163所，高素质农民实训入库基地235个，创建自治区绿色有机标准化生产基地23个，建立全国绿色食品原料标准化生产基地13个，全国有机农产品基地3个，推动质量安全、节本增效、生态环保等一批支撑农业优势特色产业发展的技术模式广泛应用，粮食、奶牛、肉牛、滩羊良种化率分别达到95.3%、100%、87%和92%，农业科技入户率达到80%以上，科技进步贡献率达到60%，主要农产品监测合格率长期稳定在98%以上。

四、从“卖产品”到“品牌化经营”

品牌就是形象、就是价值、就是竞争力。在广东、香港等地的市场，普通菜心价格约8元/千克，而“宁夏菜心”达40元/千克，售价是普通农产品的几倍甚至十几倍。“宁夏牌”农产品之所以售价高，主要高在“高端”和“特色”上。“高端”的核心是品质高；“特色”则主要反映在“人无我有”“人有我优”上。

中宁县枸杞丰收场景

坚持“低头做品质，抬头做品牌”，宁夏发挥“五大之乡”优势，以提升品质为根本，以做强品牌为抓手，加强农产品营销网络体系建设，把“原字号”“老字号”“宁字号”农产品打出去。创建中宁枸杞、盐池滩羊、中卫硒砂瓜、西吉马铃薯、灵武长枣、盐池黄花菜、贺兰山东麓葡萄酒7个中国特色农产品优势区，培育13个农产品区域公用品牌、30个知名农业企业品牌、

40个特色优质农产品品牌，中宁枸杞、盐池滩羊、宁夏大米、固原黄牛等8个区域公用品牌入选全国特色农产品区域公用品牌。全区"两品一标"农产品687个，贺兰山东麓葡萄酒、中宁枸杞、盐池滩羊品牌价值分别达到276亿元、173亿元、71亿元。

7个中国特色农产品优势区：中宁枸杞、盐池滩羊、中卫硒砂瓜、西吉马铃薯、灵武长枣、盐池黄花菜、贺兰山东麓葡萄酒。

13个农产品区域公用品牌：沙坡头苹果、中卫硒砂瓜、宁夏大米、西吉马铃薯、盐池滩羊肉、固原黄牛、灵武长枣、中宁枸杞等。

30个知名农业企业品牌：塞北雪面粉有限公司、灵武市果业开发有限公司、顺宝现代农业股份有限公司、宁夏早康枸杞股份有限公司、宁夏罗山酒庄有限公司、宁夏弘兴达果业有限公司等。

40个特色优质农产品品牌：少武粮油、山逗子杂粮、壹加壹牛、肉天禾果蔬、神农苹果、西御王泉葡萄酒、杞红枸杞、原野蜂业、阳春黄花菜、金夏米业等。

宁夏品牌

高端化、差异化、特色化的品牌创建之路，使众多绿色、有机、高质的品牌农产品组成宁夏现代农业的"全新矩阵"，地方土特产和小品种做成带动农民增收的大产业。宁夏枸杞名扬天下，是世界枸杞的发源地和正宗原产地。贺兰山东麓是世界公认的酿酒葡萄最佳产区，被誉为"东方波尔多"。宁夏大米素有"珍珠米""朔方贡米"美誉，被评为"中国十大好吃米饭"。宁夏冷凉蔬菜是粤港澳、长三角、京津冀市场"高品质蔬菜"代表。宁夏牛奶被誉为"全国奶业优质安全发展的一面旗帜"。"盐池滩羊肉"四上国宴，被列为杭州G20峰会、厦门金砖五国峰会、青岛上合峰会和2019夏季达沃斯论坛指定供应食材。

打响品牌力、打出知名度仅仅只是宁夏特色农业的先行军，以龙头企业为依托，以技术发展为支撑，才是宁夏现代农业做大做强、做优做实的一个有力抓手，让传统农业“脱胎换骨”顺利转型的一大法宝。

宁夏借招商引资的东风，马不停蹄跑起来。伊利、蒙牛、中粮、新希望、光明等一批国家级农业产业化龙头企业纷纷选择落户宁夏，看中的正是宁夏农业的高端、品牌、特色。

贺兰山东麓酿酒葡萄种植基地

致力于将牛奶和葡萄酒作为两个千亿元产值的产业重点培育，宁夏吹响农业跨越的集结号，扩规增量与提质增效同步推进，将贺兰山东麓葡萄酒产区打造成为闻名世界的“葡萄酒之都”，努力打造全国“高端奶之乡”、高端牛羊肉生产基地、全国枸杞产业先行示范区，把宁夏建成粤港澳、长三角、京津冀都市圈的“菜篮子”。

五、从“单一生产”到“融合化发展”

融合是产业发展的大势，只有融得好，才能放大增值、提升效益。

宁夏积极探索“一产往后延、二产两头连、三产走精端”的发展模式，培育以种养为基础、加工为纽带、商贸流通为支撑的产业新形态。国家级重点龙头企业24家，自治区级龙头企业达到381家，较2015年增加15家；发展农民专业合作社6 116家，较2015年增长30.4%；培育家庭农场15 817家，较2015年增长70%；农业产业化联合体发展到72家，休闲农庄发展到806家，农业社会化综合服务站达到269个。

支持农业产业化龙头企业与种植养殖基地、专业合作社、家庭农场（牧场）建立紧密利益联结机制，形成了肉牛产业“50”家庭经营模式、龙头带动华润模式、种养结合西吉模式和滩羊产业“集团公司+协会”“企业+基地+农户”带动模式、“300”家庭牧场等新型经营模式，高标准打造“稻渔空间”、旅游酒庄、枸杞小镇等集现代农业、乡村旅游、农事体验为一体的田园综合体，农产品加工总产值780.6亿元，较2015年增加260亿元，加工转化率达到68%。

步入“互联网”时代，宁夏积极融入“互联网+”，跳出单一农业生产，推动一二三产业融合发展，一批农村新产业新业态加速形成。通过开设农产品销售绿色通道、农超对接等形式，把市场和地头直接连在一起，解决“种什么”“怎么卖”难题。搭乘时代东风，宁夏特色农产品告别“提篮小卖”，改变“蓬头垢面”的旧模样，被精心地“梳妆打扮”后送上高端舞台，不仅“品相”好、“颜值”高，也为当地农民带来了丰厚的收益。

2020年以来，从民间网红到基层干部，纷纷为宁夏特产“直播带货”，这波操作红了主播，火了农货。新冠疫情期间，宁夏枸杞登上名主播“薇娅”直播间，4分钟销售220万元。“草编哥”“香瓜姐”，一大波村民巧用网络直播“牵线搭桥”，将宁夏的特色农产品销往全国各地网民的餐桌上。宁夏还启动百企千村“云上助农”，整合阿里、京东、苏宁等平台资源，建立“百企千村”特色农产品线上直播带货新模式，让直播卖货打开农产品新销路，使更多农民增收致富，让直播卖货把农产品变成商品，重塑农民思维方式。设立“乡味宁夏”微信公众号，讲好宁夏农产品品牌故事，展示宁夏农产品品牌形象。鼓励支持龙头企业建立外销窗口，拓宽营销渠道，建设枸杞外销窗口1 100家，葡萄酒等特色农产品外销窗口225家，持续举办5届全国农产品经销商宁夏行活动，借助全国农交会、农产品加工博览会、央视扶贫广告等，让宁夏的特色农产品气质更佳、品牌更响、口碑更好。

六、从“穷山瘦水”到“田园牧歌”

暮色四合，华灯初上，宁夏彭阳县内，茹河潺潺穿城而过，遮不住的青山隐隐，看不尽的彩浪滚滚。

过去的彭阳县，“山是和尚头，有沟没水流，十年有九旱，地无三尺平”，被联合国认定为“不适合人类居住”的地区。

“绿水青山就是金山银山！”30多年光阴荏苒，彭阳县坚持“一任接着一任，一张蓝图绘到底”，在亘古荒塬创造了小流域治理的生态奇迹，既绿了山川又富了百姓。

对于宁夏而言，发展生态农业、绿色农业，不仅是一场“富山水、富乡亲”的“双赢”变革，更是人与自然和谐相处、相生的观念变革。老百姓从绿色发展中得到了实惠，认识到山水林田湖草沙可以通过保护性开发的杠杆转化，成为促农致富的真金白银，逐渐地，生态保护意识变成一种自觉行为。

绿色，是宁夏农业擘画蓝图的底色，也是宁夏农业发展的潜力所在。宁夏牢固树立“绿水青山就是金山银山”理念，全面落实“一控两减三基本”，加大农村人居环境整治力度，努力实现农业发展跑起来，农村面貌靓起来，农民钱袋子鼓起来。

宁夏地处黄河上游，全境属于黄河流域，依黄河而生、因黄河而兴，“天下黄河富宁夏”的古谚耳熟能详，但是，翻开宁夏的历史画卷，一条最醒目、持久，最不屈不挠的主线就是盼水、亲水、爱水、护水。宁夏人均可利用水资源量615米^3，是全国均值的1/13。北部古渠连绵、秀湖连波；中南部喊水、干旱，重度缺水和禀赋造成水资源的空间分布不均，已经成为宁夏跨越发展的最大瓶颈。

面对水资源天然不足的现状，宁夏大力发展高效节水农业，加快推进现代化生态灌区建设，实施骨干渠系和重点灌区节水改造，综合运用工程、农艺、管理、技术等措施，建设地膜覆盖、集水补灌、设施节水等高效节水灌溉示范区440万亩，农田灌溉水有效利用系数由2015年的0.50提高到0.54。

中宁县枸杞标准化节水灌溉种植区

长期以来，大量农药化肥的使用在消杀害虫的同时也破坏了地力，宁夏探索用有机肥替代化肥，推进化肥农药减量增效，通过创建化肥农药减量技术示范区、农作物病虫害统防统治及绿色防控示范区，实施绿色高质高效创建项目，化肥农药使用量实现零增长，实现了一边种地一边养地，让土壤休养生息、厚积薄发。

在推进特色现代农业的过程中，宁夏大力发展循环农业，实施畜禽粪污资源化利用整县推进，形成了“养殖场户＋粪污收集处理中心＋饲草料基地”粪污处理利用体系，让“废料变肥料”。推广秸秆微贮等秸秆综合利用技术，全区农作物秸秆资源综合利用率85%，过去弃如敝履的秸秆"变废为宝"。开展地膜替代、减量使用技术和降解地膜试验示范，探索"谁生产、谁回收"的残膜回收模式，八成以上农用残膜被回收。

底色够"绿"，后劲才够足。近年来，宁夏做足生态文章，打造绿色农业。贺兰山东麓葡萄产业的异军突起就是一个充分的例证。近年来，以贺兰红、贺兰晴雪、西夏王、张裕摩塞尔等酒庄酒为代表的宁夏葡萄酒远销欧美等30多个国家和地区，百万亩葡萄长廊让昔日"贺兰山下果园成"的盛景重现，也保护了这一方水土。葡萄酒成为宁夏耀眼的"新兴地标"和"紫色名片"，葡萄酒产业已成为宁夏扩大开放、调整结构、转型发展、促农增收的重要产业。

"一乡一处景，一村一幅画"。宁夏美丽乡村建设，坚持"增绿就是增收、绿化就是美化"的理念，大力实施生态绿化工程，推进农村生态绿化和环境综合整治，真正让农村绿起来、亮起来、美起来。聚焦农村垃圾、污水处理、厕所改造和村容村貌提升，立足"五清一绿一改"，扎实推进农村人居环境整治三年行动，川区农村生活垃圾、污水治理率分别达到90%、30%。分类推进农村厕所革命，完成改厕12万户，一二类农村卫生厕所普及率提升至89%，累计完成农村改厕54.3万户。

七、从"苦瘠甲天下"到"处处好风光"

六盘山连绵起伏，峻拔叠翠。

提到它，就能想到毛主席那首气势恢宏的"六盘山上高峰，红旗漫卷西风。今日长

秀美宁夏

缨在手，何时缚住苍龙”。

六盘山下，战争的烽烟早已散去，但这里的人们依然年年岁岁同干旱和贫瘠“鏖战”。长缨何处？贫困的苍龙，何时被缚住？如何翻越贫困的“六盘山”，在2020年与全国同步全面建成小康社会的关键时期，脱贫攻坚成为宁夏的一道必答题。

如今，放眼宁夏大地，一个个宜居生态村庄跃入眼帘，一个个承载着希望与幸福的“绿色梦想”在山水间延伸，一个个带动农民增收致富的特色产业落地生根……一幅充满生机与活力的小康图景，正在塞上大地上徐徐展开。

发展是一场“接力赛”，今天的成绩是明天的阶梯。农业工作，与农民的感情最深厚，与农村的联系最密切，需要扑下身子，扎根大地，扎根群众才能赢得未来。“十四五”渐行渐近，下一个五年，宁夏农业向何处去？

“十四五”时期，宁夏将认真学习贯彻习近平总书记视察宁夏重要讲话精神，坚持农业农村优先发展总方针，以实施乡村振兴战略为总抓手，深入推进农业供给侧结构性改革，加快建设现代农业产业体系、生产体系、经营体系，做实做强特色现代农业，走出一条具有宁夏特色的现代农业高质量发展新路子，让优质粮食、瓜菜产业更“绿色”，葡萄酒、枸杞产业更“红火”，奶牛、肉牛产业更“牛劲”，滩羊产业更“洋气”。

且持梦笔书奇景，日破云涛万里红。在圆梦追梦的路上，我们将继续以咬定青山不放松的昂扬锐气，逢山开路遇水架桥的创新锐气，越是艰难越向前的改革精神，坚定信心、笃定前行，只争朝夕、紧张快干，肩负时代使命，保持奋斗姿态，加快推进特色现代农业高质量发展，努力建设国家农业绿色发展先行区，奋力推动宁夏农业乘风破浪、向“高”而行！

（宁夏回族自治区农业农村厅）

附 录

附录　31项主要指标完成情况

《规划》提出了粮食供给保障、农业结构、质量效益、可持续发展、技术装备、规模经营、支持保护7大类31项主要指标。从2020年的指标完成情况看，总体进展顺利，25项完成规划目标，6项与目前发展形势一致。其中8个约束性指标全面完成目标。

（一）**粮食供给保障有力，指标目标全部完成。**粮食（谷物）综合生产能力稳定在5.5亿吨以上，2020年粮食（谷物）产量达到6.17亿吨。小麦稻谷自给率稳定保持在100%以上，2019年达到104.13%，“口粮绝对安全、谷物基本自给”的粮食供给保障目标全面实现。

（二）**农业结构持续优化，指标目标完成情况良好。**《规划》提出的11项指标中，7项完成规划目标，4项与当前形势发展一致。种植业结构调整总体顺利。2016—2019年，累计调减非优势产区籽粒玉米面积5 600万亩；2020年玉米播种面积为6.19亿亩，与2019年基本持平。大豆种植面积增加5 000万亩，达到1.48亿亩，超额完成规划目标。棉花、油料、糖料种植面积符合结构优化要求，2020年分别达到4 755万亩、1.97亿亩、2 355万亩，完成规划目标。养殖业总体趋势向好，但转型面临结构性压力。牛羊肉产量稳步增长，2015—2020年从1 056.8万吨增长到1 164万吨，但受猪肉产量下降影响，肉类总产量波动下降，由2015年的8 749.5万吨下降至2019年的7 758.8万吨；畜牧业占农业总产值比重持续下降，2019年降到26.67%。奶类产量经历几年小幅下降后，2019年恢复性增长到3 297.6万吨，但受进口冲击等因素影响，没有完成《规划》4 100万吨的目标。水产健康养殖持续推进，2020年水产品产量达到6 545万吨，完成提质增效调减要求。渔业总产值占农业总产值比重基本保持稳定，2019年为10.14%，提前完成规划目标。农产品加工业快速发展，2020年农产品加工业与农业总产值比达到2.4 ∶ 1，完成规划目标。

（三）**农业质量效益显著提升，指标目标完成情况与当前形势一致。**《规划》提出3项指标，其中农产品质量安全例行监测总体合格率持续稳定在97%以上，2020年达到97.8%，均高于规划97%的目标水平。农村居民人均可支配收入增幅始终高于城镇居民人均可支配收入和GDP增幅。2016—2019年农村居民人均可支配收入年均实际增幅6.6%，2020年受新冠疫情影响降至3.8%。农业劳动生产率受我国农业经营规模小，先进适用技术推广难度大，农业转移劳动力市民化程度缓慢等因素影响，增速慢于预期，2019年农业劳动生产率为3.58万元/人，比2015年提高0.85万元/人，低于4.7万元/人的规划目标。

（四）可持续发展水平明显提升，指标目标全部完成。《规划》提出7项指标，其中农业资源保护和利用成效显著，2019年耕地保有量达到20.23亿亩，农田灌溉水有效利用系数为0.559，2020年的草原综合植被盖度达到56.1%，均完成规划目标。农业环境保护取得新进展，化肥和农药使用量连续4年实现负增长，2020年主要农作物化肥利用率、农药利用率分别达到40.2%、40.6%；重点地区农膜回收率达到80%；养殖废弃物综合利用率超过75%，均完成规划目标。

（五）物质技术装备条件明显改善，指标目标全部完成。《规划》提出3项指标，其中农田水利条件显著改善，2019年全国农田有效灌溉面积达到10.30亿亩，提前一年完成规划目标。科技支撑能力不断增强，农业机械化水平持续提高，2020年全国农业科技进步贡献率、农作物耕种收综合机械化率分别达到60%、71%，均完成规划目标。

（六）农业规模经营加快发展，指标目标全部完成。《规划》提出3项指标，其中水产健康养殖示范面积比重从2015年的45%增长到2019年的65%，完成规划目标。畜禽养殖规模化水平逐年提高，2019年畜禽养殖规模化率达到64.5%，目标完成率95.24%。多种形式土地适度规模经营占比指标因统计口径的变化，不再计算数值，但相关工作分为两个方面，一是到2019年农村承包地流转总面积达到5.55亿亩，占全国农村承包耕地面积的35.9%，二是开展农业生产托管的社会化服务组织数量超过44万个，托管面积超过15亿亩次。

（七）农业支持保护不断增强，指标目标全部完成。《规划》提出2项指标，其中全国公共财政农林水事务支出稳步增长，2016—2019年支出分别为18 587.40亿元、19 088.99亿元、20 786.03亿元、22 862.80亿元，均高于《规划》17 380亿元的目标。农业保险支持力度不断加大，农业保险深度从2015年的0.62稳步提高到2019年的0.95，高于《规划》0.9的目标。

主要指标完成情况表

指标		2015年规划基期值	2015年实际值	2020年实现值	2020年规划目标值	指标属性
粮食供给保障	粮食（谷物）综合生产能力（亿吨）	5	5.72	6.17	5.5	约束性
	小麦稻谷自给率（%）	100	100	104.13*	100	约束性
农业结构	玉米种植面积（亿亩）	5.7	6.75	6.19	5	预期性
	大豆种植面积（亿亩）	0.98	0.98	1.48	1.4	预期性
	棉花种植面积（万亩）	5 698	5 662.5	4 755	5 000	预期性
	油料种植面积（亿亩）	2.1	2.0	1.97	2.0	预期性
	糖料种植面积（万亩）	2 610	2 360	2 355	2 400	预期性
	肉类产量（万吨）	8 625	8 749.5	7 758.8*	9 000	预期性
	奶类产量（万吨）	3 870	3 295.5	3 297.6*	4 100	预期性
	水产品产量（万吨）	6 699	6 211	6 545	6 600	预期性
	畜牧业产值占农业总产值比重（%）	28	28	26.67*	＞30	预期性
	渔业总产值占农业总产值比重（%）	10	10	10.14*	＞10	预期性
	农产品加工业与农业总产值比	2.2	2.16	2.4	2.4	预期性
质量效益	农业劳动生产率（万元/人）	3	2.73	3.58*	＞4.7	预期性
	农村居民人均可支配收入增幅（%）	—	7.5	3.8	＞6.5	预期性
	农产品质量安全例行监测总体合格率（%）	97	97.1	97.8	＞97	预期性
可持续发展	耕地保有量（亿亩）	18.65	18.65	20.23*	18.65	约束性
	草原综合植被盖度（%）	54	54	56.1	56	约束性
	农田灌溉水有效利用系数	0.532	0.532	0.559*	＞0.55	预期性
	主要农作物化肥利用率（%）	35.2	35.2	40.2	40	约束性
	主要农作物农药利用率（%）	36.6	36.6	40.6	40	约束性
	农膜回收率（%）	60	60	80	80	约束性
	养殖废弃物综合利用率（%）	60	60	＞75	75	约束性
技术装备	农田有效灌溉面积（亿亩）	9.88	9.88	10.30*	＞10	预期性
	农业科技进步贡献率（%）	56	56.1	60	60	预期性
	农作物耕种收综合机械化率（%）	63	63.8	71	70	预期性
规模经营	多种形式土地适度规模经营占比（%）	30	30	/	40	预期性
	畜禽养殖规模化率（%）	54	54.5	64.5*	65	预期性
	水产健康养殖示范面积比重（%）	45	45	65*	65	预期性
支持保护	全国公共财政农林水事务支出总额（亿元）	17 380	17 380.5	22 862.80*	＞17 380	预期性
	农业保险深度（%）	0.62	0.62	0.95*	0.9	预期性

注：① * 为2019年数据。
②数据来源：《中国统计年鉴（2020）》、《2020年国民经济和社会发展统计公报》、农业农村部相关行业数据。

后记

为全面反映《全国农业现代化规划（2016—2020年）》的实施情况，总结我国农业发展成就，农业农村部发展规划司会同相关部门组织编写了本书。全书分为九篇，第一篇“农业现代化成就辉煌 全面小康社会根基夯实”系统梳理了《规划》五大发展任务和农业支持保护政策6个方面69项重点工作推进情况，总结出八大发展成就和五大经验，为“十四五”农业农村现代化建设奠定基础。第二至七篇围绕创新强农、协调惠农、绿色兴农、开放助农、共享富农和强农惠农政策，选择37个重点任务或政策举措开展专题总结评估。第八篇“我国农业现代化发展水平”对全国及各省（自治区、直辖市）的农业现代化发展水平进行定量评估，对“十四五”农业农村现代化发展提出战略建议。第九篇“我国农业现代化推进模式”根据各地农业现代化的推进情况，推荐10个省（自治区、直辖市）总结本区域农业现代化推进模式，分析问题，提出下一步打算。附录部分梳理总结了《规划》31项具体目标的实现情况。本书既是对《规划》实施情况的评估总结，也为全国各地各部门推进农业农村现代化提供重要参阅读本，可辅助案例教学、典型研究、示范推广等。本书编写工作由农业农村部发展规划司牵头组织，农业农村部规划设计研究院具体承担编写任务，国家科学技术部、水利部、林业和草原局等部委、各级农业农村部门、农业农村部内各司局提供了大量材料和文章，对书稿提出了宝贵意见。在此，谨向所有支持帮助本书编写的单位和同志致以衷心感谢。由于时间和水平有限，书中难免有疏漏或不周之处，敬请读者批评指正。